Fruto

MENTIRAS QUE LAS MUJERES CREEN...
Y LA VERDAD QUE LAS HACE LIBRES

"Este estudio ha cambiado mi vida. Desearía haberlo tenido cuando era joven y no a los setenta años, pero mejor tarde que nunca".

"Acabamos de terminar un estudio bíblico semanal con este libro en una prisión para mujeres de la localidad. Muchas mujeres allí lloraban y repetían: '¡Si tan solo alguien nos hubiera enseñado la verdad cuando estábamos fuera!'. A pesar de esto, Dios las está usando como misioneras tras las rejas, y muchas mujeres desean escuchar la verdad de la Palabra de Dios, arrepentirse y creer".

"Dios está usando este libro como una herramienta para sanar un matrimonio desastroso".

"Enseñé el contenido de este libro en un grupo pequeño y, al final del estudio, una de las mujeres mayores del grupo comentó que ella no se habría divorciado si hubiera sido consciente de estas verdades cuando era joven".

"Compré *Mentiras que las mujeres creen* durante un período muy difícil de mi vida. He sido creyente durante muchos años, pero tenía un espíritu rebelde. Este libro tocó mi corazón como lo haría un buen amigo piadoso. He vuelto a consagrar mi vida al Señor".

"*Mentiras que las mujeres creen* cambió mi vida. Soy huérfana, y este libro es como una hermana para mí".

"Enseño un estudio bíblico para mujeres que han abortado, y he usado *Mentiras que las mujeres creen* en múltiples ocasiones. Es un recurso imprescindible. ¡Estas mujeres han creído tantas mentiras!, incluso que el aborto solucionaría su crisis de embarazo".

"*Mentiras que las mujeres creen* fue uno de los libros más decisivos (aparte de mi Biblia) en mis primeros pasos como cristiana. Me permitió abrir los ojos a la verdad de las Escrituras y a la verdadera naturaleza de cómo Dios nos diseñó a las mujeres".

"Terminé de leer *Mentiras* con algunas amigas poco después de su publicación (yo era entonces madre de adolescentes), y me impresionó tanto que quise compartirlo con otras. He dirigido tres grupos de estudio del libro *Mentiras que las jóvenes creen* con jovencitas en la veintena, y con tres grupos de jovencitas de secundaria. Todavía uso los principios del libro en mi vida diaria, y es el primer estudio que recomiendo".

"Creo que es el único libro cristiano para mujeres en Bosnia. A falta de recursos económicos suficientes allí, cada ejemplar del libro se lee muchas veces".

"*Mentiras que las mujeres creen* cambió mi vida. No tenía idea de lo convencida que estaba de las mentiras del mundo. El Señor usó este libro para abrir mis ojos a su verdad. Ahora lidero el estudio del libro con cinco grupos diferentes de mujeres, y cada vez tiene un efecto profundo en mí. ¡Y qué cambios ha producido en la vida de otras mujeres! Este libro debe ser enseñado en cada iglesia en todo el mundo".

"Decir que este libro ha sido revelador sería quedarse corto. ¡Hay tantas mentiras que me han controlado y me han mantenido en cautiverio toda mi vida! Ahora, con la ayuda de mi precioso Jesús, estoy rompiendo las cadenas que me atan y descubriendo la libertad en la verdad".

"Yo era una creyente exhausta, agotada, ansiosa y sin gozo, pero gracias a que leí hace tres años *Mentiras que las mujeres creen*, pude reconocer que estaba engañada por las mentiras de Satanás. Ahora estoy llena de gozo, paz y contentamiento. Yo vivía como si en realidad no creyera la verdad de la Palabra. Ahora vivo confiada en lo que soy en Cristo. Él obra en mi vida y me transforma desde el interior, y me emociona tanto comunicar esta libertad a otras mujeres, que siento que voy a estallar. A todas les he dicho: '¡Tienes que leer este libro!'".

MENTIRAS QUE LAS MUJERES CREEN

Y LA VERDAD QUE LAS HACE LIBRES

NANCY DeMOSS WOLGEMUTH

Editorial
PORTAVOZ

Título del original: *Lies Women Believe,* © 2001 por Nancy Leigh DeMoss, © 2018 por Revived Hearts Foundation y publicado por Moody Publishers, 820 N. LaSalle Boulevard, Chicago, IL 60610. Traducido con permiso.

Edición en castellano: *Mentiras que las mujeres creen y la verdad que las hace libres* © 2018 por Editorial Portavoz, filial de Kregel Inc., Grand Rapids, Michigan 49505. Todos los derechos reservados.

Traducción: Nohra Bernal

EDITORIAL PORTAVOZ
2450 Oak Industrial Drive NE
Grand Rapids, Michigan 49505 USA
Visítenos en: www.portavoz.com

ISBN 978-0-8254-5863-7 (rústica)
ISBN 978-0-8254-6752-3 (Kindle)
ISBN 978-0-8254-7573-3 (epub)

3 4 5 edición / año 27 26 25 24 23 22 21 20

A MI MADRE,

*quien me enseñó a identificar
muchas de las mentiras que las mujeres creen
y quien conoce la belleza y el poder
de la verdad.*

TERCERA PARTE: CAMINAR EN LA VERDAD

PREÁMBULO

Elisabeth Elliot (1926–2015) *fue una amada mujer ejemplar, una consejera y madre espiritual de muchas mujeres de mi generación. En un principio nos maravilló con sus historias acerca de la vida y muerte de Jim Elliot, su primer esposo que fue mártir a los veintiocho años a manos de la tribu Huaorani en Ecuador. En los años siguientes, ella continuó hablando a nuestras vidas por medio de los numerosos libros que escribió, de su ministerio como oradora, y de Gateway to Joy, su programa radial diario que era una fuente inagotable de sabiduría bíblica y aliento para la vida práctica. Aviva* nuestros corazones, *el ministerio en el que tengo el privilegio de servir, empezó en el 2001 como una continuación del programa de Elisabeth. Estoy muy agradecida por este hermoso legado.*

Aunque nos vimos en algunas ocasiones, no tuve el privilegio de conocer bien a Elisabeth. Sin embargo, la admiraba desde lejos, y su enseñanza directa que invitaba siempre a la reflexión tuvo una profunda influencia en mi vida y en mi forma de pensar desde joven.

Cuando escribí por primera vez Mentiras que las mujeres creen, *le pregunté a Elisabeth si estaría dispuesta a escribir un prefacio para el libro. Yo sentí que ella, más que nadie, encarnaba la esencia y el corazón de este mensaje. Me sentí honrada y agradecida cuando accedió.*

Eso fue hace quince años. Lloré cuando recibí la noticia de la partida de Elisabeth para estar con el Señor. Su ganancia eterna fue nuestra pérdida temporal. A pesar de que ya no sirve a Cristo aquí en la tierra, nos hemos quedado con su prefacio en esta edición revisada de Mentiras. *Espero que una nueva generación de mujeres se inspire a leer sus libros, a seguir a su Maestro, a aferrarse a la verdad y, como Elisabeth, a influir en el mundo que les rodea con una sabiduría y una gracia saturadas de Cristo.*

Nancy DeMoss Wolgemuth (2018)

Nancy Leigh DeMoss, una mujer con un corazón compasivo y una aguda perspicacia, ha tenido el valor de inquirir en las profundas ilusiones y decepciones, esperanzas, temores, fracasos y penas de las mujeres, muchos de los cuales habrían podido evitarse si no fuera por las mentiras propagadas desde hace treinta años o más. Mentiras como "debes tenerlo todo", "no caigas en la trampa de la compasión", "cualquier cosa que hacen los hombres, nosotras podemos hacerlo mejor", entre muchas otras.

Por supuesto, las mentiras comenzaron mucho antes. La mujer que Dios le entregó al primer hombre, Adán, prestó oído al susurro: "¿Conque Dios os ha dicho...?". Eva escuchó a la serpiente en el huerto. Luego, en vez de protegerla de las mentiras, su esposo prefirió decir: "Si eso es lo que la señora desea, eso es lo que la señora debería tener". Como resultado, el pecado entró al mundo y, por medio del pecado, la muerte. Eva no quiso recibir lo que Dios les había dado, y a cambio tomó lo prohibido, con lo cual dijo en realidad: "Que se haga mi voluntad".

Gracias a Dios que existe la redención. Una jovencita humilde de Nazaret recibió la visita de un ángel que le comunicó un mensaje asombroso. María se convertiría en la madre del Hijo de Dios. Aunque el mensaje la turbó, ella lo aceptó. Y su respuesta fue: "He aquí la sierva del Señor; hágase conmigo conforme a tu palabra".

Es mi oración que el Espíritu de Dios te guíe en la lectura de este imperioso libro. "La esencia de la verdadera salvación —declara la autora—, no es un asunto de profesión ni de logros, sino más bien de transformación: 'De modo que si alguno está en Cristo, nueva criatura es; las cosas viejas pasaron; he aquí todas son hechas nuevas'".

ELISABETH ELLIOT (2001)

*D*esde un punto de vista publicitario, puede ser que otro título hubiera sido mejor para este libro. Después de todo, puede parecer un poco extraño dar a una mujer un libro titulado *Mentiras que las mujeres creen* con letras grandes en la carátula, y decirle: "¡De veras tienes que leer esto!".

Sin embargo, al Señor le ha placido que este mensaje tenga una acogida más cálida y un alcance más amplio (que incluye traducciones a veintiséis idiomas) de lo que yo habría podido imaginar. Esto, creo yo, constituye un testimonio del anhelo en los corazones de las mujeres por experimentar la libertad de caminar en la verdad.

Entonces ¿por qué esta nueva edición?

- Desde la primera publicación de *Mentiras* en el 2001, nuestro mundo ha sido sacudido por cambios culturales radicales. Por ejemplo, las redes sociales, tal como las conocemos hoy, no existían entonces. Y ciertos temas y problemáticas sexuales que hace veinte años eran secundarios, ahora afectan gran parte de nuestra vida de manera personal. He añadido un capítulo completo de mentiras acerca de la sexualidad, y puse al día otros aspectos necesarios

- A lo largo de estos años, por la gracia de Dios, he crecido en mi caminar con Dios, en mi comprensión de su Palabra, en mi reconocimiento de cómo el evangelio se aplica a todos los aspectos de la vida, y hay algunas cosas que yo expresaría hoy de una manera diferente a como lo hice entonces. Estoy agradecida por esta oportunidad para considerar dichos cambios.

- Cientos, o quizás miles de mujeres, me han comunicado sus experiencias a raíz del estudio de este mensaje a través de conversaciones, cartas, correos electrónicos y comentarios en línea. Algunas han expresado su desacuerdo con puntos particulares. He tratado de escucharlas con atención y humildad. Sus aportes me han permitido aclarar y hacer ajustes a mi mensaje en algunos puntos, y expresarlo de tal manera que pueda ser fiel a las Escrituras y, a la vez, sensible a las mujeres en sus diversas circunstancias de la vida.

• He tenido la dicha de encontrarme con mujeres que leyeron este libro de primera mano hace años, cuando eran más jóvenes. Ellas han comentado cómo este libro abrió sus ojos al engaño, y el fruto agradable que siguen disfrutando años después como resultado de aprender a edificar sus vidas en el fundamento de la verdad.

No se me ocurre una mejor forma de invertir esta etapa de mi vida que animar a una nueva generación de mujeres a conocer y a aceptar a Cristo y su Palabra. Es mi oración que ellas, a su vez, muestren a la siguiente generación la verdad que las hará libres.

• Cuando escribí la primera edición de *Mentiras*, yo era soltera y estaba a principios de mi cuarentena. Con la publicación de esta versión, mi edad se aproxima al sexto decenio, y (¡oh, sorpresa!) me encuentro en mi tercer año de matrimonio. Por la providencia de Dios, estoy experimentando la belleza y el poder de la verdad en nuevas formas. En determinados puntos de este libro he añadido ideas o ilustraciones desde mi punto de vista de entonces, y ahora que estoy casada.

(Mi libro *Adornadas: Viviendo juntas la belleza del evangelio*[1] refleja, de manera más completa, esta etapa de mi vida, y trata en mayor profundidad algunos temas que he tocado en *Mentiras*. Espero que consideres la lectura de *Adornadas* para dar seguimiento a este libro).

Algunas observaciones adicionales:

Este ha sido un trabajo en equipo. En las páginas 311-312 he agradecido a quienes han jugado varios papeles en su realización. Quiero agradecer particularmente a Mary Kassian y a Dannah Gresh por su ayuda en el desarrollo de algunos apartes de esta versión revisada y ampliada.

Te recomiendo estudiar el libro con una amiga o con un grupo de mujeres para sacar el mayor provecho de él. La *Guía de estudio de Mentiras que las mujeres creen*[2] incluye sugerencias para profundizar en la Palabra de Dios y aplicarla a tu vida personal, así como preguntas para la discusión en grupo.

Puedes encontrar recursos adicionales en **LiesWomenBelieve. com**, donde se incluye una lista exhaustiva de recursos recomendados acerca de muchos temas que se tratan en este libro (solo en inglés). También encontrarás información acerca de otros libros en esta categoría: *Mentiras que las jóvenes creen* (escrito junto con Dannah Gresh), *Lies Girls Believe* y *A Mom's Guide for Lies Girls Believe* (ambos escritos por Dannah Gresh), y *Mentiras que los hombres creen* (escrito por Robert Wolgemuth, ¡a quien tengo la bendición de llamar mi esposo!).[3]

Por último, me gustaría orar por ti antes de que emprendas este viaje.

Gracias, Padre, por revelarnos tu verdad
por medio de tu Palabra
y en tu Hijo, Jesucristo.

Y gracias por la mujer que tiene este libro en sus manos.

Sea cual sea su edad o estado civil,
sin importar la mucha o poca experiencia que haya tenido de ti en el pasado,
sin importar cuáles sean sus circunstancias y desafíos presentes...

te pido que te reveles a ella por medio de la lectura de este libro.
Permítele experimentar la libertad y el gozo de caminar en la verdad.
Además, que puedas usarla como instrumento de gracia y de verdad en otras
vidas...

Oro en el santo nombre de Jesús y para su gloria.
Amén.

*E*va debió sentirse muy abatida. Había sido expulsada del huerto con ropas de piel de animales, su esposo estaba muy enojado con ella, y llegó a convertirse en la madre del primer hijo asesinado y del primer asesino.

Estaba sola.

Vencida.

Su vida era un fracaso.

Cuán difícil debió de ser caminar junto con Adán hacia el este del Edén a un mundo en el que la supervivencia misma estaba en juego. Debió de ser muy difícil haber conocido un paraíso y luego tener que dejarlo.

¿Cuál pudo ser el mayor deseo de Eva en ese momento?

¿Cuál hubiera sido el *tuyo*?

Creo que el anhelo del corazón de Eva era retroceder el tiempo al instante preciso en el que probó el fruto prohibido tras haber alargado su brazo hacia el árbol del conocimiento del bien y del mal. En ese momento todavía podía evitar el desastre.

Ansiaba arreglar las cosas y hacerlas bien desde el principio.

¿Acaso no hemos experimentado todas lo mismo?

Hemos enfrentado derrotas y fracasos, dificultades y confusión.

Sabemos lo que es batallar con un corazón egoísta, un espíritu malhumorado, ira, envidia y amargura.

Es probable que algunos de nuestros fracasos no sean tan graves como los de Eva. No son sucesos catastróficos que perjudiquen a muchas personas. Quizá solo se trata de "pequeños" deslices. Con todo, revelan lo lejos que está nuestro corazón del lugar en el que debería estar. Y ansiamos corregirlo todo y vivir en armonía y paz.

Cada vez que imparto una conferencia para mujeres pido a las asistentes que escriban en una tarjeta una petición para que un grupo de oración interceda por ellas durante el fin de semana. Después de la conferencia me llevo las tarjetas a casa y las leo. En más de una ocasión he terminado en llanto sobre las tarjetas con una pesada carga en mi corazón al darme cuenta de que tantas mujeres cristianas viven sumidas en la confusión.

- *Mujeres cuyo matrimonio pende de un hilo...*
- *Mujeres cuyo corazón sufre por sus hijos...*
- *Mujeres abatidas por fracasos y heridas del pasado...*
- *Mujeres que enfrentan profundas luchas personales...*
- *Mujeres que abrigan muchas dudas y confusión en su vida espiritual...*

Son mujeres de carne y hueso. Algunas han pasado toda su vida en la iglesia. Algunas asisten a tu iglesia y a la mía. Son mujeres que sirven en el ministerio de niños y en el grupo de alabanza. Algunas asisten a pequeños grupos semanales, y puede que incluso sean líderes de estudio bíblico. Cada vez que las saludas y les preguntas cómo están, ellas sonríen y dicen "bien". Nunca sospecharías la confusión y el dolor que se ocultan detrás de sus rostros aparentemente serenos.

No se trata de casos aislados. No estoy hablando de un puñado de mujeres en situaciones extremas y anormales que viven marginadas. Después de todo, ¿quién de nosotras no experimenta en su interior o en su entorno algo que nos hace sentir confundidas, atemorizadas, o destrozadas?

Nuestra cultura afronta una enfermedad del alma de proporciones epidémicas, no solo entre las mujeres que están "afuera" en el mundo, sino las que están en la iglesia. Creo que estarás de acuerdo con que estas palabras nos describirían a muchas de nosotras, en algún momento:

exhaustas	*derrotadas*	*confundidas*	*tensas*
agotadas	*desanimadas*	*enojadas*	*temerosas*
agobiadas	*avergonzadas*	*frustradas*	*solitarias*

...y sí, aun suicidas.

¿Suicidas? Tal vez te sorprendería saber cuántas mujeres cristianas han pensado en quitarse la vida, algunas en las últimas semanas o meses. Hace poco visité a una mujer que ocupaba un cargo de responsabilidad en un

ministerio cristiano y que había luchado toda su vida con pensamientos suicidas. No dudo que alguna lectora de estas líneas haya llegado al límite de sus fuerzas. Quizá seas tú. O tal vez sientas que ya no vale la pena seguir. Querida, ¡déjame decirte que *sí* hay esperanza! La lectura de este libro no hará que tus problemas desaparezcan, pero créeme que te guiará a alguien que puede ayudarte. Así que te ruego que no abandones tu lectura.

Esclavitud espiritual es otra frase que viene a mi mente cada vez que pienso en muchas mujeres cristianas. De hecho, me atrevería a decir que la mayoría de las mujeres que conozco (yo misma, en ocasiones) no son libres en una o varias áreas de su vida.

Por ejemplo, muchas mujeres viven bajo una nube de culpa y condenación. No son libres para gozar de la gracia y del amor de Dios.

Muchas son esclavas de su pasado, ya sea como resultado de sus fracasos personales o los de otras personas. Cargan su pasado por doquiera que van, incapaces de liberarse de la carga.

Otras son esclavas de lo que la Biblia llama el "temor del hombre", atadas por el miedo al rechazo, al qué dirán y a la búsqueda de aceptación. Otras son esclavas de sus emociones, como la preocupación, el temor, la ira, la depresión y la autocompasión.

Un área considerable de esclavitud para las mujeres tiene que ver con la comida. He escuchado acerca de esto de boca de mujeres de todas las formas y tallas. Algunas no pueden parar de comer, y a otras les resulta imposible forzarse a comer. En cualquier caso, viven en esclavitud.

No es mi intención sugerir que las mujeres sean incapaces (¡si bien en algún momento todas nos hemos visto en esa situación!). Lo que quiero decir es que muchas mujeres cristianas enfrentamos problemas que requieren algo más que una solución o remedio superficial.

Cuando examinamos las Escrituras, vemos que ese no fue el plan original de Dios. Leemos las palabras de Jesús en el Evangelio de Juan y tenemos la certeza de que Dios tiene algo mejor para nosotras:

> ...yo he venido para que tengan vida,
> y para que la tengan en abundancia.
>
> —Juan 10:10

Cuando examinas tu propia vida, ¿podrías afirmar que gozas de la vida abundante que Jesús ofrece? ¿O apenas soportas la existencia y sobrevives?

No te pregunto si llevas una vida libre de problemas. De hecho, algunas de las mujeres más felices y radiantes que conozco sufren por causa de un matrimonio difícil, han llorado junto a la tumba de un hijo o una hija, se les ha diagnosticado cáncer, o cuidan de uno de sus padres que padece la enfermedad de Alzheimer. A pesar de todo, de algún modo y en medio de las dificultades y del dolor, han descubierto una fuente de vida que les permite atravesar ese valle con paz, confianza y entereza.

¿Cómo es tu vida? ¿Te identificas con algunas de las mujeres cuyas historias acabo de mencionar? ¿Existen áreas de esclavitud espiritual en tu vida?

Dime qué pensarías si te dijera que en vez de vivir infeliz, frustrada y en esclavitud, tú podrías ser:

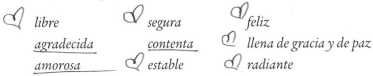

libre   *segura*   *feliz*

agradecida   _contenta_   *llena de gracia y de paz*

amorosa   *estable*   *radiante*

Estas palabras describen el tipo de mujer que yo anhelo ser. Supongo que también es tu anhelo.

Es muy probable que conozcas a otras mujeres que viven en esclavitud, a pesar de que afirman tener una relación con Cristo. ¿Te gustaría saber cómo guiarlas al camino de la libertad?

No hablo de una fórmula mágica que hará desaparecer los problemas. Tampoco ofrezco atajos para una vida fácil, ni la promesa de que estarás exenta de dolor y dificultad. La vida es dura, y eso es inevitable. Hablo más bien de enfrentar las realidades de la vida, como el rechazo, la pérdida, la decepción, las heridas e incluso la muerte, en libertad y gozo verdadero.

Tal vez digas: "¡Eso es justo lo que quiero! Lo quiero para mí y para otras mujeres que conozco. ¿Por dónde empiezo?".

Después de muchos años de intercambiar con mujeres nuestras experiencias con cargas y problemas personales, y de buscar sabiduría en la

Palabra de Dios, he llegado a una conclusión sencilla pero profunda acerca de la raíz de la mayoría de nuestras luchas:

> Nos han mentido.
> Hemos sido engañadas.

En las páginas que siguen, te invito a regresar conmigo al lugar donde empezaron todos los problemas: el huerto de Edén. Este fue el primer hogar de Adán y Eva, un medio perfecto e ideal. Lo que sucedió allí pesa de manera inevitable sobre nuestra vida hoy.

Quiero que veas cómo una mentira se convirtió en el punto de partida de todos los problemas en la historia del universo. Eva escuchó esa mentira, la creyó y actuó conforme a ella. Cada problema, cada guerra, cada herida, cada relación rota, cada aflicción se remonta a una sola y simple mentira.

Dado que las mentiras siguen su curso, aquella primera mentira creció y dio origen a muchas más. Eva creyó la mentira, y nosotras, como hijas de Eva, hemos seguido sus pasos cada vez que escuchamos, creemos y ponemos por obra una mentira tras otra. (A lo largo de este libro vas a encontrar algunos apartes imaginarios del "diario de Eva". El objetivo es evocar algunas de las mentiras a las cuales Eva cedió en diferentes momentos de su vida. Es posible que su "diario" se parezca un poco al tuyo o al mío).

Los tipos de mentira que han creído los seres humanos desde el huerto de Edén son innumerables. Lo que me propongo con este libro es exponer dichas mentiras tal como son en realidad. Algunas han sido tan aceptadas que te resultará difícil identificarlas como mentiras. Sin embargo, las "mejores" mentiras, las más eficaces, son las que más se parecen a la verdad. Y las mentiras más "novedosas" son las más antiguas.

Además de sacar a la luz algunas mentiras que más creen las mujeres cristianas, quiero desenmascarar al autor de todas ellas. Satanás se disfraza de "ángel de luz" (2 Co. 11:14). Él promete felicidad y aparenta una gran preocupación por nuestro bienestar, pero en realidad es un engañador y un destructor. Además, está resuelto a destronar a Dios arrastrándonos a tomar partido a su favor y en contra de Dios. Quiero que veas cómo Satanás ha utilizado algunas mentiras sutiles (o incluso verdades a medias) para engañarte y destruirte a ti y a las personas que amas.

Con todo, no basta con identificar al engañador y sus mentiras. Mi propósito es presentarte el poder de la verdad y mostrarte cómo puedes ser libre creyendo y actuando conforme a la verdad. No se trata de sobrevivir o escapar, sino de alcanzar una libertad verdadera y gloriosa en medio de este mundo caído, maltrecho y herido.

A lo largo de cuatro décadas de ministerio a través de conferencias y libros, un sinnúmero de mujeres me han contado su historia, en persona o por escrito. Muchas de ellas han sido sinceras acerca de algunas mentiras que han creído y cómo sus vidas han sido afectadas. Y muchas han contado cómo han aprendido a rechazar esas mentiras, y ahora gozan de la libertad que viene de abrazar la verdad de Dios. Estas mujeres fueron el incentivo para este libro. A lo largo de estas páginas he incluido algunos de sus testimonios. Espero que te ayuden a reconocer las mentiras que tal vez has creído, y te animen a poner en su lugar la verdad que se encuentra en la Palabra de Dios y en Cristo, la Palabra Viva.

Un día, mientras daba los últimos toques de la primera edición de este libro, caminaba meditando en Santiago capítulo 5. Los últimos dos versículos llamaron particularmente mi atención:

> Hermanos, si alguno de entre vosotros
> se ha extraviado de la verdad,
> y alguno le hace volver,
> sepa que el que haga volver al pecador
> del error de su camino,
> salvará de muerte un alma,
> y cubrirá multitud de pecados.
>
> —Santiago 5:19-20

Desde el momento en que este libro se publicó por primera vez, ha sido mi deseo que el Señor lo use para ayudar a las mujeres que se han extraviado del camino de la verdad, y que Él las libere para que caminen en su gracia, su perdón y su vida abundante. En su bondad y misericordia, a Él le ha placido hacerlo.

Dicho esto, a algunas les puede resultar difícil digerir pasajes que he escrito. (Más de una mujer me ha dicho que su reacción a algo que leyó en este libro fue lanzar el libro al otro lado de la habitación). No me complace agitar controversias ni herir a alguien innecesariamente, pero cuando alguien se extravía de la verdad, en asuntos menores o serios, se necesita mucho más que diplomacia e ideas agradables y amables. En ocasiones se requiere una cirugía radical, que consiste en reorientar completamente nuestro modo de pensar y de vivir, a fin de tratar nuestro corazón enfermo y lograr la restauración. A veces, la verdad duele. Rara vez es popular. No obstante, yo faltaría al amor y a la bondad si fallara en comunicarte la verdad que puede hacernos libres.

El poder liberador de la verdad fue evidente en dos encuentros con mujeres que tuve hace un tiempo.

¡Soy libre! Ya me había dado por vencida, pero Dios me liberó por completo después de años de esclavitud.

Esas fueron las palabras de una joven esposa que conocí en una reunión informal en la que me contó la obra de Dios en su vida. Me contó que ella se había masturbado desde que tenía trece años:

Intenté dejar de hacerlo incontables veces, probé todo lo que tenía a mi alcance, incluso estudios bíblicos, oración y rendirle cuentas a una amiga. Con todo, no lograba vencerlo. Cada vez que caía confesaba mi pecado y le pedía perdón a Dios, pero en lo profundo de mi corazón sabía que volvería a hacerlo. No podía evitarlo.

Esta mujer había sido cristiana durante muchos años, y ella y su esposo participaban en el ministerio cristiano de manera activa. Sin embargo, nunca había logrado liberarse de la frustración y la culpa que sentía en su interior.

Se animó al comentar el proceso que la llevó a la libertad tan anhelada:

Por fin tuve el valor de pedirle ayuda a una mujer de Dios. Ella me animó a pedirle a Dios que me revelara las mentiras que había creído. Para ser franca, jamás pensé que había creído mentira alguna, hasta que comencé a orar y Dios abrió mis ojos para mostrarme dos áreas específicas en las que había sido engañada. ¡Esas mentiras me habían mantenido en esclavitud más de diez años! Tan pronto vi la verdad me arrepentí de haber creído las mentiras y le pedí a Dios que me ayudara a recuperar esa área de mi vida en la que había dado lugar a Satanás.

Su semblante reflejaba lo que había sucedido después. Y prosiguió:

A partir de ese momento, he sido completamente libre de ese pecado que me tenía cautiva. Además, Dios me da la victoria en otras áreas de mi vida en las cuales he sido tentada en el pasado. Es imposible describir el gozo y la libertad que he experimentado. ¡La verdad tiene un poder asombroso!

También fui testigo del poder de la verdad en mis conversaciones con una mujer que se había involucrado sentimentalmente con uno de los pastores de su iglesia. Apenas supe lo que ocurría, la llamé a su trabajo, pues ignoraba si su esposo estaba al tanto de la situación. Ella trabajaba como recepcionista para una compañía y yo sabía que no podíamos hablar por mucho tiempo.

Después de presentarme, fui directo al grano haciendo referencia a una ilustración: "Si yo mirara por mi ventana en medio de la noche y viera que la casa de mis vecinos se incendia, correría hacia ellos para avisarles por todos los medios y sacarlos del peligro. No me preocuparía en absoluto causarles molestias por despertarlos en plena noche. No temería herir sus sentimientos".

Luego añadí: "Me preocupo mucho por ti. Sé que estás en una situación realmente difícil. Sé que te sientes atrapada y que tus emociones están fuera de control, pero debo decirte que estás en una casa en llamas, en grave peligro. Puesto que se trata de una situación desesperada, voy a hacer todo lo posible para advertirte acerca del peligro en el que te encuentras y para ayudarte a salir de esa casa en llamas antes de que sea demasiado tarde".

Con lágrimas, le rogué a aquella mujer que abriera sus ojos a la verdad de lo que ocurría en su vida. Le supliqué que tomara medidas drásticas e inmediatas para salir de la terrible situación que había consentido.

A lo largo de nuestra conversación, Dios iluminó el corazón de aquella mujer. No puedo recibir mérito alguno por lo que sucedió en los días siguientes, "porque Dios es el que en vosotros produce así el querer como el hacer, por su buena voluntad" (Fil. 2:13). Me gocé en gran manera cuando constaté que abrazó la verdad respecto a sus decisiones y a la voluntad de Dios para su vida, su matrimonio y sus relaciones. A medida que avanzaba paso a paso en ese difícil proceso, la gracia de Dios la facultó para seguir adelante y vencer sus emociones, sus hábitos pasados y sus ideas falsas que estaban tan arraigadas en su vida. Comenzó a caminar en la luz. Y en la luz halló un modo de vivir totalmente nuevo, un camino de libertad y de bendición.

Así es como funciona la verdad, y es mi deseo para ti que lo experimentes.

Durante doce años o más, he sido parte de un grupo de ocho mujeres que han construido una bella amistad en torno a nuestro amor común por Cristo y su Palabra. Aunque vivimos en dos diferentes países (seis estados y provincias), nos hemos propuesto permanecer en contacto a lo largo de muchas etapas de transición, comunicándonos mutuamente las novedades acerca de los sucesos de nuestra vida. Compartimos y celebramos nuestras victorias y dichas más grandes. Hemos logrado una confianza mutua tal, que nos contamos nuestros temores, fracasos y anhelos frustrados más profundos. A veces, en nuestras reuniones periódicas y nuestras conferencias telefónicas hemos reído hasta que duele. También hemos llorado juntas hasta que duele.

Todas tenemos un perfil más o menos público. Puede que nos hayas visto sonrientes en nuestras fotografías retocadas de las páginas web ministeriales, y en carátulas de libros. Sin embargo, puedo decirte esto: ninguna de nosotras *se siente* refinada ni preparada. Por el contrario, todas nos sentimos débiles, incompetentes y necesitadas. Cada una de nosotras tiene partes rotas, del pasado y del presente. Y todas tenemos áreas de nuestra vida en las que luchamos con las consecuencias de creer mentiras acerca de Dios, de nosotras mismas o de nuestras circunstancias, para citar unas pocas.

Ha sido un regalo increíble ayudarnos las unas a las otras a sacar a la luz esas áreas de engaño, y ver después cómo el Espíritu en su gracia y constancia usa su verdad para renovar nuestra mente y llevarnos a experimentar mayor libertad. A partir de esa libertad podemos animarnos mutuamente en formas significativas conforme la necesidad de cada una. A este precioso círculo de amigas, Dios ha permitido experimentar un hermoso ciclo sanador y liberador de gracia.

Mi esperanza al escribir (y ahora actualizar) este libro, es poder ser una verdadera amiga para ti, como estas mujeres y muchas otras lo han sido para mí, y que conforme avanzamos juntas, Dios toque cada área de tu vida que necesita restauración y gracia.

El viaje que estamos a punto de emprender no siempre será fácil. Puede ser complicado e incluso doloroso identificar y erradicar todas las mentiras que nos han mantenido esclavizadas. No obstante, conozco a un Buen Pastor que te ama profundamente, que entregó su vida por ti y que te llevará de la mano para guiarte a delicados pastos y aguas de reposo, si se lo permites.

Estad, pues, firmes en la libertad con que Cristo nos hizo libres, y no estéis otra vez sujetos al yugo de esclavitud.

—Gálatas 5:1

Venid a mí todos los que estáis trabajados y cargados,
y yo os haré descansar. Llevad mi yugo sobre vosotros,
y aprended de mí,
que soy manso y humilde de corazón; y hallaréis
descanso para vuestras
almas; porque mi yugo es fácil, y ligera mi carga.

—Mateo 11:28-30

PRIMERA PARTE

FUNDAMENTOS

Mi cabeza da vueltas. No sé cómo comenzar. El día tuvo un inicio perfecto, al igual que todos los días vividos hasta ahora. Como siempre, Adán y yo nos levantamos temprano para salir a caminar con Dios. Esos paseos siempre han sido lo mejor del día.

Esta mañana todos guardamos silencio por un momento. Disfrutábamos el simple hecho de estar juntos. Entonces Dios comenzó a cantar. Era una canción de amor. Cuando llegó al coro empezamos a cantar con Él. Primero Adán, con su voz grave, y luego yo me uní al coro. Entonamos canciones sobre el amor, las estrellas, el gozo y Dios. Por último, todos nos sentamos bajo la sombra de un árbol cerca del medio del huerto. Le dimos gracias a Dios por ser tan bueno, le dijimos que nuestro único anhelo era hacerlo feliz y encontrar toda nuestra dicha en Él. Fue un momento muy grato. Siempre era así cuando nos reuníamos los tres.

No sé cómo explicar lo que ocurrió después. De repente escuchamos una voz desconocida. Me volví y observé a la criatura más hermosa que jamás había visto. Me habló a mí directamente. Me hizo sentir importante, y surgió en mí el deseo de escucharla.

No estoy segura de lo que ocurrió con Dios en ese momento. No es que se hubiera ido. Creo que simplemente yo olvidé que Él se encontraba allí. De hecho, por un momento también olvidé que Adán estaba allí. Sentí como si estuviera sola con esta criatura deslumbrante y misteriosa.

La conversación que sostuvimos quedó grabada para siempre en mi mente. La criatura me hizo preguntas que nunca se me habían ocurrido. Luego me ofreció cosas que nunca antes había tenido y que nunca imaginé que necesitaba. Me ofreció independencia, de Dios y de Adán. Una posición. Aunque siempre había respetado a Dios y a Adán, esta criatura dijo que ahora ellos me respetarían a mí. También me ofreció conocimiento, de los misterios que solo Dios conocía. Además, el consentimiento para comer del fruto del árbol plantado en medio del huerto.

Al principio solo escuché y miré. En mi corazón reflexionaba, cuestionaba y argüía. Adán me había recordado muchas veces que no debíamos comer del fruto de ese árbol, según nos lo había advertido Dios. Pero la criatura seguía clavando en mí su mirada y hablando con una voz seductora. Me percaté de que le creía. Al fin me rendí. Extendí mi mano, al principio con temor. Luego lo tomé. Comí. Le ofrecí a Adán. Él comió. Comimos juntos. Primero yo, luego él.

Lo que siguió fue muy confuso. Experimenté sensaciones profundas en mi interior que nunca antes había tenido. Un nuevo conocimiento, como si supiera un secreto que no debía conocer. Júbilo y depresión al mismo tiempo. Liberación. Esclavitud. Exaltación. Caída. Segura. Temerosa. Avergonzada. Sucia. Con deseos de esconderme. No podía permitir que Él me viera así.

Sola. Tan sola.

Perdida.

Engañada.

CAPÍTULO UNO

LA VERDAD... O
las consecuencias

"Conviértete instantáneamente en violinista de talla mundial".

"Cómo tocar el piano... ¡instantáneamente!".

"'Salud instantánea' ¡con solo pulsar un botón!" (anuncio publicitario para un electrodoméstico de cocina).

"¡Pierde 4 kilos en 10 minutos!... ¡Una rutina de ejercicios tan sencilla que la harás en pijama!".

"Te ofrece tanta tranquilidad que tu seguro de salud debería cubrirlo" (anuncio publicitario de un auto popular).

"Luce mejor y siéntete más joven en tan solo unos minutos diarios... la clave para una vida más saludable y feliz" (anuncio publicitario para una cámara de oxígeno que cuesta 3,999.95 dólares).

Sin duda has visto esta clase de promesas disparatadas en los anuncios publicitarios de las redes sociales o mientras esperas en la caja del supermercado. Han estado por ahí desde que existe la publicidad.

Además, existen las variaciones interminables y más sutiles. No sé si sea solo mi impresión, pero me parece que la frase "sin gluten" está ahora impresa en todo, desde paquetes de apio hasta cajas de leche. Los anunciantes publicitarios tratan de impulsarnos a comprar sus productos basados en una promesa superficial. (¡Estoy segura de que el apio y la leche nunca han tenido gluten!).

Nuestra cultura está llena de engaño. A veces es fácil detectar la falsedad (como la propaganda que asegura que puedes convertirte en un violinista de talla mundial en un instante). Pero, por desdicha, la mayoría de las mentiras no son tan fáciles de detectar.

El engaño publicitario apela a nuestros deseos humanos naturales. *Deseamos* creer que, de alguna manera misteriosa, los fastidiosos kilos de más puedan realmente desaparecer en solo diez minutos sin sudor, sin disciplina, sin costo, sin esfuerzo, sin dolor. Por eso compramos pastillas, polvos dietéticos para preparar bebidas, y equipos para hacer ejercicios que vemos en los anuncios publicitarios en la Internet.

Un vendedor astuto y sagaz, cuya intención fue cambiar en Adán y Eva su concepto acerca de Dios y sus designios, fue quien diseñó la primera campaña publicitaria. El objetivo de Satanás fue crear un abismo entre Dios y sus criaturas. Supuso que el hombre y la mujer no aceptarían algo que pareciera un ataque directo contra Dios, y en eso tenía razón. Supo que debía más bien embaucarlos de manera sutil, engañarlos y seducirlos con una oferta que pareciera razonable, deseable y no del todo contraria a Dios.

Satanás engañó a Eva con una astuta combinación de mentiras rotundas, verdades a medias y falsedades disfrazadas de verdad. Comenzó a plantar semillas de duda en su mente acerca de lo que Dios había dicho en realidad ("¿Conque Dios os ha dicho...?", Gn. 3:1).

Acto seguido, la llevó a tomar la Palabra de Dios a la ligera, y sugirió que, en realidad, Dios no había dicho lo que dijo. Dios había dicho: "no comerás el fruto del árbol". Sin embargo, Eva afirmó que Dios había dicho: "ni le *tocaréis*" (v. 3).

Satanás engañó a Eva llevándola a dudar de la bondad, el amor y las motivaciones de Dios. Lo que insinuó fue: "¿Dios ha coartado tu libertad? Parece que Él no quiere que seas feliz".

La verdad es que Dios había dicho: "'Puedes comer *libremente* del fruto de cualquier árbol del huerto' (2:16, NTV), a excepción de uno".

La verdad es que Dios es un Dios generoso.

En todo ese inmenso huerto Dios había prescrito una sola salvedad: "del árbol de la ciencia del bien y del mal no comerás". Además, la única restricción que Dios había decretado tenía el propósito de proteger el bienestar de la pareja y garantizar la bendición y felicidad duraderas. Dios sabía que, si comían del árbol, ellos morirían, su relación con Él se rompería, y se convertirían en esclavos de Satanás, del pecado y de su propia naturaleza.

Por otro lado, la serpiente engañó a Eva mintiéndole acerca de las consecuencias de su decisión de desobedecer a Dios, quien había dicho: "porque el día que de él comieres, ciertamente morirás" (2:17). En cambio, Satanás replicó: *"No* moriréis" (3:4). Con esas palabras contradijo de plano lo que Dios ya había dicho.

El maligno sedujo a Eva ofreciéndole todo tipo de beneficios bajo la única condición de que comiera del fruto prohibido (3:5). Le prometió un caudal de conocimientos y experiencias ("serán abiertos vuestros ojos"). Le prometió que sería igual a Dios, es decir, que ella sería su propio dios ("seréis como Dios").

Por último, le prometió que sería capaz de decidir por sí misma lo que era bueno y lo que era malo ("sabiendo el bien y el mal"). Dios ya había dicho a Adán y a Eva lo que era bueno y lo que era malo. En pocas palabras, esto es lo que Satanás declaró: "Esa es la opinión de Dios, ustedes tienen derecho a tener su propia opinión, y pueden tomar sus propias decisiones acerca de lo que es bueno o malo".

Satanás engañó a Eva incitándola a decidir lo que era correcto según lo que veían sus ojos y lo que le dictaban sus emociones y razonamientos, aunque en realidad era contrario a la advertencia de Dios:

> Y vio la mujer que el árbol era bueno para comer,
> y que era agradable a los ojos, y árbol codiciable para
> alcanzar la sabiduría; y tomó de su fruto, y comió.

> —Génesis 3:6

Eva probó el fruto. Pero, en lugar de recibir las recompensas que le habían prometido, descubrió que su boca estaba llena de gusanos de vergüenza, culpa, temor y enajenación. Le habían mentido; había sido engañada.

Como lo expresa el pastor puritano del siglo diecisiete, Thomas Brooks:

> Satanás promete dar lo mejor y paga con lo peor, promete honra y paga con oprobio, promete placer y paga con sufrimiento, promete ganancias y paga con pérdida, promete la vida y paga con muerte.[1]

Desde aquel primer encuentro, Satanás ha utilizado el engaño para ganarse nuestra simpatía, alterar nuestras decisiones y destruir nuestra vida. De un modo u otro, cada problema que enfrentamos en este mundo es fruto del engaño, es el resultado de creer algo que simplemente no es verdad.

Aunque Satanás persiste en su brillante promesa de "vida verdadera", sabe bien que quienes atienden a su ofrecimiento sin duda morirán (Pr. 14:12).

Entonces, ¿por qué caemos en el engaño? ¿Por qué nos atrae la tentación? Para empezar, las mentiras de Satanás no nos llegan abiertamente, como una serpiente que habla. Antes bien, pueden estar disfrazadas de forma atractiva como un éxito de librería del *New York Times*, un blog popular para madres, una película, una serie de televisión, o una canción pegajosa que está en la cima de la popularidad. También puede ocultarse sutilmente en la instrucción de un profesor reconocido, en el consejo sincero de un amigo, un familiar o un terapeuta, o incluso un escritor, predicador o consejero cristiano.

Día tras día somos bombardeadas por un sinnúmero de formas de engaño que penetran nuestra mente, las cuales provienen no solamente de nuestro enemigo infatigable, el diablo, sino del sistema de este mundo caído en el que vivimos, y de nuestra propia carne pecaminosa y débil. Todos estos están en desacuerdo con Dios y buscan seducirnos.

Sin importar de dónde provenga, cada vez que percibimos algo que no se conforma a la Palabra de Dios debemos encender las alertas. Lo que leemos o escuchamos puede sonar bien, sentirse bien y parecer correcto, pero, si es contrario a la Palabra de Dios, *no está* bien. Debemos comprender que ese fruto prohibido que se ve tan provocativo y sabe delicioso al principio, siempre nos conduce al final a la muerte y la destrucción.

LA ESTRATEGIA DEL ENGAÑO

El engaño fue y es todavía la estrategia principal de Satanás. Jesús dijo que la naturaleza misma del diablo es el engaño:

> Él [diablo] ha sido homicida desde el principio,
> y no ha permanecido en la verdad, porque no hay verdad en él.
> Cuando habla mentira, de suyo habla; porque es mentiroso,
> y padre de mentira.
>
> —Juan 8:44

Por razones que rebasan nuestra comprensión, Satanás escogió a la mujer como blanco de su primer engaño. En el Nuevo Testamento, el apóstol Pablo nos recuerda en dos ocasiones que fue la mujer quien fue engañada: "la serpiente con su astucia engañó a Eva" (2 Co. 11:3), "Adán no fue engañado, sino que la mujer, siendo engañada..." (1 Ti. 2:14).

Algunos teólogos creen que algo en la forma en que Eva fue creada la hacía más susceptible. Otros sugieren que debido a que Dios la puso bajo el liderazgo de su esposo, Eva sería engañada con mayor facilidad al salirse de esa protección y manto espiritual. O quizá fue porque la disposición más suave, sociable y sensible de Eva la predisponían para interactuar con la serpiente.

En cualquier caso, el engañador se acercó y engañó a la mujer, y ella creyó la estratagema. Luego ella tentó a su esposo a pecar juntamente con ella, y juntos arrastraron a toda la humanidad al pecado (aunque Adán, como cabeza, es el principal responsable).

Cada hombre y cada mujer que ha vivido desde ese día ha nacido con la propensión a pecar y ha sido engañado por las mentiras de Satanás. Él sabe que, si caemos en su engaño, vamos a incitar a nuestro prójimo a pecar, y nuestras decisiones pecaminosas marcarán la pauta para las generaciones futuras.

Algunas veces, Satanás nos engaña de manera directa, como le sucedió a Eva. Sin embargo, a veces utiliza a otras personas como instrumentos de engaño.

En el capítulo cinco de Efesios, Pablo advierte: "Nadie os engañe con palabras vanas" (v. 6). En repetidas ocasiones, Pablo anima al pueblo de Dios a hablar verdad los unos a los otros. Cuando no decimos la verdad a los demás, en realidad hacemos la obra del diablo y actuamos como sus representantes engañando y destruyendo a otros.

De acuerdo con las Escrituras, es posible ser engañados incluso por líderes espirituales que son los encargados de pastorear al rebaño de Dios y de comunicarle la verdad a su pueblo. Por medio del profeta Ezequiel, Dios se dirige a esos líderes que se aprovechaban de su llamado y de sus seguidores por no hablar la verdad:

> Por cuanto entristecisteis con mentiras
> el corazón del justo...
> y fortalecisteis las manos del impío,
> para que no se apartase de su mal camino,
> infundiéndole ánimo.
>
> —Ezequiel 13:22

Esta descripción no se limita a los líderes espirituales del Antiguo Testamento. Hay "líderes cristianos" respetados, y personas de gran influencia en la actualidad de quienes podría decirse lo mismo. Puede que no tengan la intención de engañar a sus seguidores. De hecho, tal vez ni siquiera sean conscientes de que están engañando.

No obstante, ellos "fortalecen las manos del impío" al sugerirles que no necesitan arrepentirse. Prometen las bendiciones y la gracia de Dios a personas que no cumplen con los requisitos por causa de su desobediencia voluntaria y de su corazón no arrepentido. Sus enseñanzas llevan a las personas a justificar su...

- Ira ("Expresas tus sentimientos de forma sincera").
- Egoísmo ("Si no te ocupas de ti, ¿quién más va a hacerlo?").
- Irresponsabilidad ("Tus problemas y tus reacciones han sido provocados por otros").

- Infidelidad ("Dios quiere que seas feliz. Está bien divorciarte de tu pareja y casarte con alguien a quien amas realmente").

Por otro lado, "entristecen" o hacen sentir culpable al "justo" por asumir la responsabilidad de sus propias decisiones pecaminosas, demostrar un corazón de siervo y ser fiel a sus votos. También puede que desvíen a sus seguidores predicándoles la ley de Dios en lugar de guiarlos a Cristo, el único que puede cumplir la ley. Esto puede dejar a las personas sin esperanza y bajo la culpa y la condenación crónicas de una religión que se basa en obras o en logros.

ABRE TUS OJOS

Muchas de nosotras, sin pensar, hemos estado expuestas al engaño sin darnos cuenta de que estamos siendo engañadas. Esa es la naturaleza misma del engaño.

Uno de los objetivos que me he propuesto con este libro es exhortar a las mujeres cristianas a abrir sus ojos y a examinar lo que ocurre a su alrededor, a ser conscientes del engaño que tanto ha impregnado el mundo en que vivimos. Nuestro estilo de vida se basa en gran medida en ideas que simplemente no son ciertas. El resultado es una casa edificada sobre la arena. Una mentira conduce a otra, y luego a otra, en una cadena que no tiene fin.

Resulta tentador aceptar sin pensar todo lo que oímos y vemos. Escuchamos música, radio, y podcasts; leemos blogs, revistas y redes sociales; vemos películas; oímos consejos y respondemos a la publicidad sin preguntarnos:

- ¿Cuál es el mensaje que transmiten?
- ¿Es cierto lo que dicen?
- ¿Estoy siendo engañada por alguna idea que es contraria a la verdad?

La promesa de Satanás para Eva era muy tentadora: "serán abiertos vuestros ojos, y seréis como Dios, sabiendo el bien y el mal" (Gn. 3:5). ¿Quién podía resistirse a semejante ofrecimiento?

El fruto prohibido era *"bueno para comer, y... agradable a los ojos, y árbol codiciable para alcanzar la sabiduría"* (v. 6). Si no hubiera sido tan atractivo, ¿crees que Eva habría caído en la trampa? Si el fruto hubiera estado podrido e infestado de gusanos, ¿crees que Eva hubiera contemplado siquiera la posibilidad de desobedecer a Dios? Probablemente no. Lo que hace el ofrecimiento de Satanás tan apetecible y engañoso es que parece bueno.

El problema es que Eva no se detuvo a pensar en lo que estaba sucediendo en realidad. No se tomó la molestia de discernir la verdad del error. No se detuvo a considerar el costo y las implicaciones de lo que estaba a punto de hacer. Si Eva hubiera imaginado las consecuencias devastadoras, dolorosas y horrendas de su decisión en su propia vida, en su relación con Dios, en su matrimonio, en sus hijos, en los hijos de sus hijos, y (por el pecado de su esposo que la siguió en su desobediencia) en cada ser humano que viviría sobre el planeta, ¿crees que habría escuchado la mentira de Satanás y desobedecido a Dios? Lo dudo.

Sin embargo, ¿cuántas veces tomamos decisiones sin detenernos a pensar en las consecuencias que pueden acarrear? Muchas vivimos simplemente nuestra vida reaccionando a las personas, las circunstancias y las influencias que nos rodean: comemos lo que nos apetece en el momento, compramos las últimas ofertas que aparecen en nuestras redes sociales, adoptamos la última moda, y abrazamos los estilos de vida, los valores y las prioridades de nuestros amigos. Todo eso se ve bien, se siente bien, y parece inofensivo. Pero al final terminamos en relaciones destructivas, llenas de deudas, enojadas, atrapadas y abrumadas. Hemos creído una mentira.

Recuerdo con claridad un ejemplo de este tipo de engaño. Era una madre de siete hijos pequeños (cinco de ellos adoptados) que sostenía una relación ilícita con un hombre que había conocido en la Internet. Pensaba seriamente abandonar a su esposo para irse con aquel hombre. Después de reunirnos una noche en un centro comercial, ella reconoció que sus acciones eran incorrectas. A pesar de eso comentó: "Él es muy bueno conmigo y con mis hijos".

Seguramente había problemas en su matrimonio que la habían dejado triste, sedienta de afecto y susceptible a las atenciones de otro hombre. Ella sentía que era su oportunidad de cambiar su tristeza por felicidad, que quizás iba a encontrar un atajo para solucionar las presiones y los desafíos que vivía en el hogar. No obstante, al escucharla me di cuenta de que abandonar su matrimonio solo abriría el camino para nuevos y mayores problemas.

En las siguientes dos horas de conversación, le rogué que comprendiera que aquel hombre en realidad no estaba interesado en ella ni en sus hijos. Si así fuera, no estaría tratando de dañar su matrimonio. Si en realidad la amaba, él no la impulsaría a quebrantar la ley de Dios. Le advertí con amabilidad que el camino en el que se encontraba, si bien parecía tan atrayente, no la llevaría a la libertad y la felicidad que estaba buscando. Traté de ayudarle a ver que estaba siendo engañada y que su única esperanza era creer y abrazar la verdad. El largo camino de la confesión, la consejería, la oración, y la renovada consagración a su matrimonio y sus hijos no sería fácil. Sin embargo, la llevaría a experimentar algo mucho más bello que era imposible encontrar en perseguir un atajo.

DEL ENGAÑO A LA ESCLAVITUD ESPIRITUAL

En los capítulos siguientes estudiaremos algunas de las mentiras más comunes y destructivas que las mujeres creen, pero antes vamos a echar un vistazo a la manera en que somos engañadas y cómo el engaño lleva a la esclavitud.

En términos generales, las personas no caen en el engaño de la noche a la mañana. No se levantan un día y descubren que son esclavas de la comida o que tienen un genio incontrolable. Hay un proceso que lleva a la esclavitud, y siempre comienza cada vez que...

Escuchamos una mentira.

Fue así que comenzó todo en el huerto de Edén. Eva *escuchó* las mentiras de Satanás. Estoy segura de que ella no tenía ni idea de lo que esas mentiras harían en su vida y en su familia. Quizá tampoco parecía tan peligroso *escuchar* nada más a la serpiente y averiguar lo que tenía que decir.

El simple hecho de escuchar no significaba desobediencia. Sin embargo, lo cierto es que escuchar un punto de vista contrario a la Palabra de Dios puso a Eva en un terreno peligroso que la llevó a la desobediencia. Esto, a su vez, la condujo a la muerte física y espiritual.

Prestar oído a mentiras constituye el primer paso hacia la esclavitud y la muerte. Por eso considero tan esencial tener cuidado con las cosas que permitimos entrar en nuestra mente o en nuestro corazón.

Mis padres conocieron a Jesús siendo adultos. Desde que se casaron se propusieron establecer un hogar centrado en Cristo y basado en el fundamento sólido de su Palabra. Ellos no contaban con la gran cantidad de recursos útiles que están al alcance de los padres hoy. Aun así, Dios les dio sabiduría y la determinación para cultivar en nuestro hogar una atmósfera propicia para el hambre y el crecimiento espirituales. Mis seis hermanos menores y yo no pudimos evitar ser "contagiados" por su amor por Cristo, su Palabra, su pueblo y su reino. Ellos se propusieron rodearnos de influencias que nutrieran nuestra vida en un sentido espiritual, y también protegernos de las influencias dañinas para nuestros corazones, o que pudieran hacernos insensibles al pecado.

Cuando éramos niños, este estilo de crianza no siempre nos pareció lógico. No obstante, hoy día le doy gracias al Señor porque mis padres tuvieron el valor para decir: "No vamos a permitir a sabiendas que nuestros hijos se críen bajo el influjo de las mentiras que este mundo fomenta". Con todas sus fuerzas anhelaron que creciéramos en el amor por la Palabra y los caminos de Dios, y que nuestros corazones fueran avivados por la verdad, y que la abrazáramos como algo nuestro. Después de soltarnos de ese ambiente protegido para salir al mundo, oraron para que siguiéramos caminando en la verdad, y para que identificáramos y rechazáramos cualquier cosa que fuera engañosa y falsa.

Ahora, como una mujer mayor, todavía tengo que proteger mi mente y seleccionar con cuidado lo que admito en mi vida, así como rechazar lo que despierte cualquier pensamiento impío. Las ideas engañosas del mundo vienen a nosotros de formas muy diversas: la televisión, las revistas, las películas, la música, las redes sociales, por nombrar unas pocas.

Limitar con firmeza esas influencias mundanas hará que se ajuste nuestra visión de lo que es valioso, hermoso e importante en la vida.

No existen mentiras inofensivas. Es imposible salir ileso de la exposición a las ideas engañosas y falsas del mundo. El primer error de Eva no fue comer del fruto, sino escuchar a la serpiente.

Así pues, escuchar el consejo o las ideas que no se conforman a la verdad es el primer paso hacia las creencias falsas y, en última instancia, la esclavitud. Una vez que hemos escuchado la mentira, el siguiente paso hacia la esclavitud es...

Meditar en la mentira.

Primero la escuchamos, luego meditamos en ella. Comenzamos a sopesar las palabras del enemigo. Las rumiamos en nuestra mente. Iniciamos una conversación con el enemigo. Contemplamos la posibilidad de que, después de todo, pueda tener razón. El proceso puede compararse a la agricultura o la jardinería. Primero se prepara el terreno, lo cual equivale a una actitud dispuesta a recibir aquello que es contrario a la Palabra de Dios. Luego se siembra la semilla, que es escuchar la mentira. Luego, la semilla es regada y abonada, lo cual equivale a meditar en la mentira.

Entonces, si permitimos que nuestra mente y nuestro corazón mediten en cosas falsas, tarde o temprano llegaremos a...

Creer la mentira.

En este punto, la semilla que se sembró ya echó raíces y comienza a crecer. Eso es exactamente lo que sucedió a Eva. Primero, ella escuchó la propaganda de la serpiente. Luego la sopesó y meditó. No tardó en llegar a creer lo que le decía, a pesar de que contradecía claramente la verdad de lo que Dios había dicho. Después de haber creído la mentira, el siguiente paso resultó muy fácil. Escucha la mentira, medita en ella, créela, y tarde o temprano llegarás a...

Obrar conforme a la mentira.

Ahora que la semilla ha sido sembrada, regada, abonada y que ha echado raíces, comienza a dar fruto. Las creencias producen conductas. Creer algo falso produce una conducta pecaminosa.

Lo que creemos se verá reflejado en nuestra manera de vivir. En el sentido inverso, nuestra conducta se basará siempre en aquello que consideramos verdadero. No me refiero a lo que *decimos* que creemos, sino a lo que creemos en realidad. "Porque cual es su *pensamiento* en su corazón, *tal es él*" (Pr. 23:7).

Algo esencial que debemos recordar es que *cada acto pecaminoso en nuestra vida comienza con una mentira.* Escuchamos una mentira, la meditamos hasta que llegamos a creerla y, por último, obramos conforme a la mentira.

Ahora observa lo que sucede después. En una ocasión rechazamos la verdad e infringimos la Palabra de Dios en algún asunto que parece mínimo. Sin embargo, en la siguiente tentación nos resulta más fácil pecar, y así en lo sucesivo. No solo pecamos una vez, sino una y otra vez hasta que se establece un hábito en nuestro corazón y se convierte en una pauta pecaminosa. Antes de darnos cuenta de lo que ha sucedido, ya somos esclavas. Se instaura una fortaleza pecaminosa. Satanás lanzó el anzuelo, nosotras lo mordimos, y ahora él nos atrapa y nos convertimos en su presa.

Recuerda muy bien cómo empezó todo:

Toda esclavitud en la vida tiene su origen en una mentira.

Se siembra, se riega y se abona una semilla. Entonces echa raíces y produce fruto, no un solo fruto, sino una cosecha completa. Es una cosecha de esclavitud, destrucción y muerte espirituales.

DE LA ESCLAVITUD A LA LIBERTAD

Por regla general, hay áreas en nuestra vida que están sometidas a esclavitud porque hemos escuchado, creído y obrado conforme a alguna mentira. ¿Cómo podemos escapar de la esclavitud y dirigirnos hacia la libertad en esas áreas de nuestra vida? He aquí tres pasos que debemos tener en cuenta antes de estudiar las mentiras específicas que conducen a la esclavitud, y la verdad que nos hace libres.

1. Identifica una o más áreas de esclavitud o una conducta pecaminosa. Es muy probable que ya puedas reconocer algunas. Sin embargo, es posible que haya otras menos evidentes. Veremos algunas mentiras comunes a lo largo de este libro, pero, por el momento, pídele a Dios que te revele las áreas específicas de esclavitud en tu vida. Las Escrituras dicen: "Porque el que es vencido por alguno es hecho esclavo del que lo venció" (2 P. 2:19). ¿Puedes señalar algunos aspectos de tu vida en los cuales has sido vencida?

- ¿Padeces algún tipo de esclavitud física (glotonería o desórdenes alimenticios, abuso de sustancias)?

- ¿Vives en esclavitud emocional (ansiedad, miedo, depresión, desórdenes emocionales crónicos)? Yo.

- ¿Vives en esclavitud sexual (masturbación, pornografía, lujuria, fornicación, homosexualidad)?

- ¿Tienes problemas de esclavitud financiera (derroche, avaricia, mezquindad)?

- ¿Hay hábitos pecaminosos que te dominan (ira, mentira)?

- ¿Eres esclava de la necesidad de aprobación?

- ¿Eres adicta a la televisión, a los juegos de vídeo, a las redes sociales, a las novelas románticas, o a la literatura erótica (historias "sensuales" diseñadas para despertar pasiones)?

Dios puede traer a tu mente cualquier área de esclavitud. Después de identificar las áreas de esclavitud, no te conformes con eliminarlas. Es muy probable que eso resulte inútil. De hecho, tal vez ya has intentado controlar esas conductas, has fracasado, y estás a punto de darte por vencida.

Si quieres deshacerte de unas frutas venenosas que crecen en tu huerto, no basta con salir y quitar las frutas del árbol. Volverán a crecer tarde o temprano. La única manera de destruir para siempre el fruto venenoso es arrancar el árbol de raíz. Esa es la razón por la cual el siguiente paso es tan importante.

2. Identifica las mentiras que están en la raíz de cada esclavitud o conducta. ¿Qué mentiras has escuchado y creído, y han motivado tu conducta para terminar en esclavitud? La respuesta a esta pregunta podría no ser tan obvia, pues las raíces se esconden bajo la superficie y las mentiras suelen ser engañosas. Necesitamos que el Señor nos ayude a ver las creencias falsas que hemos consentido en nuestra vida.

En las páginas siguientes, vamos a identificar cuarenta y cinco mentiras que representan las muchas y diversas mentiras que pueden haber echado raíces y dado fruto en nuestra vida. Pídele a Dios que te muestre las mentiras del enemigo que has aceptado como ciertas, ya sea las que presento en este libro u otras que Él te revele. Pídele además que te ayude a arrepentirte por haber creído esas mentiras.

Después de haber identificado las mentiras específicas que has creído, ¿cuál es el siguiente paso?

3. Sustituye las mentiras por la verdad. Este es un paso decisivo. Satanás es un enemigo poderoso. Su principal arma es el engaño. Sus mentiras son poderosas. No obstante, hay algo aún más poderoso que las mentiras de Satanás, y es la verdad. Después de identificar las mentiras que nos han esclavizado y de arrepentirnos por haberlas creído, tenemos un arma eficaz para vencer el engaño: ¡el arma de la verdad!

Es necesario contrarrestar cada mentira con la verdad. Si hemos escuchado, meditado, creído y obrado conforme a alguna mentira, debemos escuchar, meditar, creer y obrar conforme a la verdad. De esa forma pasaremos de la esclavitud a la libertad por el poder del Espíritu de Dios. Este proceso no siempre es fácil, pero Él nos dará la gracia que necesitamos en cada paso del camino. Qué gozo produce, además, la experiencia de sacar a la luz las mentiras, ver que las cadenas se rompen y que empezamos a caminar en la verdad.

Como Jesús declaró: "la verdad os hará libres" (Jn. 8:32).

¿Recuerdas a la mujer que estaba pensando en dejar a su esposo y a sus hijos por un hombre que había conocido en la Internet? Ella había crecido en un hogar cristiano y se había graduado en una universidad cristiana. En su mente, ella sabía mucha verdad. Sin embargo, cuando hablé con ella por primera vez, estaba profundamente enceguecida y engañada. El enemigo había enredado a tal punto sus pensamientos, que no estaba lista ni dispuesta a escuchar la verdad.

Para abreviar su relato, en los años subsiguientes ella siguió haciendo lo que le parecía y tomando una decisión insensata tras otra, que ella y su familia tuvieron que pagar caro. Pero Dios en su misericordia siguió buscándola, del mismo modo que buscó a Adán y a Eva en el huerto. Años después, esta mujer escribió y me puso al día sobre su experiencia:

Destrozada, sintiéndome totalmente despreciable y sola, al fin empecé a buscarlo de nuevo. Empecé a leer mi Biblia, a asistir a la iglesia y a orar. El cambio en mi corazón fue casi inmediato. Seguí adelante, impulsada por las semillas de verdad que habían sido sembradas en mi alma.

El Señor, de manera asombrosa y milagrosa, ¡empezó a quitar las escamas de mis ojos! El Dios, al que pensé que conocía, de repente se reveló como alguien muchísimo más poderoso y misterioso que nunca antes. Al mismo tiempo, Él me mostró la gran profundidad de su amor, compasión y misericordia. Él no solo fue lo que mi alma cansada y agobiada había estado anhelando, ¡sino mucho más!

Hoy el Señor me da la seguridad de que Él me ve santa, perfecta y sin mancha por medio de la sangre de Jesucristo. Después de casi treinta y seis años de huir, entendí que todo el tiempo Dios había querido que yo encontrara mi consuelo en Él. De manera asombrosa, Él ha reconstruido lo que yo intenté destruir en mi rebeldía. Ahora sé que el amor de Dios es irresistible.

Tenemos un Dios redentor que hace todas las cosas nuevas. Él está redimiendo y renovando a esta mujer. Y Él quiere hacer lo mismo contigo y conmigo, sea cual sea nuestra historia, sean cuales sean las mentiras que hayamos creído, y sean cuales sean las consecuencias que hayamos podido experimentar. Su gracia y su amor son verdaderamente irresistibles.

MENTIRAS QUE LAS *mujeres* CREEN

CAPÍTULO DOS

MENTIRAS QUE LAS MUJERES CREEN... ACERCA DE *Dios*

¡Estoy tan confundida! Ayer en la mañana me sentía segura respecto a muchas cosas. Ahora no sé qué creer ni a quién creerle. Nunca he tenido razón alguna para dudar del amor de Dios por mí. Tenía miles de razones para creer que era bueno. Nunca dudé si nos decía o no la verdad. Confiaba en Él. Creía sus palabras.

Ahora, por alguna razón, no parece ser el mismo Dios que se paseaba con nosotros, con quien hablábamos y cantábamos cada mañana. Si Él es tan bueno, ¿por qué no me impidió hablar con la serpiente y comer del fruto? ¿Por qué hizo el fruto tan apetecible? Además, ¿por qué puso ese árbol ahí? ¿Y por qué nos prohibía que comiéramos del fruto?

Parece muy distante. Me inspira miedo. Dijo que moriríamos si comíamos del árbol. Ni siquiera estoy segura de lo que significa morir, pero me parece un castigo horrible y cruel, casi injusto, en especial por una primera equivocación. Hoy nos dijo que tenemos que abandonar el Edén. ¿Por qué no puede darnos una segunda oportunidad? ¿Acaso le importa lo que nos sucede?

Todo es un desastre. ¿Por qué Dios no hace algo*?*

Antes de empezar a identificar algunas de las mentiras que las mujeres creen, debemos recordar que la lista de mentiras no es en ningún modo exhaustiva. Satanás es un experto engañador, y su lista de mentiras es interminable. Hay un sinnúmero de mentiras que podrían haberse incluido en este libro.

Además, se han escrito libros completos sobre muchos temas afines.

Mi objetivo no es presentar una reseña completa de lo que en algunos casos son problemas mayores, sino más bien un vistazo general del tipo de razonamiento que afecta la vida y los hogares de las mujeres, mentiras que son, en gran medida, la raíz de la esclavitud espiritual que experimentamos.

Es obvio que ninguna mujer puede creer *todas* las mentiras. Nuestro enemigo conoce nuestros puntos débiles en los que somos más susceptibles al engaño (Stg. 1:14) y es justo allí donde lanzará su ataque.

Puede que veas algunas de las mentiras que he escogido y pienses: "Por supuesto que yo no creo *eso*". Una de las estrategias de Satanás consiste en cegarnos a las mentiras que hemos creído. Nos lleva a dar por sentado que, si *conocemos* la verdad, también *creemos* la verdad. Sin embargo, la forma en que vivimos, que incluye nuestras decisiones, prioridades y reacciones frente al dolor, es lo que revela lo que creemos realmente.

Por ejemplo, una cosa es decir que creo que Dios es soberano, amoroso, bueno, todopoderoso y sabio. Pero cuando yo reacciono al estrés y a las presiones de la vida con miedo, resentimiento, o conductas manipulativas, mi respuesta indica que creo cosas acerca de Dios que no son verdad, que Él no es verdaderamente bueno, sabio, ni tiene todo bajo control, al menos en esa situación particular.

Así pues, cuando consideramos estas mentiras no basta con preguntarse "¿creo yo esta mentira?". También debemos preguntarnos: "¿*Vivo* yo como si creyera esta mentira?".

Algunas mentiras presentadas en este libro son especialmente engañosas, porque son verdades a medias en lugar de mentiras obvias. Por eso son más sutiles y peligrosas. El hecho es que las verdades a medias esclavizan tanto como una mentira completa.

Algunos temas que trataremos son polémicos, incluso entre creyentes. En algunos casos es posible que pienses: "Yo no creo que eso sea una mentira", o "no estoy de acuerdo con eso".

Quisiera pedirte que no dejes que unos pocos temas de desacuerdo se conviertan en un tropiezo para ti. Solo me he propuesto presentar lo que enseñan las Escrituras según mi comprensión. Yo no tengo la última palabra acerca de estos temas, y solo Jesús y su Palabra son "la Verdad".

No pretendo que apruebes todo lo que digo, sino animarte a buscar la verdad tal como se revela en la Palabra de Dios, y a examinar y evaluar cada área de tu vida a la luz de esa verdad.

He decidido empezar con mentiras que las mujeres creen acerca de Dios, porque lo que creemos acerca de Dios es la base para lo que creemos acerca de todo lo demás. El escritor y pastor del siglo XX, A. W. Tozer, señaló este punto en la primera frase de su libro clásico, *El conocimiento del Dios santo* (¡un libro de lectura imprescindible!):

> Lo que viene a nuestra mente cuando pensamos acerca de Dios es lo más importante acerca de nosotros mismos.[1]

Es verdad. Si nuestros pensamientos acerca de Dios son equivocados, tendremos pensamientos equivocados acerca de todo lo demás. Lo que creemos acerca de Dios determina la forma en que vivimos. Si creemos mentiras acerca de Él, tarde o temprano terminaremos obrando conforme a esas mentiras y terminaremos en diversos tipos de cautiverio.

1. *"En realidad, Dios no es bueno".*

Pocas mujeres que se identifican como cristianas creen esta mentira de manera consciente. La mayoría de nosotras jamás diría: "Dios no es bueno". Lo hemos aprendido. Desde una óptica teológica e intelectual sabemos que Dios es bueno. Sin embargo, en lo profundo de nuestro corazón, muchas veces se esconde la sospecha de que Dios no es realmente bueno, o que al menos no ha sido tan bueno con *nosotras*.

Creo que esta mentira es la base de la mayoría de nuestras ideas equivocadas acerca de Dios. Es la mentira fundamental que Satanás empleó para seducir a Eva en el huerto de Edén. Dios había bendecido al hombre y a la mujer y creó todo un paraíso para su deleite. Les había dado la libertad de comer del fruto de todos los árboles, a excepción de uno.

Si abrigas alguna duda acerca de la bondad de Dios, repasa los dos primeros capítulos de Génesis. Allí verás a un Dios bueno, cercano y generoso. Todo lo que Él hizo era bueno, un reflejo de su bondad.

La estrategia que Satanás utilizó para tentar a la mujer a rebelarse contra Dios fue plantar en su mente la semilla de la duda sobre la bondad de Dios: "¿Conque Dios os ha dicho: No comáis de todo árbol del huerto?" (Gn. 3:1). Su insinuación es: "No es posible que Dios sea bueno, porque, si lo fuera, no les negaría algo que realmente quieren".

Cada vez que vienen pruebas, decepciones y sufrimientos a nuestra vida, que perdemos a nuestros seres queridos, cada vez que las cosas no suceden como habíamos pensado o esperado, Satanás nos tienta a preguntarnos: "¿En realidad, Dios es bueno? Si es así, ¿cómo pudo permitir que esto sucediera?" o "¿Por qué se negó a darme aquello [que es bueno]?".

Aunque no las digamos abiertamente, puede que sintamos estas dudas cuando comparamos nuestras circunstancias con la experiencia de otros a nuestro alrededor:

- "Dios es bueno con otros, pero no quiere lo bueno para mí".
- "Puede que Dios pelee por otros, pero no quiere lo mejor para *mí*".
- "Puede que Dios se deleite en bendecir a otros, pero pareciera disfrutar verme sufrir".

Y si miramos a nuestro alrededor en este mundo caído donde las guerras, el terrorismo, el tráfico de personas y los desastres naturales son una realidad, podemos ser más propensas a creer el discurso negativo del engañador: "¿Cómo pudo un Dios verdaderamente bueno permitir el Holocausto? o ¿los ataques del 9/11 y otros ataques terroristas? ¿Y qué de los tiroteos en masa?".

Cuando ya hemos dudado de la bondad de Dios, se vuelve más fácil para nosotras sentir que tenemos razón para tomar nuestras propias decisiones acerca de lo bueno y lo malo.

La verdad es que Dios *es* bueno. Sin importar que sus decisiones nos parezcan buenas o no, Él es bueno. Sin importar que lo sintamos o no, Dios es bueno. Sin importar que esto parezca real o no en nuestra vida, Él sigue siendo bueno.

Y Dios no se complace en absoluto en nuestro sufrimiento. De hecho, por causa de su amor, Él sufre cuando nosotros sufrimos. Él no es indiferente a nuestro sufrimiento, sino que es compasivo.

> Dijo luego Jehová: Bien he visto la aflicción de mi pue-
> blo que está en Egipto, y he oído su clamor a causa de
> sus exactores; pues he conocido sus angustias.
>
> —Éxodo 3:7

Nunca olvidaré la primera crisis en mi vida en la que decidí refugiarme en la verdad de la bondad de Dios. Acababa de pasar el fin de semana de mi cumpleaños número veintiuno en casa mientras visitaba a mis padres y a mis seis hermanos menores. El sábado en la tarde mis padres me llevaron al aeropuerto para tomar un vuelo hacia Virginia, donde trabajaba como parte del equipo de una iglesia local.

Cuando aterricé en Lynchburg, mi madre me llamó para decirme que mi padre había sufrido un ataque cardíaco y había partido de manera repentina con el Señor. No hubo advertencia. No hubo tiempo para despedidas. Mi madre quedó viuda a sus cuarenta años con siete hijos entre los ocho y los veintiún años.

Durante los días, las semanas y los meses que siguieron a este suceso, las lágrimas corrieron sin cesar. Cada uno de nosotros había gozado de una relación cercana con un esposo y padre extraordinario. Todos los que conocían a Art DeMoss experimentaron una gran pérdida al saber que había partido al cielo.

Sin embargo, en ese preciso momento en el que me enteré de lo ocurrido, el Señor hizo algo maravilloso en mí, pues trajo a mi mente la verdad. Antes de pensar cualquier otra cosa, antes de que las lágrimas corrieran, Él trajo a mi mente un versículo que había leído pocos días antes. El versículo, parafraseado, nos recuerda: "Dios es bueno, y todo lo que Él hace es bueno" (Sal. 119:68).

Mi padre me impartió esta verdad durante los primeros veintiún años de mi vida. Ahora, en ese momento crítico, la verdad se convertía en una fortaleza para mi corazón. Mi padre me hacía mucha falta, y todavía lo extraño a veces. Nunca lo conocí en mi vida adulta. Hay muchas cosas que hubiera deseado hablar con él. Con todo, en ese momento supe, como lo sé ahora, que Dios es bueno y que todo lo que Él hace es bueno, aun cuando yo no pueda entender sus caminos.

2. *"Dios no me ama".*

Muchas veces esta mentira está ligada a la anterior. Como hemos visto, pocas reconoceríamos que creemos esta mentira, puesto que nuestra mente ya sabe que debemos creer que Dios nos ama. No obstante, para muchas de nosotras existe una ruptura entre lo que conocemos intelectualmente y lo que sentimos. Y allí radica uno de nuestros problemas: creemos que lo que nos dictan nuestros sentimientos es más cierto que lo que la Palabra de Dios declara como verdad.

Echamos un vistazo a nuestras relaciones y lo que vemos es un matrimonio triste, el rechazo de un cónyuge, hijos mayores que ya no nos llaman ni visitan; vemos que nos acercamos a los cuarenta sin perspectivas de un esposo a la vista, y nuestros sentimientos dictaminan: "Nadie me ama, ni siquiera Dios. Puede que ame al mundo. Puede que ame a todos los demás. Pero en realidad no me ama a mí". Tal vez nunca lo digamos en voz alta, pero eso es lo que *sentimos* que es verdad. Así es como la semilla de la mentira queda plantada en nuestra mente; meditamos en ella hasta que la creemos como si fuera cierta, y tarde o temprano nuestra conducta refleja lo que en verdad creemos. Y de ese modo esas falsas creencias terminan esclavizándonos.

Quizá puedas identificarte con lo que le ocurrió a "Victoria".

Provengo de una familia difícil y distante en la que el amor siempre estuvo condicionado. Como resultado, para mí era muy difícil creer que Dios me amara sin condiciones. Por eso, cada vez que yo cometía un error o un pecado, me sentía bajo condenación. No es que pasara por alto el pecado, sino que me era imposible creer que Dios podía perdonarme.

Caer en la mentira de que "Dios no me ama" no es un asunto trivial. Las consecuencias son muy serias y afectan todas las áreas de nuestra vida y nuestras relaciones. Las pequeñas semillas que han echado raíz en nuestra mente crecen y producen una gran cosecha.

La verdad es que Dios *sí* nos ama. No importa si nos sentimos amadas o no, no importa lo que hayamos hecho o de dónde vengamos, Él nos ama con un amor infinito e inexplicable.

Dios te ama y Dios me ama, no porque haya algo bueno o maravilloso en nosotras, sino porque Él *es* amor. Su amor por ti y por mí no se basa en algo que hayamos hecho o que podríamos hacer por Él. No se basa en nuestros logros. No merecemos su amor y jamás podríamos ganarlo.

Las Escrituras dicen que aun siendo su enemiga, *Él me amó*. Tal vez digas: "¿Cómo pudiste ser enemiga de Dios si eras solo una niñita?". Según la Biblia, desde el momento en que nací yo era impía, pecadora y enemiga de Dios, y merecía su ira eterna (Ro. 5:6-10). A pesar de estar separada de Él, me amó y envió a su Hijo para morir por mí. Me amó desde la eternidad y me amará por toda la eternidad. Nada puedo hacer para que Él me ame menos, y tampoco para que me ame más. Lo mismo es cierto respecto a ti.

Melana Monroe es una amiga que enfrentó una dura y larga batalla contra el cáncer de mama. Ella me contó cómo, en algún momento de su experiencia, había logrado comprender con mayor profundidad el increíble amor de Dios gracias a la reacción de su esposo frente a la doble mastectomía que le practicaron:

> *Cuando por primera vez él quitó las vendas, lloramos y nos estremecimos. Yo me sentía fea, marcada y defectuosa. La idea de nunca volver a ser una esposa completa para él me causaba un dolor profundo. Esteban me abrazó con fuerza y con lágrimas en sus ojos dijo: "Melana, yo te amo porque eso es lo que soy".*
>
> *De inmediato descubrí a Cristo en mi esposo. Como esposa de Cristo, como iglesia, también hemos sido consumidos por el cáncer del pecado, y nos sentimos heridos, mutilados y feos. Con todo, Él nos ama porque esa es su naturaleza, así es Él. No existe atractivo alguno en nosotros que llame la atención de Cristo. Es solo su misma esencia lo que lo acerca a nosotros.*

3. *"Dios es idéntico a mi padre".*

Una querida amiga mía luchó durante años para creer que Dios (y de paso, su esposo, o cualquier otra persona) realmente la amaba. Ella sabía lo que decía la Biblia acerca del amor de Dios. Su esposo nunca le dio motivo para dudar de su amor. Ella tenía muchos amigos que se preocupaban por ella, pero emocionalmente estaba bloqueada. Parecía que le resultaba imposible descansar en la verdad que conocía en su mente. A medida que explorábamos este "bloqueo" en su corazón, supe que el padre de mi amiga había abandonado a su familia cuando ella era adolescente, dejándola llena de temores, inseguridad y problemas profundos de confianza.

Por desgracia, el problema de mi amiga no es poco común.

Una mujer que lideraba un pequeño grupo de estudio de este libro, contó que "Beth", una de los miembros, se había acercado a ella en privado al final de una sesión para confesar que ella había creído la mentira de que "Dios es idéntico a mi padre". El padre de Beth nunca la había perdonado por quedar embarazada y haber abortado siendo joven, y ella daba por hecho que su Padre celestial tampoco la perdonaría.

Como mujeres, nuestra idea de Dios ha sido influenciada por los hombres que hemos conocido, y en especial nuestro padre terrenal. Nuestra percepción de Dios puede ser positiva o negativa según como estos hombres hayan afectado nuestra vida. Me siento bendecida y muy agradecida por haber tenido un padre amoroso, fiel y comprometido. Eso me ha permitido confiar en mi Padre celestial y recibir su amor con mayor facilidad. Cuánto desearía que cada mujer pudiera decir lo mismo.

Sin embargo, muchas mujeres han experimentado lo contrario. Tal vez tu padre ha sido distante, ausente, crítico, dominante, duro, maltratador, o incapaz de expresar amor. Si fue así, la idea de que Dios sea tu Padre quizá te dé escalofríos. Es posible que te identifiques con estas mujeres:

> *Tuve un padrastro que fue cruel conmigo, y para mí es muy difícil aceptar que Dios no se parece a él.*

> *Mi padre es un buen hombre cristiano, pero nunca he recibido mucho ánimo de su parte. Por ejemplo, en ocasiones en las que lo ayudaba a pintar yo le preguntaba: "¿Qué tal se ve?", y aguardaba una respuesta como: "Oye, ¡se ve grandioso!". En cambio, lo único que él decía siempre era: "Trata de no... [cualquier cosa]". Me*

parece que esa es la razón por la que pienso que Dios busca siempre mis faltas en lugar de amarme y aceptarme sin condiciones.

Si has sido herida por un padre o por otro hombre en el que confiaste, quizá te resulte difícil confiar en Dios. O es probable que aún te sientas temerosa o enojada con Él. Sin embargo, la verdad es que Dios no se parece a ningún hombre que hayamos conocido (ver Nm. 23:19). El padre terrenal más sabio y amable que pueda existir no es más que un pálido reflejo de nuestro Padre celestial. El Dios de la Biblia es infinitamente más fiel, puro y amoroso que el padre más maravilloso. Por eso es tan importante que nuestra idea de Dios no dependa de otros hombres, pues aun si estos son excepcionales no son más que imágenes defectuosas de Dios.

Si buscamos en las Escrituras podemos conocer a Dios como es realmente. También podemos por medio de ellas conocer a Jesús, que es "el resplandor de su gloria, y la imagen misma de su sustancia" (He. 1:3), y que se refirió siempre a Dios como su Padre. El Dios de la Biblia es un Padre compasivo, tierno y misericordioso. Él se interesa profundamente en sus hijos, los protege, y busca lo mejor para ellos.

Eso no significa que nos dé todo lo que queremos. De hecho, ningún padre sabio daría a sus hijos todo lo que quieren. Tampoco quiere decir que siempre comprendamos sus decisiones, porque Él nos excede en todo. Y tampoco quiere decir que nunca permitirá que suframos. Él tiene planes de mayor alcance y valora nuestro crecimiento y nuestra santificación más que nuestra comodidad.

Una enseñanza que se abre camino en algunos círculos del mundo cristiano actual es que la disciplina de los padres priva de amor a los hijos y es innecesaria e ineficaz. Sin embargo, las Escrituras nos dicen que Dios es un Padre amoroso y sabio que nos disciplina "para lo que nos es provechoso, para que participemos de su santidad" (He. 12:10).

Sin importar lo que podamos sentir o pensar, la verdad es que:

> Eres un buen Padre, así eres tú.
>
> Tus caminos perfectos son, así eres tú.
>
> Soy amado por ti.[2]

Durante años, anhelé que mi amiga cuyo padre había abandonado la familia experimentara esta verdad y experimentara en lo profundo de su alma la certeza del amor de su Padre. Esa seguridad no vino rápidamente. Pero, con el paso del tiempo, conforme ella aprendía a guiar su corazón con la verdad de la Palabra del Padre, sus dudas y temores empezaron poco a poco a ser reemplazados con fe. Nunca olvidaré el día en que me dijo: "No puedo decir exactamente cuándo o cómo sucedió, pero pensé que desearías saber que en los últimos meses me he dado cuenta de que *realmente sí creo que Dios me ama*". Mi corazón descansó: "¡Gracias, gracias, gracias, Padre, por haberte revelado a esta hija tuya!".

4. *"Dios no es suficiente"*.

- "Cristo es suficiente, es todo lo que necesito".
- "Tu gracia es suficiente. Tu gracia es suficiente.
  Tu gracia es suficiente para mí".[3]
- "Solo en Jesús espero yo;
  Él es mi luz, mi fuerza y mi canción".[4]

Tal vez hayas cantado estas u otras canciones similares en una reunión de iglesia. Pero cuando sales de la iglesia al mundo hostil, ¿en realidad creemos lo que hemos cantado?

Como sucede con las tres primeras mentiras, pocas nos atreveríamos a reconocerla o somos conscientes de creer que Dios no es suficiente para nosotras. Sin embargo, nuestra manera de vivir revela la profundidad de nuestro engaño. En esencia, no creemos que la Palabra de Dios baste para dar respuesta a nuestros problemas. Puede que funcione para los problemas de los demás, pero no para *nuestros* problemas, *nuestras* necesidades, *nuestras* relaciones, *nuestras* situaciones.

¿Crees realmente que si tienes a Dios tienes todo lo que necesitas? O más bien piensas: "Claro, necesito a Dios. Pero lo necesito *además* de unos amigos cercanos; lo necesito *además* de una buena salud; lo necesito *además* de un esposo; lo necesito *además* de unos hijos; lo necesito *además* de un trabajo bien remunerado". ¿Crees verdaderamente que Dios es suficiente, o has descubierto tu tendencia a buscar otras cosas y personas como comida, compras, amigos, pasatiempos, vacaciones, trabajo y familia para llenar los vacíos de tu corazón?

Asaf era un cantante, poeta y líder de adoración en el coro del tabernáculo en tiempos del rey David. Sin embargo, en ocasiones tuvo dificultades para comprender por qué aquellos que no honraban al Señor parecían gozar de mayor bendición material y tenían menos problemas. La aparente injusticia lo atormentaba y paralizaba, hasta que miró a lo alto y se le recordó que la prosperidad de los impíos era pasajera, y que en Jehová él tenía todo lo necesario para la vida en el tiempo y en la eternidad. Su conclusión constituye un fundamento para nuestro corazón en cada etapa y circunstancia que podamos atravesar sobre la tierra:

> ¿A quién tengo yo en los cielos sino a ti?
> Y fuera de ti nada deseo en la tierra. Mi carne
> y mi corazón desfallecen; mas la roca de mi
> corazón y mi porción es Dios para siempre.
>
> —Salmo 73:25-26

He escuchado esto expresado de la siguiente forma: *"Nunca sabrás que solo necesitas a Cristo hasta que solamente lo tengas a Él. Y cuando solo lo tengas a Él, descubrirás que en verdad solo lo necesitas a Él"*.

Sigamos pues entonando esas canciones, como recordatorio para nosotras mismas y para los demás de que realmente su gracia es suficiente, y que solo en Jesús esperamos.

5. *"Los designios de Dios son demasiado restrictivos".*

De manera reiterada, las Escrituras nos enseñan que las leyes de Dios son buenas y existen para nuestro bien. La obediencia es el camino a la bendición y la libertad. Sin embargo, Satanás pone en nuestra mente la idea de que las leyes de Dios son una carga, que son irracionales e injustas, y que si las obedecemos seremos infelices. En el huerto, llevó a Eva a enfocarse en la única restricción que Dios les había impuesto. El lema del engañador es: "Hazlo a tu manera. Nadie tiene el derecho de decirte lo que debes o no debes hacer".

Si somos francas, muchas podemos identificarnos con "Sara".

Sentía que poner límites a mi conducta significaba privarme de algo bueno y placentero. Comía todo lo que quería, cada vez que me apetecía, y las cantidades que quería, porque sentía que negarme a hacerlo era un castigo.

Muchas veces me he preguntado por qué la comida es un problema para tantas mujeres. En mi propia vida ha sido un campo de batalla. Estoy convencida de que parte de la explicación se encuentra en Génesis 3. Después de todo, la primera tentación y el primer pecado tienen que ver con *comida*. La comida es algo bueno, algo que Dios creó, un regalo de nuestro Creador que nos ama. Sin embargo, Eva fue tentada a poner este buen regalo por encima del Dios que se lo había dado. Estuvo dispuesta a canjear su relación con Él por un bocadillo apetecible.

La única restricción que Dios le impuso a Eva le pareció insoportable. Al igual que "Sara", ella sintió que "poner restricciones en su conducta significaba privarse de algo bueno y placentero". Sintió que se perdería algo deseable si se negaba. Entonces, ¿qué hizo? (Recuerda que las creencias determinan la conducta). Al igual que Sara, ella comió lo que quiso.

Somos libres para escoger nuestro propio camino, al igual que Eva fue libre para comer el fruto prohibido. Podemos desechar las restricciones de Dios y hacer lo que se nos antoja. Sin embargo, hay una cosa que no podemos elegir libremente, y son las consecuencias de nuestras acciones.

Ya hemos visto que creer y obrar conforme a una mentira nos conducirá tarde o temprano a la esclavitud, mientras que la verdad nos hará libres. Presta atención a la continuación del testimonio de "Sara":

Cuando comprendí que la verdadera libertad es el resultado de la obediencia, fui liberada de la esclavitud a la comida. Perdí treinta y dos kilos, y se acabó la depresión con la que vivía.

"Sara" había decidido comer todo lo que le placía, siempre que tenía ganas y en las cantidades que quería. Eso parece libertad, ¿no es así? Pero espera. Según su propio testimonio, su "libertad" duró poco. Ella terminó siendo "esclava de la comida", aumentó treinta y dos kilos, y se deprimió. Solo hasta que descubrió que "la verdadera libertad es el resultado de la obediencia", y empezó a actuar conforme a esa verdad, sus cadenas fueron rotas.

Puede ser que te irrite la voluntad de Dios para tu vida en otras áreas, como refrenar tu lengua o controlar tus hábitos de compra, o abstenerte de sexo antes del matrimonio, o negarte a alimentar una relación en el trabajo o en línea con un hombre que no es tu esposo, o amar a un hijo pródigo.

Mientras trabajaba en la versión revisada y ampliada de este libro, una querida amiga atravesaba un tiempo difícil y doloroso. Ella estaba tratando de aclarar una situación en la que alguien pecó gravemente contra ella y, a raíz de esto, terminó creyendo mentiras que la condujeron, a su vez, a tomar decisiones pecaminosas. Con la ayuda de un consejero piadoso, ella está descubriendo el poder de la verdad y la gracia de Dios para convertir las cenizas en gloria, y para redimir los aprietos que experimentamos. No obstante, el proceso es problemático y complicado, sin soluciones sencillas ni rápidas. Hace poco ella me escribió:

> *No hay manera de enfrentar esto sin lastimar a otros. Es algo que me aflige en gran manera. Este tipo de situaciones explican en gran medida por qué Dios nos da las instrucciones que nos da. Apartarse de ellas conduce inevitablemente al quebrantamiento y a lastimarnos a nosotros mismos y a otros. Es mucho más que un asunto de obediencia y sumisión; sus caminos no son arbitrarios. Cuando Él dice que algo está mal, ¡eso revela lo mucho que se interesa por nosotros! No es simplemente malo porque Él lo dice. También es malo porque sus consecuencias involuntarias se propagan como una enfermedad. Al darnos dirección, Él busca protegernos de esas consecuencias.*

Los mandamientos de Dios son un reflejo de su santidad y de su gracia. Su propósito es nuestro bienestar y nuestra bendición. Lejos de ser restrictivos, en realidad son liberadores. Pablo nos recuerda que "la ley a la verdad es santa, y el mandamiento santo, justo y bueno" (Ro. 7:12). Jesús es el único ser humano que ha cumplido perfectamente con la ley de Dios. Nadie conoce mejor que Él, el gozo que produce aceptar los designios divinos:

> Has amado la justicia, y aborrecido la maldad,
> por lo cual te ungió Dios, el Dios tuyo, con óleo
> de alegría más que a tus compañeros.
>
> —Hebreos 1:9

Por supuesto, el problema es que somos incapaces de guardar los mandamientos de Dios, y por ende no pueden salvarnos. Por eso necesitamos a Jesús. Él recibió el castigo por nuestros delitos y nos ofrece a cambio su justificación, a fin de que nosotras también podamos ser ungidas con el "óleo de alegría". Cuando aceptamos su ofrecimiento, es como si nunca hubiéramos infringido una sola ley de Dios. Y eso, amigas mías, es verdadera libertad.

"¡Sublime gracia del Señor!".

6. *"Dios debería solucionar mis problemas".*

Este razonamiento es engañoso por dos razones.

La primera, porque hace ver a Dios como un genio cósmico cuya función es complacernos y servirnos, similar a un siervo que corre a atendernos cada vez que hacemos sonar una campanilla. Esta mentira nos lleva a sentirnos desilusionadas y decepcionadas de Dios, pues, si enfrentamos un problema y no se resuelve, pensamos que Dios nos falló.

En segundo lugar, sugiere que la meta en la vida es liberarse de todos los problemas, deshacerse de todo lo que resulta difícil o desagradable. Nuestra sociedad está condicionada a pensar que no deberíamos vivir con problemas, y que cada problema debe ser "arreglado".

- ¿Estás aburrida de tu jefe? Renuncia y busca otro empleo.
- ¿Te desagrada la predicación de tu pastor? Busca otra iglesia.
- ¿No puedes comprar un automóvil más moderno? Pide un préstamo.

- ¿Los hombres te ignoran? Coquetea un poco y vístete para llamar su atención.

- ¿Tu esposo es indiferente, se interesa solo por los deportes y no se muestra romántico como en el noviazgo? Busca un hombre en tu trabajo (o en la iglesia) que se interese por ti y esté dispuesto a escucharte.

De este razonamiento se desprende fácilmente el denominado evangelio de la prosperidad. Es muy tentador para nosotras creer que podemos simplemente orar y creer en Dios, y *abracadabra,* todos nuestros problemas desaparecerán, y...

- Tendremos mucho dinero en el banco.

- Nuestro amigo se sanará del cáncer.

- Ya no estaremos solas.

- Nuestro matrimonio se salvará.

- Nuestros hijos rebeldes se reconciliarán con Dios.

- Obtendremos la victoria instantánea sobre el pecado y ya no tendremos que luchar más con malos hábitos.

- Seremos felices y saludables.

¡Con razón hay tantas mujeres cristianas que están enojadas, resentidas y frustradas! Piensan que si aceptaron a Jesús y fueron a la iglesia, e intentaron llevar una "buena vida cristiana" no tendrían todos esos problemas. Con razón se sienten engañadas. *Fueron* engañadas, pero no por Dios. Vivir en obediencia nos libra de muchos problemas que son el resultado de una vida alejada de Dios y de sus caminos. Pero eso no significa que los que siguen a Cristo estén exentos de problemas.

La verdad es que la vida es dura. Vivimos en un mundo caído. Los que son salvos también viven en un cuerpo mortal y enfrentan tentaciones, pecados (los suyos propios y los de otros), enfermedad, pérdidas, sufrimiento y muerte. El hecho de convertirnos en cristianos e incluso llega a ser maduros y consagrados en la fe, no nos encierra en una especie de burbuja celestial que nos hace inmunes al dolor. Solo hasta que Dios cree un nuevo cielo y una nueva tierra seremos libres por completo de los estragos causados por el pecado. Por el momento, habrá lágrimas, penas, presiones y problemas.

La buena noticia es que Dios no es distante ni indiferente a nuestros problemas. Él no se sienta en el cielo para ver si podemos arreglárnoslas para sobrevivir. No. El Dios de la Biblia es nuestro "pronto auxilio en las tribulaciones" (Sal. 46:1). Eso no significa que extienda una varita mágica para hacer desaparecer nuestros problemas, sino más bien que se sirve de las presiones y los problemas para moldear nuestra vida a fin de que seamos semejantes a su Hijo Jesús, quien "por lo que padeció aprendió la obediencia" (He. 5:8). Y, a lo largo de todo esto, su presencia brinda consuelo, fortaleza, y gracia a la medida de nuestra necesidad para que podamos perseverar.

Nadie quiere realmente enfrentar el sufrimiento y la aflicción. Sin embargo, nuestro sabio y amoroso Padre celestial dice: "Tengo un propósito bueno y hermoso con todo esto. Quiero usar tu sufrimiento y tus problemas para cambiarte y revelar mi gracia y mi poder al mundo".

El doctor G. Campbell Morgan es uno de mis maestros de Biblia favoritos del siglo pasado. Una de sus afirmaciones se me ha grabado desde hace muchos años. Me recuerda la importancia de ver a Dios como Él es realmente:

> La necesidad suprema en la hora de dificultad y angustia es una visión renovada de Dios. Verlo a Él nos permite adquirir una perspectiva y una medida correcta de las cosas.[5]

Cuando tenemos los ojos puestos en nuestras circunstancias, en nuestros problemas, en otras personas, en nosotros mismos, Dios parecerá pequeño en comparación, distante, o completamente ausente. En cambio, cuando levantamos nuestros ojos, aunque llenos de lágrimas, y lo contemplamos, "lo terrenal sin valor será a la luz del glorioso Señor".[6]

Esa es la verdad que nos hace libres.

LA MENTIRA	1. En realidad, Dios no es bueno.
LA VERDAD	• Dios es bueno, y todo lo que hace es bueno. Salmos 31:19; 34:8; 100:5; 106:1; 119:68; 136:1; Efesios 1:3-14 • Dios nunca comete errores. Isaías 46:10; Romanos 8:28-39
LA MENTIRA	2. Dios no me ama.
LA VERDAD	• El amor de Dios por mí es infinito e incondicional. Juan 15:13; Romanos 5:8; 8:32, 38-39; Efesios 3:14-19; 1 Juan 4:7-10 • No necesito logros para ganarme el favor o el amor de Dios. Efesios 1:4-6 • Dios siempre quiere lo mejor para mí. Salmo 21
LA MENTIRA	3. Dios es idéntico a mi padre.
LA VERDAD	• Dios es idéntico a lo que ha revelado de sí mismo en su Palabra. Juan 1:1; Hebreos 1:3 • Dios es infinitamente más sabio, amoroso y generoso que cualquier padre terrenal. Hebreos 12:9-10
LA MENTIRA	4. Dios no es suficiente.
LA VERDAD	• Dios es suficiente. Si lo tengo a Él, tengo todo lo que necesito. Salmos 23:1; 73:23-26; Colosenses 2:9-10

LA MENTIRA	5. Los designios de Dios son demasiado restrictivos.
LA VERDAD	• Los designios de Dios son los mejores. Deuteronomio 6:24-25; Josué 1:8
	• Las restricciones que Dios impone son siempre para mi bienestar. Santiago 1:19-27
	• Resistirse o rebelarse contra los designios de Dios trae conflicto y sufrimiento. Salmo 68:6; Proverbios 15:32-33

LA MENTIRA	6. Dios debería solucionar mis problemas.
LA VERDAD	• En este mundo tendremos problemas y aflicción. Romanos 8:21-22; Juan 16:33
	• Nuestro sufrimiento y aflicción tienen un propósito y al final redundarán en nuestro bien y en su gloria. 2 Corintios 4:17; Job 23:10
	• Hay un propósito divino y eterno que se cumple en todos mis problemas. Romanos 5:3-4; Santiago 1:2-4
	• Sin importar el problema que deba enfrentar, la gracia de Dios es suficiente para mí. 2 Corintios 12:7-10

CAPÍTULO TRES

MENTIRAS QUE LAS MUJERES CREEN... ACERCA DE
sí mismas

Estas últimas semanas han sido las más difíciles de mi vida. Quisiera tener a alguien con quien hablar. Adán y yo no hemos estado en los mejores términos desde que tuvimos que mudarnos. No sé si algún día él volverá a confiar en mí. De alguna manera no lo culpo. En realidad, arruiné su vida. ¡Me siento tan estúpida! Adán no entiende el efecto que produjo la serpiente en mí. Era demasiado seductora, y yo sentí que no podía resistirme.

Recuerdo sin cesar el instante en el que por primera vez me percaté de mi desnudez. Luego miré a Adán y supe que pensábamos lo mismo. Por primera vez desde que nos conocimos fui incapaz de mirarlo a los ojos. Nunca antes nos habíamos sentido avergonzados. Ahora nos sentimos así casi todo el tiempo. Aunque Dios nos dio ropa a cambio de esas inútiles hojas de higuera, aún me siento tan... expuesta, no solo en mi apariencia, sino mucho más en mi interior.

Nunca antes me preocupé por lo que Adán pensara de mi apariencia. Siempre supe que me amaba y que yo era para él la creación más hermosa de Dios. Ahora me pregunto si en realidad me ama y si le parezco atractiva. ¿Deseará tal vez que Dios nunca me hubiera traído a él?

*H*ace algunos meses, uno de mis ojos sufrió una terrible irritación y fue difícil ponerme los lentes de contacto. Al principio supuse que se trataba de una alergia, y utilicé medicamentos para curarla. Sin embargo, el problema persistió. No solamente esto me produjo dolor, sino que también mi visión se distorsionó; no podía ver bien con los lentes. La irritación se agravó al punto que tuve que quitarme los lentes durante unos días hasta conseguir una cita con el oftalmólogo.

En el examen, el médico me explicó que definitivamente no era una alergia. De hecho, el problema no era mi ojo, sino los lentes de contacto. Por alguna razón, un lente se había dañado, estaba muy plano y, por estar deforme, rozaba con mi ojo, causando la irritación. Para restaurar mi visión fue necesario reemplazar el lente dañado por uno nuevo.

De manera similar, una visión distorsionada o dañada de Dios va a distorsionar nuestra visión de todo y de todos a nuestro alrededor. Puede que pensemos que la confusión en el interior de nuestra alma se debe a personas fastidiosas o circunstancias desalentadoras, cuando el verdadero problema es que vemos las cosas a través de un lente dañado: una creencia basada en una mentira.

Lo que creemos acerca de Dios es crítico, porque ese es el lente a través del cual vemos todo lo demás en nuestra vida. Y una de las áreas más afectadas por nuestra visión de Dios es nuestra visión de nosotras mismas. Si no lo vemos como Él es realmente, si creemos cosas acerca de Él que no son verdad, siempre tendremos una visión distorsionada de nosotras mismas.

Si nuestra visión de Dios está deteriorada, tendremos una visión deteriorada de nosotras mismas. Si en nuestra mente hemos ideado un dios débil e impotente que no controla todos los pormenores del universo, nos veremos como personas indefensas y nos sentiremos abrumadas por las tormentas y las circunstancias que nos rodean. Si nuestro dios es inútil, nosotras nos veremos como personas inútiles.

Si hemos creído mentiras acerca de Dios, también creeremos mentiras acerca de nosotras mismas. En este capítulo veremos algunas de ellas.

7. *"No soy valiosa".*

ntes de escribir este libro, encuesté a varias mujeres acerca de estas mentiras. Casi la mitad de ellas señaló que esta es una mentira que habían creído. Es una mentira muy fuerte, como lo revelan las historias que contaron:

> *Durante mucho tiempo pensé que yo no valía nada. Aun después de ser salva, pensaba que no era más que escoria. Esto me hizo caer en la depresión. Empecé a aislarme y, como resultado, no vivía la vida de gozo que Dios quería para mí.*

Cuando me acostaba casi todas las noches me dedicaba a pasar mi dedo por la pantalla del teléfono y sentirme desdichada. Parecía que todas las demás personas tenían casas más lindas, niños que se portaban mejor, vacaciones más costosas, y un cabello más hermoso que el mío. Sé que las redes sociales no cuentan la historia completa de una persona. A pesar de eso, yo sentía la necesidad de la afirmación constante de las personas que me rodeaban, porque sentía que no era valiosa. Si las personas me conocieran realmente, estarían de acuerdo.

Debido al sufrimiento en mi matrimonio, sentía que no servía para nada, y que nadie, ni siquiera Dios, podía amarme. Simplemente no daba la talla y, puesto que siempre he creído que debía ser perfecta para ser amada, era obvio que Dios tampoco me amaría.

En muchos casos, estos sentimientos de falta de valía personal son el resultado de creer cosas que hemos oído de otras personas, cuando permitimos que las opiniones de otros determinen nuestra visión de nosotras mismas y nuestro sentido de valía. Algunas veces, los comentarios de otros son acertados y útiles. Pero no siempre.

Si por alguna razón la persona que escuchamos nos mira a través de un lente defectuoso, su visión será distorsionada. Algunas hemos vivido toda nuestra vida en una prisión emocional porque hemos aceptado lo que un "espejo" roto y falso nos dijo acerca de nosotras.

A veces una sola frase que escuchamos siendo niñas nos atormenta y nos fastidia durante años. Eso fue lo que le pasó a "Mindi":

Tengo un recuerdo de cuando tenía unos seis años y me dijeron que no tenía derecho de existir y que nunca debí haber nacido. No sé quién lo dijo, pero recuerdo que mi madre se quedó ahí parada sin hacer nada. Yo me aislé mucho, y era extremadamente difícil para mí comunicarme con las personas.

Cuando empecé el grado séptimo, ya estaba decidido que yo pertenecería al programa de educación especial. Fui aceptada en las clases, pero no había cupo, así que tuve que asistir a la secundaria normal. Nunca sentí que ese fuera mi lugar.

Yo creía que era estúpida, anormal, y que deberían encerrarme en algún lugar. En la secundaria no tuve amigos, y las personas se dedicaban a lastimarme. Como resultado, me aislé todavía más, vivía muy deprimida, y quería quedarme dormida para nunca despertar.

La historia de Mindi ilustra claramente la progresión que experimenta una persona que ha quedado aprisionada por el engaño. Primero, siendo niña, a esta mujer le dijeron una mentira terrible y destructiva, y ella la escuchó. Luego, en vez de contrarrestar esa mentira con la verdad, ella meditó en la mentira hasta que creyó que era verdad. Al final, vivió conforme a la mentira ("me aislé"), hasta que terminó esclavizada a la mentira: "vivía muy deprimida, y quería quedarme dormida para nunca despertar".

Ahora bien, a los seis años puede que a Mindi le hubiera sido imposible reconocer o enfrentar la mentira que le dijeron. Solo años más tarde pudo procesar sus sentimientos de falta de valía personal contrarrestándolos con la verdad. Sin embargo, su historia evidencia que lo que creemos acerca de nosotras mismas determina la manera en que vivimos. Si creemos y actuamos conforme a mentiras, terminaremos en cautiverio personal y espiritual.

Todas deseamos afirmación; es natural que anhelemos recibir la aprobación de otros. De manera instintiva buscamos equilibrar la balanza de los comentarios negativos que recibimos de los demás. Las redes sociales alimentan esas ansias: interpretamos cada "reacción tecnológica" (un "me gusta", o "compartir", o una cara feliz) como una expresión de aceptación. Sin embargo, para muchas mujeres ninguna cantidad de reacciones en línea puede tener más peso que las expresiones negativas e hirientes que las han llevado a creer que no son valiosas. Ninguna cantidad de afirmación es suficiente.

He conocido mujeres que pueden recibir cientos de halagos acerca de su apariencia o de sus logros, pero si un solo pariente le expresa una crítica, se desmoronan. ¿Por qué? Porque permiten que otros determinen su valía. Permiten que su valor dependa de una votación.

Es así como puede observarse:

- una necesidad constante de publicar versiones maquilladas de nuestra vida en las redes sociales, con el fin de satisfacer nuestras ansias de recibir reacciones de "me gusta", "compartir", y seguidores,

- acceder a servir en áreas para las cuales no estamos capacitadas o dotadas con el fin de ganar la aprobación de otros,

- basar nuestros sentimientos de valía personal en lo que dicen o no dicen los demás acerca de nuestro desempeño en un día determinado.

Hay un versículo maravilloso en 1 Pedro que revela la manera en que Jesús determinó el valor de una persona. No es por lo que otros pensaban de Él, fuera bueno o malo, sino por la verdad que su Padre celestial declaró sobre Él: Él fue "piedra viva, desechada ciertamente por los hombres, mas para Dios escogida y preciosa" (2:4).

Jesús fue *rechazado* por los hombres, a quienes Él había creado para sí mismo y amó hasta dar su vida por ellos. Sin embargo, ellos no dictaminaron su valor. Él fue *escogido por Dios*, y eso es lo que hacía su vida preciosa. Eso determinó su valía.

Es muy probable que alguien ajeno e ignorante de las artes sea capaz de tirar a la basura una obra maestra. ¿Eso le restaría valor a la pintura? En absoluto. El verdadero valor de la obra queda en evidencia cuando la observa un coleccionista de arte que dice: "Esta es una obra de incalculable valor, y estoy dispuesto a pagar cualquier suma para adquirirla".

Cuando Dios envió a Jesús, su Hijo Unigénito, a esta tierra para llevar nuestros pecados en la cruz, Él nos puso un precio. Él declaró que el valor de nuestra alma excedía al del mundo entero. La pregunta es: ¿Qué opinión vamos a aceptar? Creer una mentira nos conducirá a la esclavitud. Creer la verdad nos hará libres.

8. *"Tengo que amarme más".*

"*T*ienes que aprender a amarte a ti mismo" es a menudo la receta del mundo para quienes padecen del sentimiento de poca valía. No hacen falta muchos clics en las redes sociales para oír este mensaje. He aquí algunas publicaciones reales:

- "22 formas de amarte más".

- "Muñeca, ámate como quien no espera que alguien más lo haga".

- "¡Tú eres suficiente!".

- "Cómo amarte a ti primero".

Este mensaje se hace oír alto y claro en las publicaciones de blogs y en los libros de mayor venta (algunos escritos por autores cristianos) que al parecer elevan el amor propio por encima del amor al prójimo.

Como sucede con muchos engaños, las mentiras reflejadas en esta clase de publicaciones no siempre son diametralmente opuestas a la verdad, sino distorsiones de ella. Según la Biblia, si eres hija de Dios la verdad es que:

• Has sido creada a imagen de Dios (Gn. 1:27).

• Él te ama y tú eres preciosa para Él (Ef. 2:4; 1 Jn. 3:1).

Sin embargo, no nos corresponde a nosotras asignarnos nuestro propio valor. Tampoco experimentamos la plenitud del amor de Dios repitiéndonos a nosotras mismas cuánto merecemos ser amadas. Por el contrario, Jesús enseñó que salvamos nuestra vida cuando la perdemos. El mensaje del amor propio puede rápidamente lanzar a una persona a una vía de infelicidad y soledad sin retorno.

Cuántas veces hemos escuchado a alguien decir: "Nunca me he sentido bien como soy" o "¿Por qué ella no puede amarse a sí misma?". Según las Escrituras, la verdad es que *sí* nos amamos a nosotras mismas, y en gran medida. El mensaje de Jesús acerca del amor al prójimo y el amor propio no sugiere que necesitemos aprender a amarnos para poder amar a otros. Lo que Jesús dijo es que debemos dar a otros el mismo cuidado y la misma atención que por naturaleza nos damos a nosotras mismas.

Si me duele un diente, investigo de inmediato la causa y la solución. Si yo no me "amara a mí misma", pasaría por alto el dolor. No obstante, cuando es otra persona la que tiene un dolor de diente es fácil ser indiferente a su necesidad, damos por hecho que es su problema. Por naturaleza nos amamos a nosotras mismas en cierta medida, pero no sucede lo mismo con el amor hacia los demás, especialmente aquellos que nos han ofendido o lastimado.

En Efesios 5, Pablo aplica el mismo principio al matrimonio. Él dice que los esposos "deben amar a sus mujeres como [instintivamente aman] a sus mismos cuerpos... Porque *nadie aborreció jamás a su propia carne*, sino que la sustenta y la cuida, como también Cristo a la iglesia" (vv. 28-29).

Cada una de nosotras se preocupa continuamente por su bienestar, somos sensibles a nuestros propios sentimientos y necesidades, y siempre somos conscientes de la manera como las cosas y los demás le afectan. Por lo general, la razón por la cual nos ofendemos con tanta facilidad no es porque nos odiemos, sino porque nos amamos a nosotras mismas.

Queremos ser aceptadas, apreciadas y que nos traten bien. A decir verdad, nos preocupamos mucho por nosotras mismas.

Por consiguiente, lo que hace falta a la gran mayoría de nosotras es aprender a negarnos a nosotras mismas, y poder así hacer lo que no nos resulta tan natural, que es amar a Dios y al prójimo.

Nuestro mal más común no es en un bajo concepto de nosotras mismas, sino una imagen deficiente de Dios. Nuestro problema no es tanto una imagen pobre de nosotras mismas, sino una imagen pobre de Dios.

Claro está que he conocido a algunas mujeres cuyos espíritus han sido aplastados por padres, maestros, esposos u otras personas que las han tratado mal, o las han ignorado, las han menospreciado, las han avergonzado, o piensan mal de ellas. Estas mujeres se sienten invisibles, y sienten que no valen y nadie las ama. Puede que tú seas una de ellas. ¡Cuánto anhelo que sepas que tú sí importas, y que eres profundamente amada y valorada! Sin embargo, yo sugeriría amablemente que lo que más necesitas no es aprender a amarte más a ti misma, sino a reconocer y recibir el increíble amor que Dios tiene por ti, y el valor que Él te otorga como mujer creada a su imagen.

A medida que creemos y recibimos el amor de Dios, podemos liberarnos de la victimización, la comparación con otras y el ensimismamiento. Entonces podremos convertirnos en canales por medio de los cuales su amor se comunica a otros.

9. "No puedo cambiar mi manera de ser".

Esta es otra mentira que esclaviza a muchas personas de por vida. Es una mentira que todas hemos creído en algún momento. Quizá te suceda lo mismo que a estas mujeres:

La mentira que yo creí fue: "Serás idéntica a tus padres, es algo hereditario y no puedes hacer nada para cambiarlo". Mi padre fue ministro del evangelio en mis años de infancia. Él y mi madre abandonaron a Dios y la iglesia. Creía que nadie podía permane-

cer fiel a Dios para siempre, y que así como mis padres no pudieron, yo tampoco podría.

*He justificado mi pereza y falta de disciplina creyendo que no
puedo cambiar mi manera de ser.*

Vemos aspectos de nuestra forma de ser que quisiéramos cambiar
o que son desagradables para Dios. Sin embargo, en vez de aceptar la
responsabilidad por nuestras decisiones, actitudes y conductas, tenemos
cientos de razones para justificar lo que somos:

- "Nuestra casa es tan pequeña que todo me desespera".
- "Mi trabajo es tan agotador que no puedo evitar enojarme con
  mis hijos al llegar a casa".
- "Son aquellos días del mes... no puedo manejar la presión en la
  casa".
- "En mi familia nunca enfrentábamos los problemas, solo
  guardábamos todo en nuestro interior y actuábamos como si
  nada hubiera ocurrido. Hasta hoy soy incapaz de enfrentar las
  cosas".
- "Mi madre en realidad nunca fue una verdadera madre para
  mí. Nunca tuve un modelo a seguir para criar a mis hijos".
- "Mi familia era inestable y caótica, por lo que nunca he podido
  aprender a acercarme a las personas ni confiar en ellas".

Ahora bien, es cierto que vivir en este mundo caído en realidad sí nos
afecta. No obstante, el supuesto de esta clase de declaraciones suele ser
que somos nada más víctimas que reaccionaron a las heridas causadas
por los demás.

Sin embargo, al reflexionar en la historia de Eva, descubrimos que
no fueron unos padres, ni un esposo, ni unos hijos los culpables de la
desdicha de la primera mujer. No fue un hombre el que arruinó su vida.

Tampoco podía Eva culpar a sus circunstancias ambientales. A propósito, ¡ese sí que era un ambiente donde hubiera sido fácil triunfar y ser feliz! Adán y Eva no tenían problemas económicos, ni laborales, ni ambientales, ni vecinos desagradables, ni malezas que debían arrancar. ¡Ni siquiera tenían problemas con familiares políticos!

Los problemas que encontró Eva en su matrimonio, su familia y su ambiente empezaron cuando ella decidió escuchar, creer, y actuar conforme a la mentira de la serpiente. Esa decisión la puso en cautiverio y trajo dolor e infelicidad a su vida, a su familia, e incluso a cada generación posterior.

Por supuesto, a diferencia de Eva, nosotras sí tenemos vecinos, padres, parientes, y esposos que son pecadores. Vivimos en un mundo caído, y nuestras vidas pueden verse profundamente afectadas por nuestras circunstancias, nuestro pasado, y los errores que otros cometieron. Sin embargo, permitir que esos problemas se vuelvan parte de nuestra identidad es una trampa que puede dejarnos atrapadas.

Creer la mentira de "no puedo cambiar mi manera de ser" puede limitarnos a vernos como víctimas indefensas de las personas y de las circunstancias que no podemos cambiar ni controlar. Lo que sugiere es que alguien más o algo más es responsable por lo que somos, que somos como marionetas cuyo destino es ser controladas por quienquiera que hale nuestras cuerdas.

Esta mentira suprime cualquier esperanza de cambio en nuestra vida. Y si creemos que es imposible para nosotras cambiar nuestra manera de ser, nunca cambiaremos. Seguiremos viviendo en esclavitud. Si creemos que estamos condenadas a fracasar, a seguir pecando, a ser infelices, lo que sucederá es que, en efecto, *fracasaremos*, *seguiremos* pecando y *seremos* siempre mujeres infelices y fracasadas.

La verdad es que *sí* podemos elegir. La gracia de Dios nos capacita para tomar decisiones buenas y sabias. Podemos cambiar gracias al poder del Espíritu de Dios. Cuando hemos conocido y abrazado la verdad, podemos liberarnos de las cadenas de nuestro pasado, de nuestras circunstancias, e incluso de los hábitos más arraigados.

A medida que aprendemos a ver nuestras dificultades desde la perspectiva de Dios, y a reaccionar a ellas por su gracia, incluso el pasado más oscuro o las circunstancias más difíciles pueden en realidad ser transformados en un futuro nuevo y lleno de esperanza (ver Jer. 29:11).

10. *"Tengo mis derechos"*.

En un sentido, ¡esta mentira está en el centro de la que dio inicio a todas las demás! La serpiente se burló de Eva al sugerirle que Dios la estaba defraudando, que ella tenía derecho a mucho más de lo que Él había querido darle.

Esa semilla que sembró primero en el corazón de Eva, echó raíces profundas en la raza humana y, desde entonces, ha brotado en los corazones de hombres y mujeres.

La idea de "tengo derechos" ha sido la fuerza impulsora de un sinnúmero de guerras, revoluciones, demostraciones, protestas, huelgas, iniciativas para ejercer presión, movimientos políticos, gritos frente a las cámaras, disturbios en las calles, cierres de emergencia, guerras en las redes sociales, peleas en la blogosfera, escandalosas divisiones en las iglesias, reñidos divorcios, y mucho más.

No quiero decir con esto que no existan medios legítimos para protestar contra la injusticia o emprender acciones para luchar contra los males de la sociedad. Nuestro Dios escucha el clamor del pobre y del menesteroso; Él se interesa por los oprimidos, y espera que su pueblo sea partícipe de sus intereses y haga justicia a favor de los indefensos y oprimidos.

Sin embargo, la naturaleza humana busca lo suyo y es exigente, y siente que tiene más derechos de los que realmente tiene. Y parece que cuantos más derechos humanos tenemos, más sentimos que tenemos derechos.

A mediados del siglo XX, se les dijo a las mujeres que exigir sus derechos sería su boleto a la felicidad y libertad. Después de todo, "si no defiendes tus derechos, ¡nadie más lo hará!".

Esos primeros días del movimiento de liberación femenina te pueden parecer un asunto del pasado distante. Después de todo, ¿acaso no se lograron sus objetivos?". Sin embargo, la mentalidad que produjeron en nuestra cultura occidental sigue todavía muy presente.

Y esto es lo curioso: aun en aquellos lugares del mundo donde se disfruta riqueza, prosperidad, derechos humanos sin paralelo en la historia, parece que las personas no son mucho más felices, si es que lo son. Por el contrario, han aumentado la descortesía, el rencor, y la discordia. Es muy probable que la exigencia egoísta de los derechos haya aumentado más el descontento y la infelicidad, que la satisfacción profunda y duradera.

Día tras día escucho a mujeres que reconocen que "exigir sus derechos" no produjo los beneficios prometidos:

La actitud de "tengo mis derechos" ha provocado muchas disputas inútiles e infelicidad en nuestro matrimonio.

Cada vez que exijo mis derechos y mi libertad me siento feliz por un momento, pero pronto me hundo en la desesperanza.

El hecho es que las relaciones exitosas y las culturas saludables no se construyen sobre la *exigencia* de los derechos, sino sobre la *cesión* de los mismos. Aun las normas de tránsito reflejan este principio. Nunca encontrarás una señal que diga: "Usted tiene derecho a pasar". Más bien, las señales nos indican que debemos ceder el paso. De ese modo, la circulación funciona mejor, y también es así como la vida funciona mejor.

Con todo, la idea de exigir nuestros derechos está en el aire que respiramos. Los disturbios y rebeliones de la década de los años 60 surgieron de una filosofía que promovía los derechos. Dicha filosofía ha impregnado sutilmente nuestra cultura cristiana. Se ha infiltrado en nuestras conversaciones. Ha moldeado nuestra visión de la vida. Hoy día damos por sentado afirmaciones como:

- Tenemos derecho a ser felices, comprendidas, respetadas y amadas.
- Tenemos derecho a cierto nivel de vida, a recibir un salario equitativo y a gozar de beneficios respetables.
- Tenemos derecho a gozar de compañía y romance.

- Tenemos derecho a ser valoradas por nuestro esposo y apreciadas por nuestros hijos.

- Tenemos derecho a una buena noche de descanso.

Y lo más importante de todo es que, si se vulneran nuestros derechos,
tenemos derecho a enojarnos. Tenemos derecho a despotricar en las redes
sociales. ¡Tenemos derecho a insistir en defender nuestros derechos!

En el Antiguo Testamento, el profeta Jonás ilustra la tendencia
humana natural a exigir derechos y enojarse cada vez que esos "derechos"
son vulnerados. Jonás creía que tenía derecho a despreciar a los paganos
habitantes de Nínive. Después de todo, eran un pueblo salvaje y temido
por todas las naciones en derredor. Jonás sentía que tenía derecho a hacer
lo que Dios le había mandado en el lugar que se le antojaba. Tenía derecho
a contemplar el juicio de Dios sobre los habitantes de Nínive.

Sin embargo, al ver que Dios actuó de manera opuesta a lo que él esperaba, esta fue su reacción: "Pero Jonás se apesadumbró en extremo, y se
enojó" (Jon. 4:1). Se enojó tanto que le rogó a Dios que le quitara la vida.

El Señor, por su parte, no consintió los sentimientos heridos de Jonás
ni trató de contentar su ego. Antes bien, confrontó al enfurecido profeta
por exigir sus derechos y le dijo: "¿Tienes razón de enfurecerte tanto?"
(v. 4, NVI).

Jonás se negó a responder la pregunta. Además, se instaló en las afue-
ras de Nínive, se construyó un refugio temporal y se sentó a esperar y ver
si Dios cambiaba de opinión y destruía la ciudad. Por su benevolencia y
misericordia, "preparó Jehová Dios una calabacera, la cual creció sobre
Jonás para que hiciese sombra sobre su cabeza, y le librase de su malestar;
y Jonás se alegró grandemente por la calabacera" (v. 6).

¿Ves cómo las emociones de Jonás dependían por completo de lo
que él consideraba el respeto de sus derechos? Cuando Dios extendió su
misericordia a los paganos a quienes Jonás detestaba, se disgustó y enojó.
Y cuando Dios le brindó la comodidad de un refugio del ardiente calor
del sol, Jonás se puso dichoso.

Sin embargo, su felicidad duró muy poco, pues a la mañana siguiente

Dios envió un gusano que hirió la calabacera hasta que se secó. Luego envió un viento recio y sol que quemó a Jonás hasta desfallecer. Una vez más, el deprimido profeta deseó morirse. Y una vez más Dios cuestionó sus derechos: "¿Tienes razón de enfurecerte tanto por la planta?" (v. 9, NVI). Jonás respondió: "¡Claro que la tengo!... ¡Me muero de rabia!" (v. 10, NVI).

Jonás pensaba que tenía derecho a controlar su propia vida y las circunstancias, a que las cosas se hicieran a su antojo y a enojarse si esto no se cumplía. Su insistencia en exigir sus derechos lo llevó a volverse voluble y aislado, y a apartarse de Dios.

Lo triste es que la historia de Jonás es muchas veces similar a la mía. Con demasiada frecuencia descubro que me siento molesta y turbada cuando las cosas no salen como yo quiero. Puede ser alguna decisión que se toma en la oficina, un conductor descortés en la autopista, una fila muy larga para pagar una cuenta, el comentario imprudente de algún familiar, una ofensa menor (real o percibida) de mi esposo, un amigo que incumple una cita, una llamada telefónica que me despierta cuando acabo de quedarme dormida. Si reclamo mis derechos, hasta la mínima transgresión de los mismos puede hacerme sentir malhumorada, tensa y enojada.

La única salida a esa montaña rusa emocional y espiritual consiste en *ceder* nuestros derechos a Aquel que a la postre tiene todos los derechos. Esto no es algo que hacemos una sola vez. Cada nueva herida, cada nueva ofensa, es una nueva oportunidad para ceder nuestros derechos y responder conforme al espíritu de Cristo,

> el cual, siendo en forma de Dios, no estimó el ser
> igual a Dios como cosa a que aferrarse, sino que se
> despojó a sí mismo, tomando forma de siervo.
>
> —Filipenses 2:6-7

Lo paradójico es que en esa posición de humildad y renuncia somos exaltadas. Es allí donde descubrimos que todo lo que es suyo ahora nos pertenece... gracias a que Él estuvo dispuesto a renunciar a sus derechos (ver Fil. 2:6-8; 1 P. 5:6; 1 Co. 3:21-23).

11. *"La belleza física es más importante que la interior".*

E ste es un mensaje que nuestra cultura se empeña en proclamar a las niñas y a las mujeres desde una edad muy temprana. Nos llega casi por cualquier medio: la televisión, las películas, la música, los libros, las redes sociales y la publicidad retocada digitalmente. Todos, en un acuerdo casi perfecto, nos proponen una imagen de lo que en realidad importa. Insisten en declarar que lo importante para la gran mayoría de mujeres es la belleza, la belleza física. Incluso algunas veces los padres, hermanos, maestros y amigos se suman de manera inadvertida a las voces que felicitan, alaban y atienden a las niñas "hermosas". Entre tanto, las niñas menos atractivas, gordas o flacas, son objeto de comentarios crueles, la indiferencia o aun el rechazo público. Esas reacciones negativas pueden repetirse sin cesar en la mente de las mujeres mucho más allá de su infancia.

En cierto modo, nuestra preocupación por la apariencia se remonta a la primera mujer. ¿Recuerdas lo que atrajo a Eva para comer del fruto prohibido?

> Y vio la mujer que el árbol era bueno para comer,
> *y que era agradable a los ojos,* y árbol codiciable para alcanzar
> la sabiduría; y tomó de su fruto, y comió.
>
> —Génesis 3:6

El fruto tenía un atractivo funcional (era "bueno para comer"). También estimuló su deseo de obtener sabiduría. Por otro lado, también es importante notar que era "agradable a los ojos", es decir, era atractivo físicamente. El enemigo logró que la mujer valorara más la apariencia física que las cualidades menos visibles como la confianza y la obediencia.

El problema no es que el fruto fuera "hermoso", que es como Dios lo habría creado. Tampoco estaba mal que Eva disfrutara y apreciara la belleza de la creación de Dios. El problema fue que ella permitió que sus ansias de belleza física y externa prevalecieran sobre su obediencia a la Palabra de Dios. Lo interesante es que, a partir de ese momento, ella y su esposo se vieron a sí mismos y a sus cuerpos con diferentes ojos. Se volvieron cohibidos y se avergozaban de sus cuerpos desnudos, cuerpos que habían sido creados magistralmente por un Creador amoroso. De inmediato buscaron cubrir sus cuerpos, por miedo de ser vistos por el otro.

La prioridad que dio Eva a la apariencia física constituye un patrón que sus hijos e hijas son propensos a seguir. Y el engaño de que la belleza física merece mayor estima que la belleza de corazón, de espíritu y de vida deja a hombres y a mujeres por igual sintiéndose poco atractivos, avergonzados, apenados y defectuosos sin remedio.

Lo irónico es que la búsqueda de la belleza siempre resulta ser una meta inalcanzable y esquiva, algo fuera de nuestro alcance. Aun las mujeres más admiradas y elegantes confiesan que están insatisfechas con su apariencia física. Una estrella predilecta de Hollywood dijo acerca de ella misma: "Creo que me veo extraña. Si pudiera cambiar mi apariencia, me gustaría tener piernas más largas, pies más pequeños, y una nariz más pequeña".[1]

Puede que alguien se pregunte cuánto daño puede hacer el hecho de darle demasiada importancia a la belleza física o externa. Volvamos a nuestra premisa: aquello que creemos determina al final cómo vivimos. Si creemos algo que no es verdad, tarde o temprano actuaremos conforme a esa mentira. Además, creer y actuar conforme a mentiras nos lleva a vivir en cautiverio.

Creía que la belleza exterior (mi cuerpo) era lo único valioso que tenía para ofrecer a otros, especialmente a los hombres. Decidí sacarle provecho y obtener la atención que tanto ansiaba. Me volví esclava del sexo.

Tengo una hermana muy hermosa a quien amo muchísimo, pero yo soy fea. Siempre he pensado que soy inferior, y que debo lograr cosas para recibir la aceptación de otros. Me doy cuenta de que las personas atractivas logran triunfar en la vida. Ya me conformé a la idea de que no podré lograrlo, y estoy atada a mi percepción de mi apariencia.

Toda mi vida creí que mi autoestima dependía de mi apariencia.
Y como nunca lucía como el mundo lo dictaba, siempre me sentí
poco valiosa. Padecí desórdenes en mi alimentación, me volví
adicta a la comida y tuve problemas en mi matrimonio *por mi*
percepción de que era fea y que mi esposo miraba a otras muje-
res que sí le parecían atractivas.

Cada una de estas mujeres creyó algo acerca de la belleza que no es
verdad. Lo que creyeron afectó la manera como se sentían consigo mismas
y las llevó a tomar decisiones que las esclavizaron de diversas formas. Hay
una lista muy larga de actitudes y conductas que surgen de un concepto
equivocado de la belleza, entre ellas la comparación, la envidia, la competencia con otras personas, la promiscuidad, las adicciones sexuales, los
desórdenes alimenticios, la vestimenta indecente y la coquetería.

¿Qué puede liberarnos de semejante esclavitud? ¡Solo la verdad! La
Palabra de Dios nos recuerda la verdad acerca de lo fugaz que es la belleza
física y la importancia de buscar la belleza interior y duradera:

> Engañosa es la gracia, y vana la hermosura;
> la mujer que teme a Jehová, ésa será alabada.
>
> —Proverbios 31:30

> Vuestro atavío no sea el externo de peinados ostentosos, de
> adornos de oro o de vestidos lujosos, sino el interno, el del
> corazón, en el incorruptible ornato de un espíritu afable y apa-
> cible, que es de grande estima delante de Dios. Porque así
> también se ataviaban en otro tiempo aquellas santas muje-
> res que esperaban en Dios, estando sujetas a sus maridos.
>
> —1 Pedro 3:3-5

Estos versículos no enseñan, como algunos pensarían, que la belleza
física es algo pecaminoso o que está mal cuidar nuestra apariencia física.

Esa idea es tan engañosa como la preocupación excesiva por la belleza exterior. Las Escrituras tampoco condenan la belleza física ni sugieren que carezca de importancia. Lo que condenan es el orgullo por la belleza física que se ha recibido de Dios, el interés excesivo en ella, y el ocuparse tanto de ella que se descuiden los asuntos del corazón.

Algunas que logran evitar esa trampa caen en el extremo opuesto, y sienten aversión por el atractivo en la forma de vestir, en su apariencia, y en su entorno físico. Sin embargo, esto también es una mentira cuando se examina a la luz de las Escrituras.

En tanto que mujeres cristianas, tenemos un llamado elevado y santo a reflejar la belleza, el orden, la excelencia y la gracia de Cristo, a fin de que otros puedan ver el cambio que Él opera en nuestras vidas. Somos hijas de Dios, hijas del Rey, la novia de Cristo. Él nos hizo mujeres. Es bueno que embellezcamos el lugar donde Él nos ha puesto y el cuerpo que Él nos ha dado. Pero en todo esto recordemos que todo eso no es más que el marco de la verdadera obra maestra: el retrato de Cristo que deseamos que otros admiren.

Aquellas que somos casadas tenemos una razón de más para buscar el equilibrio en este asunto. La "esposa virtuosa" de Proverbios 31 está en buena forma física y muy bien vestida (vv. 17, 22). Ella complementa a su esposo. En cambio, una esposa que no hace esfuerzo alguno por cuidar su apariencia física va a representar mal tanto a su esposo terrenal como a su Novio celestial.

Cuando el apóstol Pablo escribió a Timoteo acerca de cómo debería funcionar la iglesia, consagró unos versículos para hablar acerca del vestuario de las mujeres. Sus instrucciones reflejan el equilibrio entre la actitud interna del corazón de una mujer, y su conducta y vestido externos. Pablo exhorta a las mujeres con estas palabras:

> Asimismo que las mujeres se atavíen de ropa decorosa,
> con pudor y modestia; no con peinado ostentoso, ni oro, ni perlas,
> ni vestidos costosos, sino con buenas obras, como corresponde a
> mujeres que profesan piedad.
>
> —1 Timoteo 2:9-10

Las palabras traducidas como "atavíen" y "modestia" en este pasaje significan "en orden, bien arreglado, decoroso", y hacen referencia a un "arreglo armonioso"[2]. La apariencia de una mujer cristiana debe reflejar un corazón sencillo, puro y ordenado. Su ropa y su peinado no deben hacerla ver extravagante, excesiva o indecorosa. En todo, nuestra meta es reflejar la belleza de Cristo y hacer el evangelio atractivo para nuestro mundo.

CÓMO ENVEJECER CON ELEGANCIA

Recuerdo claramente que tan pronto cumplí cuarenta años, empecé a recibir catálogos de productos que prometían combatir los efectos de la edad. Me prometían una piel más joven y más lozana, menos arrugas y manchas, más energía, uñas y cabello más hermosos y alguna mejoría en mi visión y capacidad auditiva. Lo que esto insinuaba es que, conforme me hago mayor, lo que más importaba era verme y sentirme más joven.

Pues bien, eso fue hace unas dos décadas. El hecho es que, desde entonces y hasta hoy, *estoy* envejeciendo, y en este mundo caído eso significa que mi cuerpo se deteriora poco a poco. Me miro al espejo y descubro líneas que no estaban allí hace veinte años. Muy temprano desde la veintena empezaron a salirme canas, y hace ya mucho que cambié el color de mi cabello en la licencia de conducir, a "gris". Tengo problemas para ver de lejos, y no tengo la misma resistencia que tenía a los treinta años.

No obstante, rehúso creer la mentira de que esas cosas son tragedias definitivas o que de algún modo mi reloj biológico puede retroceder. Aunque no procuro acelerar el deterioro de mi cuerpo, tampoco voy a desgastarme en una lucha contra lo inevitable. A medida que envejezco quiero centrarme en aquellas cosas que son más importantes para Dios, como permitir que su Espíritu Santo forje en mí un corazón sabio, amable, amoroso y lleno de gracia.

Aunque existan muchos remedios y productos que puedo pagar, sé que en mi cuerpo ocurre un proceso imparable en esta dimensión limitada por el tiempo. Creer lo contrario es caer en el engaño. No obstante, también sé que "la senda de los justos es como la luz de la aurora, que va en aumento hasta que el día es perfecto" (Pr. 4:18). Eso significa que existe una dimensión de la vida en la cual es posible crecer en riqueza y en virtud a pesar de que nuestro cuerpo se deteriore.

El hecho es que si consagramos nuestro tiempo y energías para permanecer en forma, delgadas, bellas y con un aspecto joven, podremos lograrlo solo por un tiempo. En cambio, si descuidamos y no cultivamos nuestra belleza interior y carácter que son agradables a Dios y que duran para siempre, terminaremos lamentándonos, lo cual es innecesario.

Por último, recordemos la promesa que nos espera a las mujeres que pertenecemos a Dios: la esperanza de ver a nuestro Salvador, "el cual transformará el cuerpo de la humillación nuestra, para que sea semejante al cuerpo de la gloria suya" (Fil. 3:21). ¡Eso es algo que vale la pena esperar!

12. *"Tengo derecho a satisfacer todos mis anhelos".*

*H*ay otra mentira que ha hecho mella en nuestra manera de pensar y de vivir. Nuestra sociedad promueve la idea de que existe (o debería existir) un remedio (de preferencia rápido y fácil) para cada anhelo insatisfecho.

Según esto, debemos reconocer nuestros anhelos y hacer todo lo que sea necesario a fin de satisfacer dichas "necesidades". Entonces... si quieres algo que no puedes pagar, cárgalo a una tarjeta de crédito. Si ansías algo de romance, vístete y actúa de tal forma que atraigas a los hombres. Si te sientes sola en tu matrimonio, busca a aquel viejo amigo en Facebook.

La próxima vez que vayas a una tienda, echa un vistazo a las revistas para mujeres que se exhiben en el mostrador. O repasa nada más lo que has visto en las redes sociales. Por dondequiera que mires, encuentras ofertas que te prometen satisfacer cada anhelo imaginable:

- "24 señales de que has encontrado tu alma gemela"
- "Programa de limpieza de 3 días para mayor energía, pérdida de peso, y una piel luminosa"
- "25 secretos para verse más joven"

- "Date gusto por fin: cabello largo al instante, bronceado a toda prueba"
- "La clave para mantenerte delgada, mejorar tu piel y llenarte de vitalidad"
- "Cómo invertir en ti misma"
- "La vida fácil: empleos divertidos, vestidos ligeros, fantasías salvajes y soluciones rápidas"

En algún lugar y de algún modo es posible satisfacer tus anhelos. Puede ser:

- un libro de fórmulas para hacer las cosas
- una novela de romance
- un crucero
- una nueva relación romántica
- un nuevo corte de cabello, vestimenta, casa, o empleo
- una gran pizza doble queso
- una casa digna de portada de revista

En el mejor de los casos, esta manera de pensar deja a las mujeres insatisfechas, confundidas y en la búsqueda incansable por llenar el vacío interior. En el peor de los casos, este engaño les ha traído gran aflicción. Esta mentira alimenta la ansiedad, el resentimiento y la depresión. Ha impulsado a miles de mujeres a entregar su virginidad por cualquier migaja de afecto o compañía. Ha impelido a mujeres casadas a buscar la satisfacción en brazos de un colega de trabajo que aparenta interesarse en sus sentimientos. Ha llevado a muchos jóvenes a intercambiar votos matrimoniales en una iglesia por toda clase de razones equivocadas. Y a un alto porcentaje de estas parejas las ha llevado hasta el tribunal de divorcio. Todo por la búsqueda desenfrenada por complacer anhelos profundos e insatisfechos.

"Carmen" nos cuenta hasta dónde la llevó esta mentira:

Por creer que tenía derecho a satisfacer todos mis anhelos, obtuve todo lo que quería y en el momento que se me antojaba. Ropa, viajes a Europa, fines de semana fuera que pagué con tarjetas de crédito o financié de algún modo hasta endeudarme por unos $7.000 a $10.000 a los veintidós años.

La historia de "Elena" revela el abismo de destrucción emocional y personal que resultan de creer esta mentira:

No me sentía plena sexualmente en mi matrimonio, y creía que mi esposo era el problema. Lo culpé y busqué a otro hombre que me brindara satisfacción sexual. Llamé a esto amor, aunque en realidad era lujuria. Creía que era mi derecho y que mi esposo debía permitirme la plenitud sexual. Fue grandioso por un tiempo. Sin embargo, una vez que todo quedó al desnudo, la culpa, la vergüenza y la destrucción dejaron una mancha de dolor y perjuicio demasiado grande que de ningún modo compensó aquel instante de placer.

¿Cuál es la verdad que nos hace libres de las cadenas de este engaño? Primero, debemos reconocer que *siempre tendremos anhelos insatisfechos en esta vida* (Ro. 8:23). De hecho, si pudiéramos satisfacer todos nuestros anhelos en el presente, estaríamos complacidas con quedarnos aquí, y nuestro corazón no anhelaría estar en un lugar mejor.

Es importante comprender que nuestros anhelos no son necesariamente pecaminosos en sí mismos. Lo que *está* mal es convertirlos en ídolos, y exigir que se satisfagan aquí y ahora, o persistir en suplirlos de forma ilegítima.

Dios creó el impulso sexual. El sexo es un buen don (Gn. 2:24-25; Pr. 5:18-18; 1 Co. 7:3-5). No está mal satisfacer este impulso, siempre y cuando se haga en el tiempo que Dios determine y a su manera, que es bajo el pacto matrimonial. En cambio, el mundo nos dice que si deseamos gozar de intimidad sexual tenemos todo el derecho a satisfacerlo sin importar cómo, cuándo, dónde ni con quién.

La comida también es un buen don (Sal. 145:15; 1 Ti. 4:3-4). No está mal sentir hambre física, y tampoco está mal comer. Lo que está mal es llenarnos de comida en un esfuerzo por satisfacer anhelos emocionales y espirituales.

De igual modo, no está mal casarse y tener hijos, pero es un error esperar que el matrimonio o la maternidad satisfagan nuestras necesidades más profundas.

Podemos ser sinceras con Dios acerca de lo que deseamos. Pero debemos esperar a que Él provea las condiciones legítimas para satisfacer esos deseos, y entretanto aprender a contentarnos con vivir con anhelos insatisfechos.

Además, debemos comprender que *nada ni nadie puede satisfacer los anhelos más profundos de nuestro corazón*. Esta es una de las verdades más liberadoras que he descubierto en mi propia peregrinación espiritual. Durante años busqué en las personas y en las circunstancias la razón de mi felicidad. Una y otra vez me fallaron, y yo terminaba decepcionada e infeliz.

La verdad es que, sin excepción, cada cosa creada nos decepcionará. Las cosas se pueden quemar, romper, perder o ser robadas. Las personas pueden irse, cambiar, fallar o morir. Hace unos años, cuando experimenté la pérdida de algunos de mis amigos más cercanos, pude comprender la verdad de que siempre me sentiría decepcionada mientras buscara llenar mi vacío interior con las personas.

He hablado con muchas mujeres solteras acerca de sus luchas con la soledad y su anhelo porque Dios les dé un esposo. Algunas de ellas son mujeres espirituales y creyentes comprometidas. De vez en cuando les recuerdo a estas mujeres preciosas algo que ya saben intelectualmente: que el matrimonio no siempre es el remedio para la soledad. Todas conocemos a mujeres casadas que luchan con un sentimiento profundo de soledad y aislamiento. Lo cierto es que no existe hombre alguno sobre la faz de la tierra que pueda satisfacer los anhelos más profundos del corazón de una mujer. Dios nos creó de tal modo que nunca estaremos satisfechas con alguien o algo aparte de Él mismo (Sal. 16:11, 34:8-10).

Ya sea que estemos casadas o sigamos solteras, debemos reconocer que no está mal tener anhelos insatisfechos. Eso no nos hace menos espirituales. Debemos aprender a aceptarlos, entregarlos a Dios y buscar en Él la satisfacción plena de las necesidades más profundas de nuestro corazón.

Quienes crecimos bajo el ministerio de Elisabeth Elliot recordamos que ella habló a menudo acerca del tema de los anhelos insatisfechos. En su libro devocional *A Lamp unto My Feet*, ella explicó cómo estos anhelos pueden en realidad convertirse en "material para el sacrificio":

> Durante un tiempo he orado por algo que deseaba con toda mi alma. Parecía algo bueno, algo que haría la vida aun más agradable de lo que es, y que no estorbaría en nada mi trabajo. Dios no me lo dio. ¿Por qué? Obviamente desconozco todas sus razones. El Dios que dirige el universo tiene muchas cosas buenas para tener en cuenta y que a mí no se me ocurren, y está bien que yo deje eso a su discreción. Hay, sin embargo, una cosa que yo sí entiendo: si yo estoy dispuesta a entregar mi voluntad, Él me ofrece santidad.
>
> Él pregunta: "¿De veras quieres conocerme?". Yo digo sí. Él responde: "Entonces haz lo que te digo. Hazlo cuando entiendes; hazlo cuando no entiendes. Recibe lo que te doy, estando dispuesta a renunciar a lo que no te doy. La sola renuncia a aquello que tanto deseas es una verdadera demostración de la sinceridad de tu oración de toda la vida: 'Hágase tu voluntad'".
>
> Así que, en lugar de golpear la puerta del cielo para pedir algo que ahora sé claramente que Dios no quiere darme, convierto mi deseo en una ofrenda. El objeto anhelado es material para el sacrificio. Aquí está, Señor, es tuyo. Creo que Él aceptará la ofrenda. Él lo redimirá. Puede que incluso lo devuelva como devolvió a Isaac a Abraham, pero en cualquier caso Él sabrá que mi intención es obedecerle totalmente.[3]

Hemos aprendido que una visión distorsionada de Dios produce una visión distorsionada de nosotras mismas, y que ese engaño, en cualquiera de estas áreas vitales, afectará nuestra manera de vivir. Creer mentiras acerca de Dios o acerca de nosotras mismas nos conducirá también al engaño con respecto al pecado.

LA MENTIRA	7. No soy valiosa.
LA VERDAD	• Mi valor no depende de lo que otros piensan de mí o de lo que yo pienso de mí misma. La manera como Dios me ve es lo que determina mi valor. Salmo 139:1-18; Efesios 1:3-8; 1 Pedro 2:4 • Dios pagó el precio más alto para hacerme suya. Juan 3:16, Romanos 5:6-8 • Si soy hija de Dios, soy su precioso tesoro y posesión. Romanos 8:15-17; Efesios 1:18; 1 Pedro 2:9
LA MENTIRA	8. Tengo que amarme más.
LA VERDAD	• Necesito recibir por la fe el amor de Dios por mí. Gálatas 2:20; Romanos 8:31-39; 1 Juan 4:16 • Dios quiere que yo experimente su amor y permitirle amar a otros por medio de mí. Mateo 16:24-26; Juan 15:12; Efesios 5:29
LA MENTIRA	9. No puedo cambiar mi manera de ser.
LA VERDAD	• Si soy hija de Dios puedo tomar la decisión de obedecerlo. Romanos 6:1-14; 8:1-2 • Soy responsable de mis propias elecciones. Deuteronomio 30:19; Josué 2 • Puedo cambiar gracias al poder del Espíritu de Dios. Gálatas 5:16; Filipenses 2:13

LA MENTIRA 10. Tengo mis derechos.

LA VERDAD
- Exigir mis derechos me pondrá en esclavitud.
  Jonás 4; Salmo 37:1-11; Lucas 6:46
- Ceder mis derechos me hará libre.
  Juan 6:38; Hebreos 10:7

LA MENTIRA 11. La belleza física es más importante que la interior.

LA VERDAD
- En el mejor de los casos, la belleza física es pasajera y efímera mientras vivamos en esta tierra.
  Proverbios 31:30
- La belleza que más le interesa a Dios es la de mi espíritu y mi carácter.
  1 Samuel 16:7; 1 Timoteo 2:9; 1 Pedro 3:3-5

LA MENTIRA 12. Tengo derecho a satisfacer todos mis anhelos.

LA VERDAD
- Siempre tendré anhelos insatisfechos en esta vida.
  Romanos 8:23, 25; Efesios 3:11; Hebreos 11:13-16
- Los anhelos más profundos de mi corazón no pueden ser satisfechos por persona ni cosa alguna.
  Salmos 16:11; 73:25
- Si puedo aceptarlos, mis anhelos insatisfechos harán que crezca mi añoranza de Dios y del cielo.
  Deuteronomio 8:3; Salmo 34:8-10; Filipenses 3:20—4:1

CAPÍTULO CUATRO

MENTIRAS QUE LAS MUJERES CREEN... ACERCA DEL

pecado

Ya pasaron seis meses desde que salimos de Edén. Desearía olvidar todo eso. Adán todavía me culpa por lo que sucedió. Sé que no debí escuchar a la serpiente. Claro que él estaba justo ahí conmigo. ¿Por qué no hizo algo? Además, él también comió del fruto.

Debo admitir que en ese momento el asunto no me parecía tan grave. Ahora, en cambio, siento esa culpa que me atormenta. ¿Cómo pude cometer algo semejante contra Dios después de todo lo que Él hizo por nosotros? ¿Podremos algún día gozar la misma relación que teníamos antes? Cada vez que intento hablarle siento como si entre nosotros hubiera un gran muro.

Algo que jamás contemplé es lo difícil que resulta obedecer a Dios después de comer del fruto. Por ejemplo, hasta ese día, cada vez que tenía hambre comía, y si me sentía satisfecha dejaba de comer. Ahora siento un deseo irrefrenable de comer, y una vez que comienzo no puedo detenerme, aunque sé que está mal.

Eso no es lo único que soy incapaz de controlar en mi vida. Mi lengua me pone en aprietos, ¡en especial en días como ayer! Era aquel momento del mes y no me sentía muy bien. Me di cuenta de que reñía con Adán por cualquier tontería. Detesto cada vez que actúo así. No me agrada sentirme malhumorada y tensa. Con todo, algunas veces siento que soy incapaz de evitarlo.

l día en el que la familia Romero adoptó como mascota a Sonia, apenas medía treinta centímetros. Ocho años después, había crecido hasta medir tres metros y medio, y pesar cuarenta kilogramos. El 20 de julio de 1993, Sonia, una pitón de Birmania, atacó a Derek, de quince años de edad, y lo estranguló hasta matarlo.

En un momento fatal, la criatura que parecía tan mansa e inofensiva resultó ser una bestia mortífera. La "mascota" que esta familia trajo con tanta ingenuidad a su casa, que cuidó y alimentó, se volvió contra ellos y trajo destrucción. En cierta forma, el desenlace no sorprende, pues al final la serpiente pitón solo hizo lo propio de su naturaleza.

Lo mismo sucede con el pecado. Aunque nos distrae, juega con nosotros, duerme con nosotros y nos divierte, su naturaleza nunca cambia. Tarde o temprano, y sin que podamos evitarlo, se levantará para morder y devorar a quienes le ofrecieron su amistad.

Cualquier engaño es mortal. Sin embargo, las mentiras más mortíferas son las que Satanás nos dice acerca de Dios y del pecado. El enemigo de nuestras almas trata de convencernos de que Dios no es quien dice ser, y que el pecado no es lo que Él dice. Nos pinta las cosas de tal forma que subestima el carácter y la santidad de Dios, al igual que la gravedad del pecado. Hace parecer a Dios como si no fuera tan bueno, y al pecado no tan malo.

Las fotografías pueden retocarse de manera tan impresionante que la imagen más fea puede verse hermosa. Y eso es lo que Satanás hace con el pecado. De manera astuta edita la imagen para hacer ver algo horroroso y deforme como una obra de arte y belleza.

Sin embargo, disfrazar el pecado no cambia su naturaleza esencial. Aunque la pitón parecía tan inocente y tranquila, llega el momento en que se descubre su naturaleza verdadera y mortífera.

Satanás utilizó el engaño en el huerto para incitar una rebelión cuyas consecuencias serían mucho más nefastas de lo que cualquiera podría imaginarse. Las mentiras que él nos dice hoy son en esencia las mismas que le dijo a la primera mujer.

13. *"Puedo pecar y quedar impune".*

*C*reo que esta es la mentira más básica que Satanás nos dice acerca del pecado. Dios dijo a Adán: "Si comes del fruto de este árbol, morirás". El mandato era claro: "No comas". El resultado de la desobediencia también era claro: "Morirás".

Satanás sembró primero en la mujer la duda respecto a la bondad de Dios por haber dado una orden semejante, y a su supuesto derecho divino a controlar su vida. Luego rebatió las consecuencias que Dios había establecido. Lo hizo mediante un ataque directo a la Palabra de Dios: "Entonces la serpiente dijo a la mujer: *No moriréis*" (Gn. 3:4).

En tres ocasiones, en el Salmo 10 el autor señala que la razón por la cual las personas desobedecen a Dios es creer que pueden quedar impunes:

Dice en su corazón: No seré movido jamás;
Nunca me alcanzará el infortunio...

Dice en su corazón: Dios ha olvidado;
Ha encubierto su rostro; nunca lo verá...

¿Por qué desprecia el malo a Dios?
En su corazón ha dicho: Tú no lo inquirirás.

—Salmo 10:6, 11, 13

El enemigo nos hace creer:

- "Mi pecado no será juzgado".

- "No cosecharé lo que siembro".

- "Lo que yo elija hoy no traerá consecuencias futuras".

- "Puedo jugar con fuego sin quemarme".

Como sucede con otras mentiras, no las creemos de manera consciente. Tal vez hasta rechacemos estas ideas en nuestra mente. Sin embargo, decidimos pecar porque en el fondo nos decimos la mentira a nosotras mismas.

Y así, nos entretenemos con novelas románticas, programas de televisión, música y sitios web que promueven filosofías mundanas y legitiman la irreverencia, la indecencia y la conducta inmoral, sin jamás detenernos a pensar que al hacerlo...

- perdemos la sensibilidad de nuestra conciencia y desarrollamos tolerancia por el pecado.

- aumenta nuestro apetito por el pecado y disminuye nuestro anhelo por la santidad.

- erigimos una barrera en nuestra comunión con Dios.

- programamos nuestra mente para pensar como el mundo (y lo que pensamos al final determina nuestra manera de vivir).

- aumenta la posibilidad de que actuemos conforme a aquello que vemos y oímos.

- se forja en nosotros una idea de la sexualidad que no glorifica a Dios y es contraria a la Biblia, y puede destruir nuestro matrimonio presente o futuro.

Decidimos guardar rencor hacia una persona que nos agravió, y pasamos por alto el hecho de que tarde o temprano nuestra amargura...

- destruirá nuestra capacidad de pensar con cordura.

- nos convertirá en personas infelices y volubles.

- afectará nuestro cuerpo con males como la fatiga crónica, la pérdida de vigor, los dolores de cabeza, la tensión muscular y los desórdenes digestivos.

- nos impedirá experimentar el perdón de Dios para nuestro pecado.

- hará que seamos insoportables y que los demás se aparten de nuestro lado.

Coqueteamos con un colega atractivo en el trabajo, o con alguien a quien conocemos en la Internet, y rehusamos creer que...

- lo que empieza como unos pocos halagos o divertidos emoticones puede fácilmente convertirse en un amorío emocional.

- tendremos que mentir o encubrir nuestras decisiones para que nuestro esposo no se entere.

- sembramos semillas de infidelidad en nuestra mente y emociones.

- resulta imposible para nuestro esposo complacernos porque nuestras fantasías compiten con la realidad.

- aunque no terminemos en adulterio con él, preparamos el camino para un pecado moral más adelante.

- podríamos sufrir una separación de nuestro esposo, de los hijos, la familia política y nuestro Dios.

Debemos recordar sin cesar que Satanás es un mentiroso. Lo que Dios llama "pecado", Satanás repite que es:

divertido	*insignificante*
seguro	*nuestro derecho legítimo*
inocente	*inevitable*
deseable	

No obstante, la verdad es que el pecado no es nada de eso. Por el contrario, la Palabra de Dios nos dice que:

- el pecado es peligroso y destructivo, y conduce a la muerte.

- cosecharemos lo que sembramos.

- cada elección que hacemos en el presente traerá consecuencias futuras.

- tarde o temprano, las consecuencias de nuestro pecado nos alcanzarán.

- "el pecado, siendo consumado, da a luz la muerte" (Stg. 1:15).

Es lamentable que no siempre reconozcamos la conexión que existe entre nuestras elecciones naturales y carnales, y las consecuencias involuntarias en nuestra vida, ya sean inmediatas o en el largo plazo.

LOS PLACERES DEL PECADO

Además de hacernos creer que podemos pecar y quedar impunes, el engaño de Satanás hace algo más. En el huerto de Edén le hizo esta insinuación a Eva: "No solo puedes desobedecer a Dios sin sufrir consecuencias negativas. Puedes además gozar de ciertos beneficios si comes del fruto".

sino que sabe Dios que el día que comáis de él,
serán abiertos vuestros ojos,
y seréis como Dios, sabiendo el bien y el mal.

—Génesis 3:5

Lo que Satanás sugirió en realidad es que, sean cuales sean las consecuencias que cosechemos, el placer y los beneficios que se disfrutan por hacer lo que se nos antoja valen la pena. Eva le creyó, y nosotras también. Después de todo, si no creyéramos que íbamos a sacar algún provecho del fruto del pecado, ¿por qué elegiríamos pecar? A todas luces, esto fue lo que motivó al columnista de la revista *Self* a dar el siguiente consejo: "Un romance puede ayudarte a sobreponerte a un matrimonio frustrado, y en algunas ocasiones llenarte del valor necesario para abandonar un mal matrimonio"[1].

En un sentido, Satanás tiene razón acerca de los resultados "positivos" del pecado. Según Hebreos 11:25, el pecado produce placer, por un instante. Sin embargo, al final impondrá un pago devastador. *Y no hay excepciones.*

Una amiga mía lleva en su billetera una lista de las consecuencias del pecado. Algunas son:

- El pecado roba el gozo (Sal. 51:12).
- El pecado destruye la confianza (1 Jn. 3:19-21).
- El pecado acarrea culpa (Sal. 51:3).
- El pecado nos somete al dominio de Satanás (2 Co. 2:9-11).
- El pecado apaga el Espíritu de Dios (1 Ts. 5:19).
- El pecado produce daños físicos (Sal. 38:1-11, 31:10).
- El pecado causa dolor en el alma (Sal. 32:3-4).

- El pecado entristece el corazón de Dios (Ef. 4:30).
- El pecado abre la puerta a otros pecados (Is. 30:1).
- El pecado rompe la comunión con Dios (Is. 59:1-2).
- El pecado produce temor (Pr. 28:1).
- El pecado esclaviza (Jn. 8:34, Ro. 6:16).

Cada vez que mi amiga se siente tentada a desobedecer a Dios en algún asunto, saca su lista y la lee. Entonces se pregunta: "¿En realidad estoy dispuesta a pagar ese precio? ¿Puedo pagarlo?".

En ocasiones, las consecuencias de nuestro pecado solo pueden verse meses o años después. Algunas veces solo se evidencian en la generación siguiente, y algunas consecuencias tardarán hasta el momento en el que estemos ante Dios en el trono de su juicio. Esa es la razón por la cual persistimos en la insensatez de pensar que podremos salir bien libradas de nuestro pecado. Así lo señala Eclesiastés: "Por cuanto no se ejecuta luego sentencia sobre la mala obra, el corazón de los hijos de los hombres está en ellos dispuesto para hacer el mal" (8:11).

Uno de los propósitos de Dios en demorar la retribución divina es darnos tiempo para arrepentirnos: "El Señor... es paciente para con nosotros, no queriendo que ninguno perezca, sino que todos procedan al arrepentimiento" (2 P. 3:9). Con todo, el día de la retribución vendrá y, en ese momento, cada hijo de Dios deseará con todo su corazón haber escogido el camino de la obediencia.

Después de jugar con el pecado y de disfrutar sus "placeres" por muchos años, al final (y demasiado tarde) el rey Salomón declaró convencido:

Aunque el pecador haga mal cien veces, y prolongue sus días,
con todo yo también sé que les irá bien a los que a Dios temen,
los que temen ante su presencia...

El fin de todo el discurso oído es este:
Teme a Dios, y guarda sus mandamientos...

Porque Dios traerá toda obra a juicio,
juntamente con toda cosa encubierta,
sea buena o sea mala.

—Eclesiastés 8:12; 12:13-14

14. *"En realidad, mi pecado no es tan malo".*

Quienes hemos crecido en un hogar sano y con principios morales, o hemos sido activas en la iglesia toda nuestra vida, podemos caer más fácilmente en este engaño. Tal vez jamás hayas pensado en prostituirte, abortar, o llevar una vida homosexual. Puede que nunca hayas dicho malas palabras ni estafado a alguien. A todas luces, pareces "una buena cristiana".

Si empezamos a comparar nuestros pecados con los de otros, podemos fácilmente caer presa de la mentira de que nuestro pecado no es tan malo. Esta es la advertencia del apóstol Pablo:

¿No sabéis que los injustos no heredarán el reino de Dios?
No erréis; ni los fornicarios, ni los idólatras, ni los adúlteros,
ni los afeminados, ni los que se echan con varones,
ni los ladrones, ni los avaros, ni los borrachos, ni los maldicientes,
ni los estafadores, heredarán el reino de Dios.

—1 Corintios 6:9-10

¿Notaste que la maledicencia (injuria) y la avaricia, cosas que pueden no parecernos tan serias, están en la misma lista con los que consideramos pecados "graves" como la inmoralidad, la idolatría, la homosexualidad y la embriaguez?

Nuestros pecados de malgastar el tiempo, proteger nuestros propios intereses, hablar sin freno, comer o beber en exceso, dar rienda suelta a una lengua mordaz o a un espíritu crítico, gastar demasiado, temer y preocuparse, actuar por motivos egoístas, o quejarnos, pueden no parecernos graves. Puede que ni siquiera consideremos que son pecado y preferimos pensar que son debilidades, luchas o rasgos de personalidad.

Hubiera sido fácil para Eva considerar a su pecado de esa manera. Después de todo, ella no abandonó a su esposo, no maldijo a Dios ni negó su existencia. Si piensas en lo sucedido, lo único que ella hizo fue darle un mordisco a un fruto que Dios le había negado.

¿Por qué todo ese alboroto?

Porque Dios dijo: "No", y Eva dijo: "Lo haré".

Ese simple y único hecho de comer algo que Dios había prohibido trajo consecuencias inimaginables en su cuerpo, su mente, su voluntad, sus emociones, su relación con Dios y su matrimonio. Ese "pecadito" inclinó a su esposo a pecar y, como resultado, toda la raza humana se hundió en el pecado. Como sucede cuando se arroja una piedra en una laguna, las ondas causadas por el pecado avanzan en una progresión que se expande.

Debemos comprender que cada pecado es gravísimo y constituye un acto de rebelión y traición infinita. Cada vez que elegimos hacer nuestra propia voluntad en vez de la del Señor, nos rebelamos contra el Dios y Rey del universo.

Como lo expresó Juan Bunyan: "Una sola grieta hundirá al barco, y un solo pecado destruirá al pecador".

Por su parte, Jeremy Taylor, contemporáneo de Bunyan, dijo: "No hay pecado pequeño. Ningún grano de arena resulta pequeño en el mecanismo de un reloj".

Roberto y yo vivimos en una casa que tiene una fachada blanca, o por lo menos eso parece la mayor parte del año. Sin embargo, cuando cae la nieve en invierno mi casa parece de repente sucia y amarilla. Lo que podría parecer "limpio" al compararnos con otros pecadores, en realidad es completamente diferente a la luz de la santidad perfecta de Dios.

La forma de ver la verdad acerca del pecado es verlo a la luz del carácter de Dios. Si contemplamos el resplandor de su inmaculada santidad vemos con toda claridad la fealdad de nuestro pecado.

Los puritanos de los siglos XVII y XVIII eran conocidos por su compromiso con la santidad y la obediencia. En su testimonio visible resultaba difícil hallar falta alguna. La mayoría de las personas no los considerarían pecadores. Sin embargo, sus escritos revelan que *ellos* se consideraban grandes pecadores. Debido a su comunión cercana con Dios lograron cultivar un sentimiento de espanto frente a su pecado sin importar cuán insignificante pudiera parecer a otros. Esta idea salta a la vista en las oraciones que solían hacer:

> Desenmascara delante de mí la fealdad del pecado,
>   permíteme aborrecerlo, repudiarlo y huir de él...
> No me dejes olvidar que la gravedad del pecado
>   no radica tanto en la naturaleza del pecado cometido,
>   sino en la grandeza de Aquel contra quien pequé.[2]

15. *"Dios no puede perdonar lo que he hecho".*

*E*sta mentira, y la anterior, "mi pecado no es tan malo", representan dos lados opuestos del espectro. Si no somos tentadas a creer una, es muy probable que seamos tentadas a creer la otra. Ambas son igualmente engañosas, y ambas conducen a la esclavitud espiritual.

Cada vez que hablo acerca del perdón, algunas mujeres me dicen: "Nunca he podido perdonarme por lo que hice". Es interesante notar que la Biblia no menciona la necesidad de perdonarnos a nosotros mismos. Sin embargo, creo que esa afirmación sugiere en realidad que nunca han logrado *sentirse* perdonadas por lo que hicieron.

Aún cargan con la culpa y la vergüenza por su error. A pesar de que *saben* que Dios puede perdonarlas, en lo profundo de su ser no *creen* que hayan recibido el perdón completo. Les resulta difícil aceptar la misericordia y el perdón divinos. Sienten que para restaurar su comunión con Dios y ganarse su favor deben sumar algún esfuerzo para alcanzar el perdón de sus pecados, algo así como hacer "penitencia" y de algún modo ser lo bastante buenas para resarcir el daño causado.

El problema radica en que toda una vida de "buenas obras" jamás será suficiente para destruir la culpa de un solo pecado cometido contra un Dios santo. Al igual que resulta imposible limpiar una mancha indeleble con un lavado en seco, el pecado produce una mancha que ningún esfuerzo humano puede borrar. Solo hay una "solución" para eliminar la culpa de nuestro pecado:

> ¿Qué me puede dar perdón?
> Solo de Jesús la sangre.
> ¿Y un nuevo corazón?
> Solo de Jesús la sangre.
> Fue el rescate eficaz,
> solo de Jesús la sangre.
> Trajo santidad y paz,
> solo de Jesús la sangre.[3]

La verdad acerca de estas dos mentiras: "En realidad mi pecado no es tan grave" y "Dios no puede perdonar lo que he hecho", fue revelada en el Calvario. En el Salmo 85:10 hay una hermosa descripción del Señor Jesús y de lo que hizo por nosotros en la cruz:

> La misericordia y la verdad se encontraron;
> la justicia y la paz se besaron.

Fue en el Calvario donde la misericordia y el amor de Dios por los pecadores, y la verdad de su indignación santa por el pecado se encontraron. En el Calvario, Dios cargó sobre Jesús el castigo por todos los pecados del mundo. Al mismo tiempo, Él ofreció paz y reconciliación a los pecadores que estaban alejados de Él.

La cruz revela con la mayor severidad lo que Dios piensa del pecado y el pago indescriptible para redimirnos de lo que con ligereza denominamos "flaquezas". Asimismo, la cruz exhibe en toda su intensidad el amor y la misericordia de Dios aun hacia "el peor" de los pecadores (1 Ti. 1:15, NTV).

16. *"No es mi culpa".*

*S*i nos remontamos al huerto de Edén, descubrimos con claridad que esta idea de que no somos responsables por nuestros actos es una de las formas más antiguas de engaño.

Después que Adán y Eva comieron del fruto prohibido, Dios vino para pedirles cuentas de sus actos. (Un tema que se repite a lo largo de las Escrituras es que todos daremos cuenta de nuestros actos ante Dios). Podemos observar que Dios no se dirigió a ellos como una unidad familiar. Él no les preguntó: "¿Qué es lo que han hecho?" (en plural). Tampoco les pidió explicaciones sobre la conducta del otro. No le preguntó a Adán: "¿Qué hizo Eva?", ni le preguntó a Eva: "¿Qué hizo tu esposo?". Se dirigió primero a Adán, luego a Eva, y le preguntó a cada uno de forma individual: "¿Qué es lo que *has* hecho (en singular)?".

La pregunta de Dios para Adán fue específica y directa: "*¿Has comido del árbol de que yo te mandé no comieses?*" (Gn. 3:11). Del mismo modo, le preguntó a Eva: "¿Qué es lo *que has hecho?*" (v. 13). Dios solo pedía que reconocieran la verdad.

En el relato vemos que Adán y Eva decidieron jugar al juego de "echarle la culpa al otro", en vez de asumir cada uno la responsabilidad de sus acciones. Dios le preguntó a Adán: "¿Has comido del árbol?", y la respuesta de Adán fue: "La mujer que me diste por compañera me dio del árbol, y yo comí" (v. 12). La respuesta de Eva fue similar: "La serpiente me engañó, y comí" (v. 13).

En ambos casos, su respuesta era técnicamente acertada. Eva *era* la mujer que Dios le había dado a Adán. Y ella le *había* dado el fruto a su esposo. La serpiente, en efecto, *había* engañado a Eva. Sin embargo, al culparse el uno al otro trataron de minimizar su propia responsabilidad en el asunto.

Dios no les pidió que le dijeran quién les había hecho pecar, sino que asumieran la responsabilidad por sus propias acciones. Sin importar qué los instigó, la decisión de cada uno seguía siendo su responsabilidad personal.

Adán y Eva fueron los primeros, pero definitivamente no fueron los últimos en lo que se ha convertido en un rasgo constante en la humanidad de "echarle la culpa a otro". Todos hemos jugado el juego que comenzó en el huerto. De hecho, somos por naturaleza expertos en ello, como podemos ver en estos testimonios:

Tenía la costumbre de culpar siempre a los demás, a las circunstancias y a Dios. Como resultado, me deshice de toda responsabilidad por mi propia vida, mis pecados y mis decisiones, y terminé en un estado de incapacidad y descontrol.

Solía creer que sufría de depresión crónica porque era una víctima. Cuando empecé a comprender que gran parte de mi depresión se debía a mi decisión de enojarme, comencé a asumir mi responsabilidad frente a mi pecado, y experimenté libertad.

Sostuve una relación indebida con un colega de trabajo. Dependía de él para recibir apoyo emocional y afecto, porque mi esposo tenía secretos conmigo, utilizaba la pornografía y no se interesaba por mí. A mis ojos, su comportamiento me había obligado a buscar aquella relación con otro hombre. Lo que hacía era justificarme y buscar un pretexto para decir que "no era tan malo como lo que él hacía".

Cuando nos sentimos enojadas, ansiosas, fastidiadas, impacientes, o temerosas, nuestra respuesta natural es atribuir al menos parte de la responsabilidad a las personas o las circunstancias que "nos llevaron" a actuar de ese modo.

Nunca olvidaré el testimonio que una mujer de edad madura dio durante una de nuestras conferencias para mujeres que yo lideraba. Se presentó diciendo que durante veintidós años había trabajado como consejera. Las palabras que siguieron fueron directas y penetrantes. Quebrantada dijo: "Quiero arrepentirme delante de ti, Dios mío, y delante de ustedes, mis hermanas, por desviarlas y decirles mentiras, por no animarlas a asumir su responsabilidad personal por sus propias decisiones y sus reacciones frente al comportamiento de los demás. ¡Lo siento!".

Esto no niega ni desconoce las formas como otras personas o las circunstancias nos han podido ofender o herir. Tampoco sugiere que seamos responsables de los pecados ajenos. Solamente quiere decir que no podemos ser verdaderamente libres a menos que reconozcamos humildemente nuestra propia responsabilidad por cualquier pecado que hayamos cometido contra Dios o contra el prójimo.

El enemigo nos dice que, si asumimos toda la responsabilidad de nuestras propias decisiones, seremos atormentadas por una culpa innecesaria. La verdad es que solo si aceptamos toda la responsabilidad de nuestras acciones y actitudes podremos liberarnos por completo de la culpa. Un escritor lo expresó con las siguientes palabras:

> El pecado es la mejor noticia que existe, la mejor noticia que podría haber para nuestra disyuntiva, porque para el pecado existe una salida. Existe la posibilidad de arrepentirse. Es imposible arrepentirse de la confusión o de las faltas psicológicas que nos infligieron nuestros padres; es algo que no puedes cambiar. En cambio, puedes arrepentirte del pecado. El pecado y el arrepentimiento son el único fundamento para la esperanza y el gozo.[4]

17. *"Soy incapaz de vencer con firmeza el pecado".*

*C*ualquier persona que haya sido cristiana durante algunos años podría identificarse con el sentimiento de frustración de "Sandra":

> Hay muchos pecados que controlan mi vida. ¿Será posible liberarme algún día? Siento que soy un caso perdido. Ansío con desesperación deshacerme de estos pecados, pero persisten en dominar mi carne. Me da vergüenza venir delante de Dios con lo mismo una y otra vez. Pensar en todos mis pecados me hace sentir que para mí no hay esperanza. ¿Cómo puedo escapar de esta mentira? Quiero ser transformada.

Estas palabras traen a mi memoria el clamor del apóstol Pablo:

> Así que, queriendo yo hacer el bien, hallo esta ley:
> que el mal está en mí. Porque según el hombre interior,
> me deleito en la ley de Dios; pero veo otra ley en mis miembros,
> que se rebela contra la ley de mi mente, y que me lleva cautivo
> a la ley del pecado que está en mis miembros.
> ¡Miserable de mí! ¿quién me librará de
> este cuerpo de muerte?
>
> —Romanos 7:21-24

Más de la mitad de las mujeres que entrevisté acerca de sus creencias antes de escribir este libro, reconocieron haber caído en esta mentira de que eran incapaces de vivir en una victoria constante sobre el pecado. Es fácil ver cómo esto puede mantener esclavizados a los creyentes.

Como vimos en el pasaje anterior, un verdadero hijo de Dios recibe una nueva naturaleza cuyo deseo es obedecer a Dios. En lo profundo de su ser, todo creyente genuino *quiere* vivir de una manera agradable a Dios (1 Jn. 5:3; 2 Co. 5:9).

Sin embargo, las Escrituras muestran que, pese a haber nacido de nuevo, nuestra "carne" (nuestra inclinación natural) persiste en oponerse al Espíritu de Dios que mora en nosotros.

El Espíritu dice: "Perdona".
La carne dice: "Guarda rencor".

El Espíritu dice: "Ejercita el autocontrol".
La carne dice: "Está bien enfurecerte. Después de todo, necesitas desahogarte".

El Espíritu dice: "Dale ese dinero a alguien necesitado".
La carne dice: "Gasta ese dinero en ti misma".

El Espíritu dice: "Pasa un momento en oración y lectura de la Biblia".
La carne dice: "Tuviste un día largo, mira la televisión hasta la media noche y duerme mañana".

El Espíritu dice: "Controla tu lengua. Lo que piensas decir no es amable, y sobra".

La carne dice: "¡Di lo que piensas sin reservas!".

Cada vez que cedemos a la carne en vez de someternos al Espíritu de Dios, permitimos que el pecado gane terreno en nosotras para dominarnos. Por el contrario, cada vez que obedecemos al Espíritu le permitimos tener una mayor soberanía en nuestra vida.

Si de manera reiterada decidimos obedecer al pecado antes que a Dios, se consolidan hábitos muy difíciles de romper. En ese caso, elegimos vivir como esclavas del pecado. Por un momento procuraremos hacer lo correcto, luego fallamos, para volver a intentarlo y fallar. Entonces el enemigo empieza a convencernos de que nunca podremos cambiar, y que siempre seremos esclavas de ese hábito pecaminoso. Pensamos: *¿Qué importa? ¡Al fin de cuentas volveré a caer! Voy a fracasar por el resto de mi vida en este asunto.* Así que nos damos por vencidas.

¿Qué ha pasado? Hemos creído la mentira de que no podemos vivir en victoria constante sobre el pecado y la tentación. Eso es justo lo que les sucedió a las siguientes mujeres, si bien sus problemas eran diferentes:

Luchaba con una atracción emocional hacia las mujeres, la cual reconocía claramente como algo indebido. Aunque batallaba con toda mi fuerza, mis pensamientos empeoraban. Pensé que era imposible controlar mis pensamientos. Yo sabía que no era pura delante de Dios, pero era incapaz de limpiarme.

Mi mal humor ha estado fuera de control por mucho tiempo. Siento que siempre he estado enojada. Esto es especialmente cierto en mi rol de madre. No puedo recordar la última vez que pasé un día sin gritar a mis hijos. Después de que estallo, veo sus rostros aterrorizados en mi mente, y siento mucha vergüenza y culpa, pero siento que está fuera de mis posibilidades cambiar.

*He sido esclava de la comida durante años. Lucho con eso todos
los días.* Todo el tiempo siento que me resulta imposible cambiar
y que nunca tendré la victoria. *En algunos instantes logro mejorar, pero las mentiras vuelven y me destruyen.*

Recuerda que nuestras creencias determinan nuestra manera de vivir.
Si *creemos* que vamos a pecar, *pecaremos.* Si *creemos* que nos tocó vivir en
esclavitud, *así será.* Si *creemos* que es imposible vivir victoriosas, *nunca*
lograremos vencer.

La segunda mujer y la tercera también, cuyas historias acabo de citar,
tienen toda la razón al sentir que "está fuera de mis posibilidades cambiar". Por extraño que parezca, darse cuenta de esto es en realidad un
gran paso para poder experimentar victoria sobre el pecado.

La verdad es que tú y yo somos incapaces de cambiar nuestra propia vida,
pues así lo declaró Jesús: "separados de mí nada podéis hacer" (Jn. 15:5).

Entonces, ¿qué debemos hacer? ¿Cómo podemos librarnos de un
hábito pecaminoso?

Es la verdad la que nos hace libres. Y la verdad es que gracias a la
obra consumada de Cristo en la cruz podemos vivir en victoria sobre el
pecado. Satanás ya no es nuestro dueño, y ya no tenemos que vivir como
esclavas del pecado.

Eso significa (prepárate...) ¡que *tú no tienes que pecar más!*

Ahora, antes de que pienses que perdí los estribos... eso no significa
que *no vuelvas* a pecar. Mientras sigas en esta tierra estarás sujeta a las
tentaciones del diablo, del mundo, y de lo que queda de pecado en tu
carne. Pero si estás en Cristo,

- eres una nueva criatura.

- estás bajo una nueva administración.

- no tienes obligación alguna de ceder a la tentación.

- has sido liberada para amar, seguir y obedecer a tu nuevo Amo.

Si estás en Cristo, la verdad es que:

libertados del pecado, vinisteis a ser siervos de la justicia...
Porque la ley del Espíritu de vida en Cristo Jesús me ha
librado de la ley del pecado y de la muerte.

—Romanos 6:18, 8:2

BUENAS NOTICIAS PARA PECADORES

Como hemos visto, Satanás le prometió a Eva que después de comer del fruto prohibido sus ojos serían abiertos, y que sería como Dios, sabiendo el bien y el mal. Sin embargo, esto es lo que ocurrió en el instante en que comió:

- quedó espiritualmente ciega, incapaz de ver la verdad.

- la imagen de Dios en ella quedó arruinada, y ella adoptó una naturaleza pecaminosa tan opuesta a la de Dios como lo son las tinieblas de la luz.

- en efecto, obtuvo conocimiento del mal (algo que Dios nunca dispuso para ella). Su comunión con Dios se rompió y le fue imposible ser justa.

Del mismo modo, cada hombre y cada mujer ha nacido desde ese día bajo las mismas condiciones impuestas por la caída: ciegos a lo espiritual, pecadores, separados de Dios, e incapaces de hacer lo que le agrada. Por causa de nuestro pecado, todos estamos bajo el justo juicio de Dios.

Las buenas noticias, el evangelio, son que Jesús vino a esta tierra y tomó sobre sí el castigo que merecía todo el pecado de Eva y todo nuestro pecado, de modo que sus consecuencias devastadoras pudieran ser anuladas. Gracias a su vida sin pecado, su muerte en el Calvario en la que tomó el lugar del pecador y su resurrección victoriosa, podemos ser perdonados de todos nuestros pecados y reconciliarnos con Dios a pesar de haberlo ofendido. También recibimos el poder para llevar una vida santa.

El perdón y el privilegio de estar delante de un Dios santo no se reciben por haber nacido en un hogar cristiano, crecer en la iglesia, bautizarse, confirmarse, hacer buenas obras, atender al llamado en un altar, vivir una experiencia emocional, rezar una oración o participar en la iglesia. No somos salvos del pecado por confiar en obra o mérito alguno nuestro. El único medio para la salvación eterna es confiar en lo que Jesús hizo por nosotros en la cruz al morir en nuestro lugar.

He conocido mujeres que vivían atormentadas por dudas acerca de su salvación. Varias razones explicaban dichas dudas. Sin embargo, en algunos casos creo que las personas carecen de seguridad y de paz porque nunca se han arrepentido realmente de su pecado ni han puesto su fe solamente en Cristo para que las salve. Puede que sean religiosas, puede que conozcan todas las respuestas correctas, pero nunca han sido justificadas.

Querida amiga, ¿cuál es tu situación? El enemigo quiere mantenerte cautiva del temor, la duda y la culpa. Dios quiere que tú camines en libertad, en fe y en la seguridad del perdón. Sin importar cuán "buena" seas, solo la fe en Cristo te justifica delante de Dios. Tampoco importa cuán pecadora hayas sido, porque su gracia te basta. Por medio de la muerte de Cristo, Dios proveyó la única solución para tu pecado.

Si nunca antes has enfrentado así el problema del pecado, si no estás segura de que eres hija de Dios, te invito a hacer una pausa y arreglar el asunto antes de pasar al siguiente capítulo. No permitas que el enemigo te ciegue ni te mantenga cautiva por más tiempo. Tu destino eterno está en juego.

Reconoce ante Dios que has pecado contra su ley, y que eres incapaz de salvarte a ti misma. Dale gracias por enviar a Jesús a fin de pagar mediante su muerte la pena que tú merecías por tu pecado. Por la fe, cree que Cristo te ha salvado y recibe su don gratuito de la vida. Dile a Dios que deseas apartarte del pecado, depositar toda tu confianza solo en Cristo, y que Él sea el Señor de tu vida. En seguida, dale gracias por perdonar tu pecado, dale gracias por el don de su Espíritu que ha venido a morar en ti y que te ayudará a caminar en victoria sobre el pecado conforme te sometes a Él.

A la luz de la situación en la que Dios nos encontró, y de lo que Él ha hecho por nosotras, y sin importar si acabas de convertirte en hija de Dios o has pertenecido a su familia desde hace muchos años, esta oración puritana debe ser el clamor de nuestro corazón hasta el día que estemos cara a cara con Jesús:

> Concédeme jamás perder de vista
>> la suma vileza del pecado,
>> la suma justicia de la salvación,
>> la suma gloria de Cristo,
>> la suma belleza de la santidad,
>> la suma grandeza de la gracia.[5]

LA MENTIRA	13. Puedo pecar y quedar impune.
LA VERDAD	• Las decisiones que tomo hoy tendrán consecuencias futuras. Voy a cosechar lo que siembro. Génesis 3:4-5; Gálatas 6:7-8 • Los placeres del pecado son pasajeros. Hebreos 11:25 • El pecado cobra un precio devastador. No hay excepciones. Salmo 10:6, 11, 13 • Si juego con fuego voy a quemarme. No podré escapar de las consecuencias de mi pecado. Salmo 32:1-5; Eclesiastés 8:12; 12:13-14; Santiago 1:13-15
LA MENTIRA	14. En realidad, mi pecado no es tan malo.
LA VERDAD	• Todo acto pecaminoso es un acto de rebelión contra Dios. Romanos 5:6-7, 10; 1 Juan 1:5-10 • No hay pecado pequeño. Proverbios 5:21; 20:27; Habacuc 1:13; Romanos 6:23; Gálatas 5:19-21; Santiago 5:19-20
LA MENTIRA	15. Dios no puede perdonar lo que he hecho.
LA VERDAD	• La sangre de Jesús es suficiente para limpiar todos mis pecados. 1 Juan 1:7 • No existe un pecado tan grande que Dios no pueda perdonar. Salmos 85:10; 130:3-4

- La gracia de Dios sobrepasa cualquier pecado que podría cometerse.
  Romanos 3:24-25; 6:11-14

LA MENTIRA | **16. No es mi culpa.**

LA VERDAD
- Dios no me hace responsable de las acciones de otros.
  Génesis 3:11-13; Ezequiel 18:19-22
- Soy la única responsable de mis propias decisiones.
  Salmo 51:1-10; Filipenses 4:8-9; Colosenses 3:1-17

LA MENTIRA | **17. Soy incapaz de vencer con firmeza el pecado.**

LA VERDAD
- Si soy hija de Dios no estoy obligada a pecar.
  Romanos 6:14
- No soy esclava del pecado. Por medio de Cristo fui liberada del pecado.
  Juan 8:31-32, 36; 14:6; Romanos 6:6-7; Gálatas 5:1; Hebreos 10:10
- Por la gracia de Dios y mediante la obra consumada de Cristo en la cruz, puedo tener victoria sobre el pecado.
  Juan 15:5; 1 Corintios 6:9-11; Gálatas 2:20; 5:22-25

CAPÍTULO CINCO

MENTIRAS QUE LAS MUJERES CREEN… ACERCA DE LAS
prioridades

¡Vaya! La vida en estos días es como un torbellino. Han pasado meses desde que me senté a plasmar mis ideas en el papel. Casi ni hemos tenido tiempo para respirar en estos días. Los niños son muy activos. Me da la impresión de que vivo persiguiéndolos y limpiando todo lo que dejan tirado. ¡Es increíble lo rápido que desordenan todo! Crecen tan rápido que cuando menos lo pensemos ya se habrán marchado. No quiero desaprovechar la oportunidad mientras son pequeños para jugar con ellos, disfrutar de su compañía y enseñarles lo que en realidad importa en la vida.

Es temporada de cosecha, que siempre ha sido la de mayor ocupación para Adán. Ha sido difícil vernos en estos días. Quisiera que pasáramos más tiempo para hablar sobre nosotros, sobre los niños, sobre nuestro futuro.

Con todo lo que hay por hacer aquí, no hemos tenido tiempo para caminar juntos y hablar con Dios como antes. Las cosas eran mucho más fáciles antes de tener a los niños. Las horas del día no alcanzan para tantas cosas. En la noche caigo exhausta en mi cama y me levanto al día siguiente para continuar la misma rutina… día tras día tras día…

Ya vimos las tres áreas que, en mi opinión, son las tres áreas fundamentales y universales de engaño que son motivo de tropiezo para las mujeres: lo que creemos acerca de Dios, lo que creemos acerca de nosotras mismas, y lo que creemos acerca del pecado. Estas determinan en gran medida nuestras creencias acerca de todo lo demás. Si fuimos engañadas en esas áreas, es mucho más probable que lo seamos en otras.

En los capítulos siguientes, estudiaremos diversos aspectos de la vida práctica en los que somos susceptibles de ser engañadas, y comenzaremos con el tema de las prioridades. Tal vez hayas visto el siguiente meme:

Soy mujer.
Soy invencible.
Estoy cansada.

El texto, basado en una canción de la década de los años 70 compuesta por Helen Reddy, ganadora de un premio Grammy, tenía la intención de hacer reír. No obstante, también ilustra un poco las luchas de la mujer para mantener en equilibrio el sinnúmero de exigencias y responsabilidades propias de cada etapa de su vida.

La mayoría de mujeres que conozco no se sienten invencibles, pero *sí* cansadas. Cualquiera sea su edad, se sienten estresadas y presionadas por intentar manejar las múltiples facetas de su vida y equilibrar sus diversas responsabilidades.

Estas frustraciones se avivan con las numerosas mentiras que el enemigo ha sembrado en nuestra mentalidad individual y colectiva. Mentiras como...

18. *"No tengo tiempo para cumplir con todas mis obligaciones".*

Esta es una creencia con la que batallo continuamente. Y de lejos fue la mentira número uno que reportaron las mujeres que respondieron mi encuesta.

No me sorprendió el resultado. Después de todo, si le preguntamos hoy a una mujer "¿Cómo estás?", es probable que su respuesta sea un suspiro o un gemido seguido de expresiones como:

• "¡Estoy demasiado ocupada!".

- "¡Han pasado tantas cosas en nuestra familia!".
- "¡No puedo cumplir con tantos quehaceres!".
- "¡Estoy agotada!".

A menudo, nos sentimos abrumadas por lo mucho que tenemos que hacer y el poco tiempo que tenemos para hacerlo. Como resultado, muchas de nosotras vivimos sin darnos un respiro, agotadas y desanimadas. Las redes sociales alimentan esta mentira. Después de revisar tu Facebook, puede que sientas que deberías adoptar hijos, remodelar tu cocina, hacer manualidades con tus hijos todos los días, cocinar juntos, comer todos los alimentos orgánicos, tomar frecuentes vacaciones, criar a tus hijos de otra manera, y garantizar que participen en cuanta actividad sea posible para evitar que pasen por alto su llamado en la vida.

Hace algunos años, leí que, en la actualidad, la mujer promedio cuenta con artefactos y equipos ahorradores de tiempo que equivalen a *cincuenta* sirvientes de tiempo completo. Es cierto que contamos con muchas comodidades que las mujeres de las generaciones pasadas jamás soñaron tener. Imagínate volver a la época en la que no había lavavajillas, hornos microondas, lavadoras, secadoras, compras por Internet y envío gratuito. O la época en la que se desconocían la electricidad o las tuberías.

Recuerdo que de niña asistí a una exposición en la feria mundial que intentaba dar una idea de lo que sería el "estilo de vida del futuro". Artefactos electrónicos de alta tecnología realizaban todo tipo de tareas domésticas, facilitando así a las personas tomar un descanso o invertir su tiempo en cosas más "importantes". Pues bien, ya estamos en el futuro. Contamos con aparatos que ni la mente más imaginativa hubiera soñado en los tiempos de mi niñez. Entonces, ¿por qué nuestra vida se hunde como nunca en el afán y la ansiedad? ¿Por qué es tan estresante?

Existen probablemente varias explicaciones para esto. Sin embargo, una razón es que hemos aceptado la mentira de que no tenemos tiempo para hacer todo lo que deberíamos hacer.

El hecho es que, en realidad, cada una de nosotras no tiene ni más ni menos tiempo que cualquier otro ser humano haya tenido en cualquier época. Nadie, sin importar su posición o sus responsabilidades, ha tenido más de 24 horas en un día (está bien, sucedió una sola vez... ver Josué 10:13), 168 horas en una semana y 52 semanas en un año.

De hecho, el mismo Señor Jesús solo vivió unos pocos años en la tierra para cumplir con todo el plan de redención. ¡Ni hablar de semejante responsabilidad! Con todo, al final de su vida, Jesús pudo levantar sus ojos al Padre y decir: "Yo te he glorificado en la tierra; he *acabado* la obra que me diste que hiciese" (Jn. 17:4).

Eso me parece en verdad asombroso. Muy raras veces puedo decir al final del día que completé el trabajo que me había propuesto. Por el contrario, muchas veces me acuesto con una larga lista en mi mente de todas las actividades que no logré terminar en el plazo señalado.

¿Cómo pudo Jesús acabar la obra de su vida en tan poco tiempo? Jesús mismo nos da la clave, y es una poderosa verdad que nos libera de la esclavitud a tantos afanes y frustraciones que resultan de nuestras múltiples ocupaciones. Mira con atención en qué consistía la obra que Jesús terminó en sus treinta y tres años sobre la tierra: "he acabado la obra *que me diste que hiciese*" (Jn. 17:4).

Allí está el secreto. Jesús no terminó todo lo que sus discípulos querían que hiciera. (¡Algunos esperaban que derrocara al gobierno romano!) Tampoco cumplió con todo lo que las multitudes esperaban de Él. (Aún había personas enfermas, solas y agonizantes). Lo que sí acabó fue la obra que *Dios* le encomendó.

¿MI AGENDA O LA DE DIOS?

Raras veces tengo el tiempo suficiente en un día de veinticuatro horas para hacer todo lo que yo misma me impongo en una lista. Y nunca alcanza el tiempo para hacer todo lo que *otros* esperan que haga con mi vida. No puedo reunirme con cada persona que quiere tomarse una taza de café, ni aconsejar a cada persona que tiene una necesidad, ni emprender cada proyecto que otros me animan a hacer, ni leer todos los textos, correos electrónicos o llamadas "urgentes", ni leer todos los libros que me recomiendan, ni estar en contacto permanente con mis amigos y familiares, ni mantenerme actualizada de todo lo que se dice en las redes sociales, ni mantener cada habitación de mi casa en perfecto orden para recibir invitados, ni invitar grupos numerosos a cenar. Es físicamente imposible.

¡Qué alivio es pensar que *no me corresponde hacer todo eso*!

La verdad es que mi única obligación es llevar a cabo la obra que Dios me ha asignado. ¡Qué gran libertad hay en aceptar *que tengo el tiempo necesario para cumplir con lo que Dios me asigna en un día, en una semana y durante toda mi vida*!

La frustración siempre resulta de asumir responsabilidades que no están en la agenda de Dios para mí. Cada vez que hago mi propia agenda o permito que otros decidan mis prioridades, en vez de meditar y discernir lo que Dios quiere que haga, termino sofocada por una cantidad de proyectos inconclusos, mediocres y relegados. Esto me lleva a vivir con culpa, frustración y afán, en vez de disfrutar la vida ordenada y apacible que Dios tiene para mí.

Ahora bien, si apenas te mantienes a flote con el cuidado de tus hijos pequeños, cuatro abuelos ancianos, o quizás a duras penas manejas varios empleos de tiempo parcial para poder pagar tus cuentas, puede que una vida en paz y en orden te parezca algo inalcanzable. Lo entiendo muy bien. Y no digo que todo vaya a verse bien y organizado siempre en los confines de tu casa. Lo que quiero decir es que, sin importar cuáles sean tus circunstancias, hay tiempo para que puedas llevar a cabo la tarea que Dios te asigna cada día.

Es importante recordar que la lista de tareas de Dios para tu vida no es la misma para todas las personas. Jesús dijo: "he acabado la obra *que me* diste que hiciese", y no "la obra que diste a Pedro, o a Juan, o a mi madre". La obra que Dios tiene para mí no es la misma que tiene para ti, o para tus amigos o colegas de trabajo. Y lo que Dios te ha llamado a hacer como madre de tres niños pequeños, no incluye las mismas "funciones" que Él tiene para tu esposo, para una joven soltera, o una madre cuyos hijos ya han dejado el hogar.

Además, las tareas que Dios me encomienda hoy en tanto que mujer en mis sesenta no son las mismas que me dio cuando estaba en la veintena, ni lo que tiene preparado para mí cuando sea una anciana. Nuestras vidas pasan por etapas diferentes, y la agenda de Dios para nosotras varía según la etapa en la cual nos permite vivir.

HAY QUE ACEPTAR LAS LIMITACIONES

Hay otra mentira que hemos creído. En un sentido, es la mentira opuesta a la que no tenemos suficiente tiempo para hacer todo lo que "se espera" de nosotras. Consiste en creer que *"puedo hacerlo todo"*.

Puede ser que hayas sentido la presión de ser una esposa y madre ideal, de mantener la casa limpia y organizada, preparar comidas saludables para la familia, supervisar la educación de tus hijos, participar en la iglesia y en la comunidad, mantenerte en forma, actualizar tu perfil en las redes sociales y mantenerte al tanto de los acontecimientos, así como tener un trabajo de tiempo completo. Y no solamente las esposas y las madres tienen estas presiones. Yo fui soltera hasta los cincuenta y siete años y, con frecuencia, me resultó difícil mantenerme a flote del sin fin de responsabilidades ministeriales, el cuidado de las relaciones familiares y las amistades, el mantenimiento de mi casa, recibir invitados en casa, comer saludable y hacer ejercicio, y tener espacio para respirar.

Las mujeres que de manera desapercibida creen que están obligadas a "hacerlo todo" perfectamente para cumplir con todo tipo de exigencias y expectativas, terminarán exhaustas y sobrecargadas por todo lo que se reclama de su tiempo. La verdad es que ninguna mujer puede hacer todo de manera eficaz. Tarde o temprano algo (o alguien) sufrirá.

La frustración es el resultado del intento por cumplir con responsabilidades que Dios nunca se propuso asignarnos. En cambio, si buscamos discernir las prioridades de Dios para cada momento de la vida y luego nos proponemos cumplirlas con la ayuda de su Espíritu, conscientes de que Él provee todo el tiempo y la capacidad necesarios para cumplir con *su* llamado divino, gozaremos de la libertad, el gozo y los frutos de nuestra labor.

Los testimonios que presento a continuación ilustran la esclavitud causada por las mentiras que creemos acerca de las prioridades y del tiempo, y cómo la verdad tiene el poder para hacernos libres:

> No lograba cumplir con todas mis obligaciones, y llegué a sentirme angustiada y desesperada porque mi casa estaba siempre en desorden y mis hijos se portaban muy mal.

Tan pronto comprendí que tengo el tiempo suficiente para hacer lo que Dios me ha encomendado, debí confesar que antes intentaba hacer cosas que Él no me había mandado. He comenzado a descartar cosas en mi vida a medida que descubro lo que no corresponde y lo que puedo delegar. También he aprendido a comunicarme con mi esposo acerca de las cosas que no son relevantes para él y yo puedo pasar por alto, mientras me concentro en las que sí le importan. No es un proceso sencillo, pero he logrado simplificar un poco mi vida, y espero que mi entusiasmo aumente a medida que progreso, hasta que logre organizar mi vida y ser libre para hacer lo que Dios me ha confiado.

Creía que era mi obligación servir a la iglesia en todo lo que se requería. Si observaba algún asunto pendiente, me sentía impelida a hacerlo. Como resultado, me excedí en actividades para la iglesia casi todos los días de la semana. Sentía que yo era la única que podía hacer todo eso.

Después de caer en el agotamiento total, mi pastor pudo ayudarme a ver que no era mi obligación hacerlo todo, sino solo aquello que el Padre me había asignado. Aún sirvo en la iglesia, pero solo hago lo que con certeza es la voluntad de Dios para mí. Aprendí a rechazar ofrecimientos que no se ajustan al llamado de Dios para mi vida. Dios me liberó de la esclavitud del activismo, y me permitió ser verdaderamente su sierva.

19. *"Puedo arreglármelas sin consagrar tiempo a la oración y el estudio de la Palabra".*

A diferencia de la mentira anterior, pocas haríamos una afirmación como esta en voz alta. Sin embargo, la mitad de las mujeres a las que encuesté para este libro confesaron que vivían como si creyeran eso.

La esencia de esta mentira consiste en creer que podemos vivir en independencia de Dios. Al enemigo no le importa que creamos en Dios, que hayamos memorizado muchos pasajes de las Escrituras, o que llenemos nuestra agenda con actividades espirituales, siempre y cuando él pueda llevarnos a vivir en nuestras propias fuerzas en lugar de vivir en dependencia del poder del Espíritu Santo.

Si puede empujarnos a vivir la vida cristiana sin cultivar una relación íntima con Jesús, él sabe que no tendremos fuerza espiritual y seremos derrotadas. Si logra ocuparnos en miles de cosas "para Dios" sin buscar su voluntad en su Palabra y en oración, es posible que levantemos mucho polvo religioso pero no infligiremos daño alguno al reino de Satanás. Si logra convencernos de actuar según nuestros propios razonamientos e ideas en vez de buscar la sabiduría divina, sabe que tarde o temprano seremos arrastradas por la ideología destructiva del mundo.

Cuando nuestra vida no está anclada en Cristo y en su Palabra, nos volvemos susceptibles al engaño en cada área de nuestra vida. "Hilda" contó el efecto de esta mentira en su vida práctica:

Siempre que consagro tiempo a la Palabra y a la oración, mi vida cotidiana transcurre con gran calma, aun con mis tres niños menores de cinco años. De repente, comienzo a sentirme confiada y me considero una mujer tan capaz que dejo de lado esa prioridad. En un abrir y cerrar de ojos, mi vida es un caos. Llego a gritar a mis hijos y casi los maltrato, y me pregunto cómo pude terminar así. Me pregunto: ¿Qué puedo hacer para arreglar mi situación? Es triste admitir que tardo en reconocer mi necesidad de Dios. Las mentiras de Satanás entran con tanto sigilo que, si no permanezco asida a la Palabra, comienzo a creerlas.

El rey David es un ejemplo excelente de la necesidad de buscar al Señor. En el Antiguo Testamento se dice seis veces que David "consultó a Jehová" (1 S. 23:2, 4; 2 S. 2:1; 5:19, 23). Él sabía que nada podía hacer sin Dios. De hecho, lo primero que David hacía cada mañana antes de comenzar el día, era buscar al Señor en oración:

Oh Jehová, de mañana oirás mi voz;
de mañana me presentaré delante de ti, y esperaré.
Me anticipé al alba, y clamé; esperé en tu palabra.

—Salmos 5:3; 119:147

En otro salmo, David llegó incluso a afirmar que, de sus múltiples responsabilidades, relaciones y oportunidades como rey de Israel, *una cosa* le importaba más que todo lo demás, y era buscar y conocer a Dios:

Una cosa he demandado a Jehová,
ésta buscaré;
que esté yo en la casa de Jehová
todos los días de mi vida,
para contemplar la hermosura de Jehová,
y para inquirir en su templo.

—Salmo 27:4

Sé muy bien lo que significa que las tareas cotidianas desplacen la única cosa que David deseaba por encima de todo. Algunos días, desde temprano en la mañana hasta tarde en la noche, pareciera que no hay un solo instante libre. Frances Ridley Havergal, la autora británica de himnos de mediados del siglo XIX, reconoció que en esto hay implícita una batalla espiritual: "Al diablo le encanta convencernos de que apenas si tenemos tiempo para comer cuando se trata de hacer un estudio bíblico. ¡Nunca dice tal cosa cuando tenemos una novela o una revista en la mano!".[1]

Si Frances viviera hoy, habría incluido las redes sociales y Netflix en la lista de cosas para las cuales de algún modo encontramos tiempo, cuando nos resulta difícil acomodar tiempo de lectura y meditación de las Escrituras. Sus palabras nos recuerdan que, si pasamos por alto lo último, nos perdemos precisamente del deleite y la plenitud que buscamos en los afanes y placeres terrenales que nunca pueden satisfacer verdaderamente nuestra alma.

El Salmo 132 revela la determinación y las ansias con que David se dispuso a edificar un templo para el Señor:

No daré sueño a mis ojos,
ni a mis párpados adormecimiento,
hasta que halle lugar para Jehová,
morada para el fuerte de Jacob.

—Salmo 132:4-5

Qué maravilloso reto podemos encontrar en este pasaje: asegurarnos de que cada día, antes de descansar nuestra cabeza sobre la almohada, hayamos dedicado tiempo para encontrar "lugar para Jehová" en nuestro corazón.

Sé lo importante y vital que es pasar tiempo a solas con Dios a través del estudio de su Palabra y de la oración diaria. Incluso escribí un libro acerca de este tema.[2] Tanto mi padre como mi esposo han sido un ejemplo increíble de buscar al Señor primero en la mañana. (Robert dice a menudo: "El trono antes que el teléfono"). Sin embargo, debo confesar que con demasiada frecuencia me doy cuenta de que presto mayor atención a los detalles y quehaceres del día sin apartar primero el tiempo suficiente para "consultar" al Señor. Cada vez que esto ocurre, lo que en realidad quiero decir (aunque nunca me atrevería a decirlo) es que puedo manejar todo sola, y prescindir de la sabiduría, la gracia y la presencia de Dios. El mensaje que transmito es que puedo hacer mi trabajo, cuidar mi casa, manejar mis relaciones y enfrentar mis circunstancias sin Él.

Esa actitud independiente y autosuficiente denota orgullo. Las Escrituras enseñan que: "Dios resiste a los soberbios" (Stg. 4:6). Si yo vivo con orgullo, debo alistarme para que Dios se resista a mí y mis planes.

Algunas veces me da la impresión de que Dios me dice: "¿Quieres enfrentar este día sola? Adelante, hazlo". Y, ¿cuál es el resultado? En el mejor de los casos será un día vacío, estéril y enfocado en mí misma. En el peor de los casos, todo es un desastre.

Por otro lado, Santiago 4:6 dice que Dios "da gracia a los humildes". Cada vez que comienzo mi día humillándome delante de Dios, reconociendo que no puedo vivir en mis fuerzas y que *necesito* de Él, tengo su divino auxilio para sustentarme a lo largo del día.

Si no permanecemos en Cristo, viviendo en una unión consciente y en dependencia de Él, *no podemos hacer nada que tenga valor espiritual o eterno.* Claro que podemos involucrarnos en montones de actividades y tomar muchas decisiones, pero terminaremos sin algo de valor verdadero que mostrar de nuestra vida.

La verdad es que *es imposible para nosotras ser las mujeres que Él dispuso que seamos si no consagramos tiempo a diario para cultivar una relación con Él a través de la Palabra y la oración.*

20. "Mi trabajo en casa no es tan importante como el trabajo o las otras actividades que hago por fuera".

A dán y Eva tenían un hogar perfecto en Edén, y un matrimonio unido antes de la caída. Sin embargo, su "hogar dulce hogar" no logró hacerlos "felices para siempre". Como consecuencia de su pecado, fueron expulsados del lugar que Dios amorosamente había creado para ellos. Y, desde entonces, en un intento por arruinar el plan amoroso y bueno de Dios, Satanás ha buscado robarnos las bendiciones que son la familia y el hogar.

He escuchado que se dice que el verdadero hogar es donde está nuestro corazón. Pero, por desdicha, muchas veces nuestros corazones se inclinan a cualquier otra parte menos hacia el hogar.

> *Para mí, todo este asunto de la familia está sobrevalorado. Eso de tener una familia y tener hijos está pasado de moda. Las mujeres también deben tener una carrera. (Jovencita de quince años en un grupo de estudio de Mentiras que las mujeres creen).*

> *Amo a mi esposo. Amo a mis hijos. Pero, al final del día, no me queda nada más qué darles. Cuando ya he terminado el trabajo de toda la jornada, he servido la cena a mis padres ya mayores y llevo a los niños al entrenamiento de fútbol, a la clase de banda y de piano, quedo agotada. Noche tras noche terminamos*

*comprando la cena en un restaurante por ventanilla y comemos
en el sofá mientras vemos cualquier cosa en la televisión. Quiero
invertir más en mi familia, ¡pero no sé cómo!*

El ritmo de la vida moderna ha propiciado hogares que no son más que estructuras físicas donde la gente estaciona su cuerpo en la noche, toma su ducha en la mañana, y luego se dispersa en cien direcciones diferentes para empezar su día.[3] En lugar de ser el epicentro para cultivar la vida familiar, las relaciones y el servicio fructífero, el hogar se ha convertido en el lugar donde se almacenan las herramientas (zapatos de fútbol, portacomidas, aparatos electrónicos) para las muchas actividades que ocurren *por fuera* de las paredes de nuestras casas. Como hemos buscado identificar mentiras y reemplazarlas con la verdad de Dios, hemos visto que la *norma* no es necesariamente lo *mejor* para nosotras o para nuestros seres queridos.

Uno de mis pasajes favoritos de la Palabra de Dios se encuentra en Tito 2, un llamado a los seguidores de Cristo de todas las épocas y de todas las culturas. Es práctico y no pierde vigencia.

Pablo escribió estas palabras a Tito, el joven pastor de una exitosa iglesia que había sido fundada en la isla de Creta. Había falsos maestros que surgieron en la iglesia y que promovían enseñanzas contrarias a la Palabra de Dios. El mismo enemigo que mintió a Adán y a Eva en el huerto, estaba mintiendo a esta nueva congregación de creyentes. Para poder manejar esta situación, Tito necesitaba un plan de acción. Y esto le dijo Pablo, bajo la inspiración del Espíritu Santo:

> Pero tú habla lo que está de acuerdo con la sana doctrina...
>
> Las ancianas asimismo sean reverentes en su porte;
> no calumniadoras, no esclavas del vino, maestras del bien;
> que enseñen a las mujeres jóvenes a amar
> a sus maridos y a sus hijos,
> a ser prudentes, castas, cuidadosas de su casa, buenas, sujetas
> a sus maridos, para que la palabra de Dios no sea blasfemada.
>
> —Tito 2:1-5

El plan de acción de Pablo para Tito nos da las herramientas para combatir las mentiras en nuestra vida y en la iglesia. Necesitamos sana doctrina. Necesitamos personas ejemplares, y un discipulado intergeneracional bien organizado. Además, necesitamos hogares donde el evangelio sea evidente a los ojos de los demás.

Ahora bien, puede ser que tu hogar no te parezca una plataforma muy estratégica. De hecho, puede parecer más un desorden que un ministerio misionero. Tal vez tu casa sea un desorden en sentido literal, lleno de evidencias de los "primeros años": pañales, ropita de bebé, juguetes, sillas infantiles para comer y para el auto. Si tienes una casa llena de adolescentes, puede que por doquier encuentres un "desorden" de uniformes deportivos, tareas en progreso, o restos de bocadillos en la cocina. O tal vez tu casa serviría para ser fotografiada y exhibida en Pinterest, pero en realidad es un lugar donde hay relaciones en desorden, caracterizadas por las heridas, el descuido, e incluso la hostilidad abierta.

Tito 2 es un mensaje para esta caótica realidad, y nos recuerda que el hogar no es una opción adicional para nuestra vida "espiritual". Pablo describe cómo las mujeres cristianas deben vivir conforme al evangelio y la verdad de Dios (lo que también se conoce como "sana doctrina"), y les recuerda que su fe debe ser evidente en sus *hogares*.

Puede que conozcamos la Palabra de Dios de arriba abajo. Puede que nunca perdamos un solo estudio bíblico o reunión semanal. Puede que seamos las primeras voluntarias para cada necesidad en la iglesia. Pero, si no demostramos *autocontrol* en casa, si nuestros hijos o nuestros esposos (o compañeras de habitación, vecinos o huéspedes) no nos describirían como *amables*, si nuestra forma de relajarnos es leer literatura erótica (que no es precisamente entrenamiento *puro*), entonces algo está fuera de lugar. Nada revela mejor el fruto de las mentiras como la vida al interior de los muros de nuestra casa.

El amor, el autocontrol, la pureza, la amabilidad, la sumisión... Tito 2 dice que las mujeres cristianas deben sobresalir en estas cualidades, en especial en sus hogares. Esto nos lleva a una cualidad adicional que Pablo incluye en este pasaje: *"Cuidadosas de su casa"* (v. 5). ¿Qué debemos entender con eso? ¿Quiere decir, como algunos han sugerido, que Dios solo esperaba esto de las mujeres del primer siglo y que no espera que en nuestra época lo pongamos en práctica? ¿Era Pablo un machista sin remedio, como otros aseguran?

He hablado más en detalle acerca de este concepto de ser "cuidadosas de su casa" o del trabajo en el hogar en mi libro sobre Tito 2 (*Adornadas: Viviendo juntas la belleza del evangelio*). Para resumirlo en unos pocos puntos, examinando esta instrucción a la luz de las Escrituras como un todo, estas son algunas cosas a las que *no* se refería Pablo:

- No quiere decir que las mujeres *solo* deban trabajar en la casa, ni que nuestras casas exijan nuestro cuidado y atención las veinticuatro horas del día.

- No sugiere que seamos las únicas responsables de hacer todo el trabajo que hay que hacer en el hogar. A Adán se le ordenó "labrar y guardar" el huerto del hogar de la primera pareja, junto con su esposa (Gn. 2:15). Los esposos, los hijos, y otras personas deben ayudar en el cuidado del hogar como corresponde.

- No nos prohíbe trabajar por fuera del hogar. Cuando Pablo se dirigió a las viudas en 1 Timoteo 5:9-10, hizo énfasis en las buenas obras de las viudas hacia las personas por fuera de su familia.

- No nos prohíbe recibir una compensación financiera por ese trabajo. Lidia era "vendedora de púrpura" que "adoraba a Dios" (Hch. 16:14). Priscila manejaba una fábrica de tiendas junto con su esposo Aquila (Hch. 18:1-3), y ella era una gran bendición para Pablo y su ministerio.

- No insinúa que las mujeres no tengan un lugar en la esfera pública o que no deban aportar a nuestra iglesia, comunidad, o cultura.

¿Qué *significa* entonces esta expresión? Para empezar, es un recordatorio de que nuestros hogares son importantes. No podemos separar la vida del hogar de nuestra vida cristiana. Los hogares cristianos son vitales para glorificar a Dios y para promover el avance de su misión en el mundo.

Ahora bien, nuestros hogares no tienen una importancia *suprema*. No son museos u objetos de colección para ser exhibidos al público, y definitivamente no son ídolos para ser adorados. Sin embargo, el trabajo que las mujeres (en especial las "jóvenes" en sus años de crianza) hacen en sus hogares es una manera importante de servir y bendecir a otros, y apoyar el avance del reino de Cristo.

El trabajo que hacemos en casa tiene un valor eterno. El Espíritu Santo, por medio del apóstol Pablo, nos insta a no descuidar nuestros hogares, a no perder la oportunidad de usarlos como plataforma para guiar a otros a la belleza de Cristo y del evangelio.

Cuando creemos la mentira de que el trabajo de curaduría del hogar es de alguna manera un llamado "inferior", cuando valoramos y damos prioridad a nuestros pasatiempos, amigos, o a nuestro trabajo por fuera a expensas de nuestro trabajo y relaciones en el hogar, o cuando desconocemos los papeles fundamentales de ama de casa, esposa y madre, pasamos por alto un componente clave de nuestro llamado como mujeres.

Un corazón que glorifica a Cristo en y a través de nuestros hogares puede expresarse en diversas formas, y puede requerir más o menos tiempo y esfuerzo, dependiendo de nuestra etapa en la vida. Pero sin importar que seamos jóvenes o mayores, casadas o solteras, si somos dueñas o inquilinas, o compartimos la vivienda con alguien, el lugar al que llamamos "hogar" provee una oportunidad para magnificar a Cristo y bendecir a otros.

El péndulo de los valores de esta cultura está siempre oscilando. Este no debería determinar nuestras prioridades. Lo que sucede al interior de nuestro hogar, y no solo fuera de él, es un indicador de nuestra salud espiritual. Nuestro matrimonio, nuestros hijos, y nuestras interacciones con nuestros huéspedes y vecinos deben contar la historia del evangelio.

Aun si la cultura no reconoce la importancia de nuestro trabajo al interior de nuestros hogares, Dios sí lo valora. Él es "Dios que ve" (Gn. 16:13). Él no pasa por alto ni una sola palabra amable pronunciada, ni un solo rasguño que recibió un beso de mamá, ni un solo plato lavado, cena preparada, o relación restaurada. Él entreteje hasta el detalle más "pequeño" que hacemos en casa, como parte de una historia más grande para su gloria.

Y, aunque no recibamos una retribución tangible por ello, Dios recompensará nuestra labor. El trabajo que hacemos en nuestros hogares tiene un valor eterno. De modo que Pablo, en efecto, trata un asunto estratégico para el evangelio cuando dice a las mujeres: "No dejen perder lo que importa en la eternidad".

REFLEXIONES DESDE MI COCINA

Mi refrigerador funciona como telón de fondo para las fotografías de mis amigos y sus familiares. Están puestas en marcos de acrílico imantados, y cubren casi toda la superficie. Las casi noventa familias allí representadas suman en promedio unos trescientos hijos, sin contar a los nietos.

Hace un tiempo pasé casi dos horas en un ritual que realizo cada año y que consiste en reemplazar las fotos viejas por las nuevas que recibo en Navidad. Cuando puse todas las fotografías en su lugar, me senté para observarlo todo. Recordaba algunas experiencias destacadas de estas familias a lo largo de los años, como los nacimientos de hijos y nietos, las bodas, las mudanzas, los cambios de trabajo, etc.

Casi todos los rostros de las fotografías estaban sonrientes. No obstante, sé que detrás de esas imágenes casi perfectas había mucho más: problemas de salud, dificultades económicas, la dolorosa pérdida de seres queridos, conflictos sin resolver, y, trágicamente, divorcio.

Al contemplar esas imágenes, comprendí de repente cuán maravillosa y valiosa es una familia, para bien y para mal. La familia ocupa el lugar central del evangelio, y su propósito es reflejar a nuestro Padre, que nos ha escogido para ser adoptados en su familia eterna.

Si las cosas no van bien en el hogar, todas las demás áreas de la vida se ven afectadas. Yo miraba todas esas mujeres sentadas como mamás gallina rodeadas de sus polluelos, y sentí una gratitud enorme por el corazón consagrado de esas mujeres a sus hogares...

- con cada comida que preparan y cada carga de ropa que lavan.

- con cada viaje a la tienda, a la escuela, al dentista, a las clases de piano, a las prácticas de fútbol.

- con cada rodilla herida que vendan, y cada palabras de ánimo que pronuncian.

- con cada pelea infantil que concilian, y cada noche que pasan arrullando a un niño enfermo o asustado.

- con cada momento que pasan con sus hijos armando Legos, coloreando, resolviendo problemas matemáticos, leyendo una historia bíblica o escuchando a su esposo o a un hijo mientras cuentan los sucesos de su día.

- con cada momento que pasan intercediendo por el crecimiento espiritual y la protección de su familia y de la familia de Dios.

Día tras día estas mujeres edifican un hogar. Son dadoras y sustentadoras de la vida. Sientan las bases y construyen un legado que permanecerá a lo largo de muchas generaciones. Y, en todo ello, honran a su Creador de manera colosal.

LA MENTIRA	18. No tengo tiempo para cumplir con todas mis obligaciones.
LA VERDAD	• Cada día tengo el tiempo necesario para cumplir con todo lo que Dios me ha encomendado. Salmo 90:10-12; Lucas 10:38-42; Juan 17:4; Hechos 20:24; Efesios 2:10
LA MENTIRA	19. Puedo arreglármelas sin consagrar tiempo a la oración y el estudio de la Palabra.
LA VERDAD	• No podré convertirme en la mujer que Dios espera de mí, a menos que consagre tiempo a cultivar una relación con Él mediante la oración y el estudio de su Palabra. Job 23:12; Salmos 5:3; 27:4; 119:147; Proverbios 2:1-6; 3:5-6; Mateo 6:25-34; 14:23
LA MENTIRA	20. Mi trabajo en casa no es tan importante como el trabajo o las otras actividades que hago por fuera.
LA VERDAD	• El cuidado de nuestros hogares es un aspecto fundamental para que podamos glorificar a Dios y promover el avance de la obra de su reino. 1 Timoteo 5:9-10 • El trabajo que realizamos en nuestros hogares es crucial para el avance del evangelio. Tito 2:4-5

CAPÍTULO SEIS

MENTIRAS QUE LAS MUJERES CREEN... ACERCA DE LA

sexualidad

Creo que este abrigo de pieles me hace ver gorda. A veces simplemente anhelo estar desnuda y libre como cuando estábamos en Edén. Nunca me sentí incómoda con mi cuerpo cuando vivíamos allí, y no creo que sea solo porque ya no soy tan joven como antes. Es más que eso. Yo solía disfrutar horas y horas de estar a solas con Adán. Podíamos hablar sin parar, pero ya no. Y, a veces, cuando él me toca, me siento tan... ¿cómo decirlo?

Él se siente muy frustrado. Dice que lo que pienso de mi cuerpo afecta nuestra intimidad. ¡Pero no soy solo yo! Él ya no me mira como me miraba antes. Es como si se sintiera apenado, o algo más. Precisamente, cuando tengo deseos de estar a solas con él, vuelvo y encuentro esa mirada en él. Incluso cuando se aproxima y me acerca con sus brazos, noto su mirada distante. Cuando me quita la ropa me siento tan... avergonzada. ¡Esa es la palabra! Me siento desnuda y avergonzada.

Y no hay nadie con quien pueda hablar de esto. Nadie. Ni Adán. Ni siquiera Dios.

La edición original de *Mentiras que las mujeres creen* no incluía un capítulo sobre la sexualidad, pero yo sentí que era importarte añadirla a esta nueva edición ampliada. Esta es un área en la que el engaño afecta la vida de las mujeres de forma tan profunda como las demás. Y las mentiras acerca del sexo que promueve nuestro mundo se han vuelto más y más aceptables desde que se publicó *Mentiras* por primera vez. En su oposición contra el plan y el orden divinos, el enemigo ha logrado pervertir la belleza del sexo y robar a muchos esta buena dádiva.

Dannah Gresh, mi amiga de muchos años (y coautora de *Mentiras que las jóvenes creen*) ha consagrado gran parte de su vida a ayudar a las mujeres a entender su sexualidad desde una perspectiva bíblica, y a animarlas a disfrutar el plan maravilloso de Dios para el sexo.

Dannah muy amablemente se ofreció a ayudarme a escribir este capítulo, que ha sido escrito en su estilo. Puedes encontrar más información acerca del ministerio y los libros de Dannah en PureFreedom.org.

—Nancy

Aunque hemos logrado notables avances en las últimas décadas, muchas mujeres todavía sienten que el tema de la sexualidad está vedado en el mundo cristiano. No es fácil decirle a una mujer cristiana madura que se necesita consejo acerca de la depresión postaborto, la atracción hacia el mismo sexo, o la pornografía. Muchas optan por sufrir en silencio y vivir en derrota.

Algunas madres cristianas reconocen que demoran la educación sexual en casa por la vergüenza que sienten de su pasado. Nuestra incomodidad para hablar con las personas a quienes discipulamos y aquellas que nos discipulan solo empeora la confusión que genera lo que nuestra cultura dicta sobre el tema. Nancy y mi gran amiga Mary Kassian escribieron lo siguiente en su excelente libro *Chicas sabias*:

> En vista de la obsesión actual con el sexo, voy a decir algo
> que puede sonar radical: no damos al sexo la importancia que

deberíamos darle... El problema no es que valoramos demasiado el sexo, sino que no lo valoramos lo suficiente.[1]

Creo que estarás de acuerdo con esta afirmación, conforme indaguemos las mentiras acerca del sexo y la verdad de Dios acerca del sexo que nos hace libres. Este capítulo es tu licencia para estudiar, abrir la conversación y (si estás casada) disfrutar del bello don divino del sexo.

21. *"No puedo contarle a nadie..."*.

*S*i has creído la mentira de que nadie necesita saber acerca de tus problemas sexuales, no eres la única. Esta es probablemente la mentira más generalizada que el enemigo ha dicho a las mujeres acerca del sexo, ya sea que luchen con adicciones compulsivas, represión sexual, o sufran las consecuencias por el pecado sexual de otro.

"No puedo contarle a nadie que mi esposo es adicto a la pornografía en la Internet".

"No puedo contarle a nadie que *yo* veo pornografía".

"No puedo contarle a nadie que tuve un aborto cuando tenía diecisiete años".

"No puedo contarle a nadie que no he tenido sexo con mi esposo en meses".

"No puedo contarle a nadie que estoy acostándome con mi novio".

"No puedo contarle a nadie que en realidad no me gusta el sexo y lo evito a toda costa".

"No puedo contarle a nadie que mi padrastro abusó de mí sexualmente al menos una vez por semana desde que tenía cinco años hasta que cumplí once".

"No puedo contarle a nadie que como en exceso para evitar involucrarme en una relación porque odio mi cuerpo".

Yo no sé cómo esta mentira se expresa en tu caso personal, pero sé que detrás de la mentira existe una profunda raíz de vergüenza. Y ese es un problema, porque afecta la esencia misma del designio de Dios para tu sexualidad.

Satanás busca encubrir nuestros pecados, dificultades, faltas y temores sexuales en forma de vergüenza. Sin embargo, como vemos en el primer matrimonio, no hay vergüenza en el sexo y en la sexualidad saludable que Dios honra:

> Y estaban ambos desnudos, Adán y su
> mujer, y no se avergonzaban.
>
> —Génesis 2:25

Tal vez pienses: "Pero he pecado. Yo *debería* sentir vergüenza". Cuando pecamos, la culpa en la conciencia es un don de Dios cuyo propósito es llevarnos a recuperar su designio perfecto para nuestra vida. Pero Dios no quiere que la culpa nos paralice. La culpa y la vergüenza se usan a veces como términos intercambiables, pero no son lo mismo.

La culpa dice: "Hiciste algo malo". La función que cumple este mensaje es llevarte a la cruz, al arrepentimiento, la restauración y una vida recta. Es un componente beneficioso del proceso de santificación, el cual te impulsa a creer que tu relación con Cristo, y no tu pecado, es lo que te define. Está exento de la innecesaria condenación (1 Jn. 2:1; Ro. 8:1).

En cambio, *la vergüenza* envía otro tipo de mensaje. Dice: "Tú *eres* algo malo". Este mensaje nos lleva a sentirnos acosadas, a escondernos, y a ahondar nuestro sufrimiento. Es la herramienta que utiliza Satanás para alejarte de Dios. Alimenta la desesperanza y te hace aún más susceptible a las adicciones y las fortalezas pecaminosas. Empiezas a creer que tu pasado sexual y que tus tentaciones presentes te definen.

Cuando aceptas la vergüenza, te pareces mucho a Adán y Eva cuando se escondieron de Dios en el huerto (Gn. 3:10). Pero Dios no quiere que vivas así. Él quiere que seas libre, y ya te ha dado lo que necesitas para encontrar esa libertad. *Si has pedido el perdón de Dios y has empezado a vivir como una mujer redimida, en obediencia a su Palabra, tu pasado sexual y tus tentaciones presentes no te definen.*

En 1 Corintios 6:9-10, Pablo escribe a los miembros de la iglesia que viven en una cultura donde la sexualidad está completamente desdibujada. Muchos de ellos vivían atados a la vergüenza. El apóstol los exhorta a no dejar que su pasado sexual y sus tentaciones presentes los definan. Identifica el pecado sexual en general, así como el adulterio y la homosexualidad. Además, los anima a abandonar esas etiquetas pecaminosas y a abrazar su identidad como santos que han sido limpiados en la sangre de Cristo.

Si te has arrepentido de tu pecado, ya no eres una adicta al sexo. Ya no eres lesbiana. Ya no eres la mujer que tuvo una aventura amorosa. Has sido limpiada. Eres santificada. Eres justificada en el nombre de tu Señor Jesucristo. Eres amada, tienes un valor incalculable para Aquel que te conoce tal y como eres, que conoce lo que más necesitas, y lo que puedes llegar a ser.

EL SALVADOR DEFINE LO QUE ERES

Mientras viajaba por la región de Samaria, Jesús encontró una mujer junto a un pozo. (Puedes encontrar esta historia en Juan 4). Esta mujer sintió que su pecado sexual, tanto presente como pasado, la definía. Ya había tenido cinco maridos y vivía en ese momento con un hombre con quien no estaba casada. Me imagino que cada relación la había dejado más avergonzada que la anterior. Tal vez por eso se acercó al pozo a la hora de mayor calor del día, sola. Era una mujer con un pasado, y parecía incapaz de liberarse de él.

Cuando entabló una conversación con esta mujer samaritana, Jesús rompió las tradiciones sociales de la época. Lo hizo porque a Él le importaba más rescatar a esa mujer que lo que los demás pensaban. Por medio de una serie de preguntas directas, Él indagó las partes más íntimas de su corazón y de su pasado, y la llevó a confesar cosas que ella jamás hubiera imaginado decir a alguien. Luego le ofreció aquello de lo que su corazón estaba verdaderamente sediento: el "agua viva" de la verdad. Mientras ella insistiera en buscar satisfacción y validación en relaciones sexuales, sentiría vergüenza y seguiría insatisfecha. En cambio, si confesaba la verdad a Jesús y abría su corazón a lo que Él le ofrecía, satisfaría sus anhelos más profundos e insatisfechos. Por encima de eso, encontraría una nueva identidad.

Cuando esta mujer entró en la ciudad después de su encuentro con Jesús, ella proclamó: "Venid, ved a un hombre *que me ha dicho todo cuanto he hecho. ¿No será éste el Cristo?*" (Jn. 4:29). Ella ya no vivía bajo la sombra de "todo cuanto había hecho". De hecho, estaba tan abrumada por cómo su encuentro con Cristo había redefinido su vida, que *no sintió vergüenza alguna* en sacar a la luz lo que había hecho en el pasado. (Créeme. Quienes escucharon su testimonio sabían a qué se refería ella, y no era algo relacionado con lavar los platos de la cena).

Ya no fue su pecado lo que la definió, sino su Salvador. Sin embargo, para que eso sucediera, ella tuvo que salir de su escondite. Si la vergüenza por tus problemas sexuales te mantiene atada a ellos, también tienes que salir de tu escondite.

Por supuesto que Jesús no va a aparecer cuando llenas tu botella de agua en tu cocina ni te va a hablar de manera audible acerca de tu pasado. No obstante, Él ha establecido la iglesia, su cuerpo aquí en la tierra, que es donde ahora puedes acudir para confesar y recibir sanidad.

¿Has confesado tu pecado a otra persona, como a una mujer creyente mayor, más sabia o más firme en la fe que tú? Eso es lo que las Escrituras nos enseñan que debemos hacer. Santiago 5:16 dice: "Confesaos vuestras ofensas unos a otros, y orad unos por otros, para que seáis sanados". Solo Dios puede perdonar pecados, pero Él ha designado la iglesia como el lugar donde ocurre la sanidad de nuestra vergüenza.

Cuéntale a alguien. Sé sabia y elige a una persona discreta y confiable, pero no escondas tus secretos y tus sentimientos de vergüenza. Contar a alguien tus pecados y luchas sexuales puede ser una de las experiencias más aterradoras, pero es un paso definitivo en tu búsqueda de la libertad.

La mentira que susurra: "No puedo contarle a nadie..." está acompañada a menudo de otras como "No volverá a suceder", o "Puedo manejar esto sola". A veces pensamos que Dios no puede perdonar lo que hemos hecho *hasta que dejemos de hacerlo*. Estas mentiras son una pretensión de salvarnos a nosotras mismas, algo que nadie es capaz de lograr. Si esa clase de razonamiento te atormenta, repasa la mentira número 15, "Dios no puede perdonar lo que he hecho", en la página 102.

Por otro lado, puede ser que tú ya le *hayas* contado a alguien, y todavía te sientes atrapada por la vergüenza. Tal vez todavía sufres por algo que sucedió hace muchos años. O tal vez has confesado lo mismo una y otra vez, y sigues en el mismo patrón de pecado sexual. Puede que incluso te sientas paralizada por la mentira "Nunca voy a vencer esto, ¡nunca!". En ese caso, examina la mentira número 17, "Soy incapaz de vencer con firmeza el pecado", en la página 106.

Romper los hábitos de pecado sexual que están profundamente arraigados y la vergüenza, es una tarea que rara vez resulta sencilla. Por regla general, tampoco sucede de la noche a la mañana. Sin embargo, Dios es fiel, y Él extiende su gracia sobrenatural a quienes se humillan y se acogen por completo a su misericordia. Si perseveras en buscar al Señor y el consejo sabio, en lugar de ceder a tu instinto de esconderte, puedes escapar de las mentiras y salir a la luz. En esa luz experimentarás una mayor libertad y la plenitud de tu identidad como amada de Cristo.

DE LA VERGÜENZA A LA LIBERTAD

Obviamente no toda vergüenza sexual proviene de nuestro propio pecado. También puede provenir de pecados que otros han cometido contra nosotras. Tal vez hayas sido abusada en la infancia, o te han violado en una cita, o tal vez cuando eras niña un hermano mayor te expuso a la pornografía. Para muchas mujeres que han sufrido abusos, la mentira de: "No puedo contarle a nadie..." viene acompañada de otra mentira perversa: "Fue mi culpa". Esta combinación perjudicial produce una vergüenza muy dolorosa que es difícil de vencer. Permíteme, pues, contarte una historia hermosa de alguien que experimentó esa clase de vergüenza y logró ser libre.

La escritora Nicole Braddock Bromley sabe lo que es vivir encerrada en el silencio del abuso sexual en la infancia. Su padrastro cometió terribles abusos contra ella al tiempo que le repetía: "No se lo digas a nadie". (Cuán creíbles son las mentiras cuando las dice una persona que está a cargo de nuestra protección).

Cuando Nicole tenía catorce años, al fin tuvo el valor para romper el silencio y decírselo a su madre, quien reaccionó con gracia y valentía. La respuesta de su padrastro fue suicidarse una semana más tarde. Esto empujó a Nicole a encerrarse de nuevo en el secreto y la vergüenza. Ella no quería que nadie supiera que era su "culpa" la muerte de su padrastro.

Con todo, Dios no se dio por vencido con Nicole y, al fin, ella rompió el silencio y la vergüenza de manera tan poderosa en su propia vida, que se ha convertido en una voz valerosa que anima a otras mujeres a "romper el silencio". Los libros de Nicole, tales como *Hush: Moving from Silence to Healing after Childhood Sexual Abuse*,[2] han ayudado a muchas mujeres a ser libres. Ella también es fundadora de un ministerio dedicado a combatir el tráfico sexual de niños en el ámbito mundial.[3] ¡Su libertad es enorme! La tuya también puede serlo.

LO MEJOR DE DIOS

Por último, es posible que no sea el pecado lo que te lleva a ocultarte y sentir vergüenza, sino la insatisfacción o disfunción sexual en tu matrimonio. Tal vez la mentira viene acompañada de un sentimiento sutil de resignación que te ha convencido de que "así son las cosas, no hay nada que hacer". Esa es la mentira que una misionera me confesó en un susurro. La mujer comentó que ella y su esposo simplemente no disfrutaban de su intimidad, y que ella sentía que no podía decírselo a nadie. Ella había decidido conformarse a vivir con esa situación.

Todo eso cambió cuando un mensaje acerca del verdadero propósito del sexo (el cual exploraremos en la siguiente sección) abrió su corazón a la verdad de que ella nunca debía conformarse con menos, sino buscar lo mejor que tenía Dios para su matrimonio. Ella decidió que se propondría ser romántica con su esposo y preparar su cuerpo para responder sexualmente. Además, decidió rendirle cuentas a una amiga cercana. Con esto, ella encontró la sanidad que necesitaba para disfrutar la expresión del don de Dios en su lecho matrimonial.

Si tienes luchas con esta clase de insatisfacción, te pido que tengas la valentía de hablar con alguien. Lo ideal es que sea una mujer piadosa y sabia que pueda ayudarte y guiarte a la luz. Mantener esos secretos solo intensifica el poder de la tentación y la vergüenza. Ya sea que sientas vergüenza por un pecado sexual (pasado o presente), o sufras en silencio bajo la sombra del abuso sexual, o vivas por debajo del nivel de bendición para tu matrimonio, Dios tiene algo mucho mejor para ti.

22. *"Mi sexualidad está separada de mi espiritualidad".*

*U*na autora secular perpetuó un mito común al escribir que "los textos y enseñanzas cristianos y judíos no mencionan... el sexo. De hecho, estas dos religiones no señalan conexión alguna entre el sexo y la adoración".[4]

Esto sencillamente no es verdad. Por ejemplo, el Cantar de los Cantares en el Antiguo Testamento sobresale entre los libros religiosos como una celebración abierta del matrimonio y la sexualidad. Y, desde Génesis hasta Apocalipsis, la Biblia usa con frecuencia el lenguaje relacionado con el matrimonio y la intimidad sexual para ilustrar y explicarnos el *diseño* de Dios para el sexo, y para instruirnos acerca de cómo se *define* el comportamiento sexual cristiano. Ambas son realidades importantes que los cristianos deben explorar y entender.

Por desdicha, muchas discusiones cristianas acerca del sexo ponen todo el énfasis en la definición de la conducta sexual: lo que debemos y, muy especialmente, lo que *no* debemos hacer. El resultado es, con frecuencia, una lista de reglas desprovista de entendimiento acerca de *por qué* existen. Esta forma de abordar el tema tiende a despertar en todas nosotras el espíritu fariseo. Con orgullo creemos que tenemos la sexualidad dentro de los parámetros establecidos, cuando en realidad puede que estemos completamente equivocadas. Y estamos muy, muy equivocadas, cuando creemos la mentira de que "mi sexualidad está separada de mi espiritualidad".

Algunas mujeres usan esta mentira para defender sus decisiones respecto a su sexualidad que son contrarias a la Palabra de Dios. Otras la usan para justificar el hecho de que se han cerrado por completo, en mente y cuerpo, a su lecho matrimonial. A fin de confrontar el corazón de esta mentira, tenemos que considerar el diseño para el sexo que tanto se pasa por alto, y entender *por qué* Dios le pone límites de protección.

EL DISEÑO DE DIOS PARA EL SEXO

El diseño del sexo empieza con la creación divina, que fue buena, de los seres humanos como *varón y hembra*:

> Entonces dijo Dios:
> Hagamos al hombre a nuestra imagen,
> conforme a nuestra semejanza...
> Y creó Dios al hombre a su imagen,
> a imagen de Dios lo creó;
> varón y hembra los creó.
>
> —Génesis 1:26-27

Dios creó al hombre a su imagen. Y subraya un rasgo particular que refleja esa imagen: el sexo biológico. Masculinidad y feminidad. Dios creó los dos sexos para mostrar algo que es importante para Dios.

¿Qué es?

Nunca entenderemos en esta dimensión terrenal por qué Dios creó dos sexos biológicos, pero sí podemos empezar comprendiendo que Dios es un Dios que se relaciona. Esta naturaleza se hace evidente en la Trinidad. Dios Padre, Dios Hijo y Dios Espíritu Santo son tres personas diferentes, pero un solo Dios, uno en esencia. En Deuteronomio 6:4, la palabra hebrea *ekjád* se usa para describir esta unidad, y es una oración que todo judío conoce del Antiguo Testamento: "Oye, Israel: Jehová nuestro Dios, Jehová uno [*ekjád*] es".

Esta magnífica diversidad y unidad de la Deidad se vislumbra cuando el hombre y la mujer se vuelven uno en matrimonio.

Examinemos este concepto. ¿Qué sucede cuando el primer hombre y la primera mujer se encuentran? Dios los une en matrimonio, en el hermoso huerto de Edén. Tal vez nunca ha existido un escenario de bodas más romántico. Tal vez las mariposas revolotearon como confeti mientras los novios estaban cara a cara. Y, tan pronto sonaron las campanas de boda, el Señor de la creación estableció este matrimonio como el prototipo para todos los matrimonios de ahí en adelante:

> Por tanto, dejará el hombre a su padre y a su madre,
> y se unirá a su mujer,
> y serán una sola [*ekjád*] carne.
>
> —Génesis 2:24

El hombre y la mujer son dos seres humanos distintos e independientes, pero cuando se juntan son *ekjád*. Uno.

Cuando examinamos el consejo integral de la Palabra de Dios en torno a este relato del Génesis, aprendemos que esta unidad revela un prodigio aún mayor. Esto se expresa con mayor claridad en la carta de Pablo a los Efesios, donde empieza citando la declaración original de Dios acerca del matrimonio:

> Por esto dejará el hombre a su padre y a su madre,
> y se unirá a su mujer, y los dos serán una sola carne.
> Grande es este misterio;
> mas yo digo esto respecto de Cristo y de la iglesia.
>
> —Efesios 5:31-32

El misterio y significado supremo de esta unión sagrada se revela en Cristo. La unión de un hombre y una mujer constituye una imagen de nuestro Novio celestial que ama a su Novia y que, por medio de un pacto indisoluble de gracia, está unido para siempre con ella. Desde el principio, Dios planeó que la sexualidad humana y el matrimonio entre un hombre y una mujer fueran una imagen del evangelio.

¿Sorprende entonces que Satanás esté motivado a mentirnos acerca del valor de la sexualidad, de su significado y de su uso?

La *Mona Lisa* de Leonardo da Vinci es una de las pinturas más famosas en el mundo. El misterio de la expresión del rostro y otras sutilezas de la pintura han sido objeto de siglos de estudio y discusión. Después de quinientos años todavía seguimos anhelando entenderla completamente. Lo mismo sucede con el matrimonio y la sexualidad.

Los actuales abusos y usos inapropiados del matrimonio y la sexualidad, como la pornografía, la literatura y el arte erótico, el adulterio, la promiscuidad, el matrimonio de personas del mismo sexo, y otras formas de pecado sexual, equivalen a manchar la hermosa *Mona Lisa* con una lata de pintura de grafiti.

No obstante, la obra maestra del matrimonio enfrenta otra amenaza menos evidente.

En 1911, la *Mona Lisa* fue robada de un muro en el museo del Louvre en París. Un empleado de mantenimiento llevó a cabo el robo fugaz una mañana temprano, cuando el museo estaba cerrado al público. Había pocos guardias ese día, y el empleado de mantenimiento pudo escapar con la pintura sin llamar la atención, dejando apenas las cuatro clavijas de hierro que sostenían el cuadro en la pared.

Lo sorprendente es que pasaron casi veinticuatro horas antes de que el hecho suscitara preocupación. No era inusual que se retiraran temporalmente las obras de arte a otra sección del museo para su limpieza y sesiones fotográficas. Así que, cuando faltó la más grande obra de arte del mundo, aquellos a quienes se les había confiado su cuidado ni se dieron cuenta, y no hicieron *nada*.[5]

Así es como tratamos la obra maestra de Dios que es el matrimonio y la sexualidad cuando creemos la mentira de que el sexo y la espiritualidad no están relacionados, que podemos ser una mujer piadosa y al mismo tiempo tener sexo fuera del matrimonio, o no nos interesamos por tener sexo con nuestro esposo. Cuando nosotras, a quienes se nos ha confiado la protección y la preservación del precioso don de Dios que es el sexo, permitimos que roben la obra, los que están allí para observarla ya no pueden ver ni maravillarse ante el asombroso evangelio del cual está llamado a ser un retrato.

CÓMO PINTAR EL CUADRO

Cuando le conté esta verdad a mi amiga misionera que tenía una vida sexual aburrida en su matrimonio, ella se inspiró a prestar más atención a su relación matrimonial, hasta avivarla con una pasión renovada. Ella quería que su matrimonio reflejara el misterio del amor de Cristo. Y es la misma verdad que despertó en el corazón de "Juana" un amor renovado por el Señor y por el hombre que se convertiría en su esposo.

Juana era una joven profesional que vivía con su novio. Según ella, eran bastante compatibles en lo sexual y en muchas otras áreas. Sin embargo, ella sentía cierta desconexión espiritual entre los dos, porque ella era cristiana y él no. Esto le molestaba un poco, pero no lo suficiente para cambiar su estilo de vida.

¿Puedes ver cómo ella creyó la mentira de que su sexualidad y su vida espiritual no estaban conectadas? Ella creyó que podía tener sexo y vivir con un hombre con quien no estaba casada, en desobediencia a la instrucción clara de la Palabra de Dios, y al mismo tiempo tener una vida espiritual saludable.

Un domingo, Juana habló con su novio para invitarlo a asistir a la iglesia con ella. Y se sorprendió al ver que, algunas semanas después, "Tomás" respondió a la invitación del pastor de seguir a Cristo. Ella pensó que a partir de ese momento la relación entre ellos sería todo lo que ella había soñado. Sin embargo, días después, Tomás le explicó que ya no podían seguir viviendo juntos. Su corazón había recibido esa convicción y había sido tocado por el amor de Cristo, y ahora él quería vivir su vida para agradarle a Él. Además, el Espíritu Santo había estado hablando a su corazón a través de las páginas de su nueva Biblia, la cual había estado leyendo con avidez.

La decisión de Tomás casi pone fin a la relación. Juana insistía en que la vida sexual de ellos estaba separada de su vida espiritual. Pero Tomás estaba resuelto. Al final, Juana experimentó un arrepentimiento genuino y cambió su manera pecaminosa de pensar y de vivir. Integró su sexualidad con su espiritualidad tomando la decisión de mudarse y de perseverar en obedecer la Palabra de Dios. La pareja recibió consejería y, un año después, se casaron. Hoy son un cuadro hermoso del evangelio que refleja la imagen de Dios y representa la historia del amor fiel de Cristo por su novia, la iglesia.

23. *"Esto es lo que soy".*

*M*i esposo Bob y yo (Dannah) ciertamente no fuimos siempre el modelo perfecto de pureza sexual. Yo entregué el regalo de mi virginidad cuando tenía quince años. Bob ha tenido luchas con la pornografía.

Como resultado de mi pecado pasado y de su lucha con la tentación, hemos vivido en nuestra relación temporadas de gran lucha para restaurar la imagen del evangelio en nuestro matrimonio.

Por eso fue para mí un gran honor que Nancy solicitara mi ayuda para escribir este capítulo. Ella ha visto de primera mano la manera en que Bob y yo hemos trabajado para vencer las mentiras del enemigo y reemplazarlas con la verdad sanadora de Dios. Además, algunos amigos que nos aman a los dos me han animado durante ese proceso, diciendo: "Tú eres la persona indicada para hacerlo". ¡Cuán grande es la gracia de Dios en mi vida! Sé por experiencia propia que nuestros pecados no nos definen, sino la obra redentora de Cristo en nuestras vidas.

También conozco de primera mano la aflicción que pueden producir las heridas en nuestra sexualidad. Recuerdo cómo me sentí paralizada emocionalmente durante la primera década de mi vida adulta. En mi mente estaba tan atada a mi pecado sexual del pasado, que sentía que no se trataba simplemente de algo que yo había hecho, sino de lo que yo era.

"Esto es lo que soy" fue una mentira que me robó a diario la esperanza. Durante años, la vergüenza se volvió mi identidad, a pesar de que hacía mucho tiempo que yo había entregado mi corazón a Dios y andaba en pureza sexual. Tal vez tú te sientes así en este momento, o te has sentido así en el pasado.

Sin embargo, creer esta mentira no siempre tiene sus raíces en la vergüenza. Para algunas, es el reflejo de la reticencia a aceptar lo que Dios quiere que ellas sean. Es una forma de orgullo. En la actualidad, la revolución de género grita: "Sé fiel a ti misma", y "Así naciste". A los individuos que "salen del armario" como homosexuales, transexuales, lesbianas, bisexuales, o asexuales, se les aplaude. Tal vez tú has pensado:

"Siempre me he sentido así. He probado todo para cambiar la manera como me siento, pero esto es lo que *soy*".

Esto nos ayuda a entender por qué el pecado sexual puede ser tan difícil de vencer. Muchas veces se trata de una crisis de identidad.

CUANDO LOS SENTIMIENTOS MIENTEN

Ya sea la vergüenza o el rechazo arrogante de lo que Dios ha dispuesto que sean lo que ata a estas personas a esta mentira, el común denominador es que su sentido de identidad se nutre de lo que *sienten*. Y hay un problema con esto: los sentimientos no son hechos. De hecho, la Biblia revela que nuestro corazón, a menos que sea transformado y esté habitado por Cristo, es engañoso y perverso (Jer. 17:9). Lo más importante acerca de tu sexualidad no es lo que sientes, sino lo que Dios dice que es verdad.

¿Qué dice Dios acerca de tu sexualidad y de tu identidad? Él dice que tú eres portadora de su imagen, y que tu femineidad es parte de su imagen (Gn. 1:26-27). Antes de que la tierra fuera formada, Él te conocía y dispuso que fueras mujer, y ese hecho es un componente indispensable de cómo lo reflejas tú a Él. Tú eres una portadora femenina de la imagen de Dios. Sin embargo, observa que *femenina* es nada más un adjetivo que describe el tipo de portadora de imagen que eres para Dios. En otras palabras, tu femineidad importa, pero no más que tu identidad como portadora de la imagen de Dios. Lo que tú eres es portadora de su imagen.

Rosaria Butterfield, una profesora que era lesbiana, es ahora madre en un matrimonio tradicional, y es escritora y oradora sobre el tema de la atracción hacia el mismo sexo y la identidad sexual. Ella ha enfrentado esta mentira, y sabe cuán personal y real puede ser la lucha para quienes sienten que su identidad se fundamenta en su sexualidad. Rosaria hace la siguiente observación:

> La orientación sexual en tanto que categoría fue un invento de Freud... Nunca antes alguien había hablado acerca de una persona que *era* homosexual, o una persona que *era* heterosexual. Antes del siglo diecinueve, la sexualidad era comprendida

como algo en términos de una acción verbal. Era algo que se hacía, no algo que se era.

Una cosa importante que los cristianos deben comprender es que Dios ya nos ha dado una identidad, que nacemos como hombre o mujer con almas que son eternas. Y así, nuestra identidad es exclusivamente como portador hombre o como portadora mujer de la imagen de un Dios santo. Y eso es cierto para toda la humanidad...

Este es el meollo de mi rechazo de este concepto de cristianismo gay. No es que yo rechace la idea de que las personas luchen con la atracción hacia el mismo sexo... El problema es que cuando esto se convierte en un término que define la identidad, en realidad te separa de tus responsabilidades como portador de imagen divina, así como del gozo inherente que de ello se desprende.[6]

NUESTRA VERDADERA IDENTIDAD

La raíz del pecado homosexual y transexual no es tanto las *acciones* pecaminosas específicas, sino *lo que las personas creen acerca de lo que son*. En última instancia, están rechazando su verdadera identidad como portadores de imagen. El primer capítulo del libro de Romanos explica que ignorar las definiciones divinas para la masculinidad y la femineidad, y su diseño para la sexualidad es, en última instancia, negarse a glorificar a nuestro Creador. Esta rebelión es con frecuencia la raíz del pecado sexual, ya sea por el rechazo del género dado por Dios, o por la participación en el pecado homosexual o heterosexual.

Puede que cuando estabas en la secundaria hayas tenido prácticas homosexuales, o que hayas tenido sexo con un chico. Puede que hayas luchado con la pornografía o incluso tenido una seria adicción sexual. Pero, si estás en Cristo, eso no es lo que tú *eres*. Es algo que *hiciste*.

Rosaria Butterfield añade algo que ministra gracia al corazón de cada creyente, sin importar en qué categoría de pecado se encuentre su batalla personal:

En Cristo... puedes luchar con cualquier clase de pecado en este lado de la eternidad, siempre y cuando lo hagas con la amable compañía del Señor. Luchas en tanto que *hijo* o *hija* que está vestido de vestiduras de justicia, no como alguien que [está irremediablemente esclavizado] a alguna categoría de la carne que jamás tendrá lugar en la Nueva Jerusalén.[7]

Aunque mi pecado sexual (el de Dannah) era diferente al de Rosaria, cada una tuvo que elegir verse a sí misma como hija de Cristo que está vestida de la justicia que nos ha impartido nuestro Salvador. Tuvimos que abrazar nuestra verdadera identidad para ser sanadas y cambiar nuestros sentimientos. Actualmente, cada una goza de un ministerio bendecido que nos permite consolar a aquellas mujeres que han luchado como nosotras, y enseñar desde una perspectiva bíblica los difíciles temas de la sexualidad.

Nuestras vidas son un testimonio del poder redentor de Cristo, así como lo fueron las vidas que habían sido desfiguradas por el pecado sexual en la iglesia de Corinto. En el capítulo 6 de su primera carta a esa iglesia, Pablo enumera varios pecados pasados de los creyentes, entre los cuales se encuentran varias formas de inmoralidad sexual. Tal vez enfrentaban una crisis de identidad, porque Pablo les recuerda su verdadera identidad en el versículo 11:

> Y esto erais algunos; mas ya habéis sido lavados,
> ya habéis sido santificados, ya habéis sido justificados
> en el nombre del Señor Jesús,
> y por el Espíritu de nuestro Dios.

Sin importar con qué clase de pecado sexual (o de cualquier otro tipo) hayas batallado, en la cruz podemos encontrar misericordia, limpieza y redención. Con todo, en su presencia debemos someternos a la verdad de Dios acerca de nuestra sexualidad, en lugar de ceder a los caprichos de nuestros sentimientos.

Cada decisión sexual es también una decisión espiritual. Por la fe, puedes tomar la decisión de rechazar cualquier sentimiento que no esté en armonía con la verdad, rechazar cualquier mentira sobre tu identidad, y aceptar tu nueva identidad como portadora de imagen que Dios te llamó a ser desde que te creó.

Lávate, querida amiga. Santifícate. Sé justificada en el nombre del Señor Jesucristo y acepta tu identidad como amada hija de Dios. Eso es lo que eres.

24. *"Las normas divinas para el sexo son anticuadas".*

La Biblia habla con una asombrosa franqueza de todo lo concerniente a la actividad y el pecado sexual. No disimula las faltas ni los errores de los personajes clave. Las Escrituras también definen con toda claridad el tratamiento adecuado del don del sexo. Y al Diseñador del sexo es a quien le corresponde definir nuestra ética sexual.

Dicho de otro modo: si Dios es verdaderamente el Dios de nuestra vida, Él debe ser el Señor de nuestra sexualidad. En la actualidad existe una creencia común pero falsa de que las normas bíblicas para la sexualidad y la moralidad son anticuadas, porque la mayoría de las personas en nuestra era moderna las han rechazado. Pero lo cierto es que las enseñanzas de la Palabra de Dios acerca del comportamiento sexual nunca han estado *de moda*.

De hecho, había pecados sexuales horrendos que eran comunes en la cultura del Antiguo Testamento: homosexualidad, bestialismo, incesto, poligamia y prostitución religiosa ligada a la adoración en el templo pagano eran prácticas abiertas en ciertos círculos (ver Gn. 38:22; Lv. 18; Jue. 19:22; 1 R. 11:1-8). Por otra parte, los creyentes del Nuevo Testamento practicaban su fe en el contexto de las culturas griega y romana donde abundaba el pecado sexual. Promiscuidad, adulterio, pedofilia, homosexualidad y prostitución abierta eran aceptados por la gran mayoría. De hecho, Pablo escribió que algunas personas en la iglesia de Corinto solían practicar esas cosas antes de ser lavados en la sangre de Cristo (1 Co. 6:9).

Nuestro mundo actual no difiere mucho del mundo en el que vivían los creyentes del Antiguo y del Nuevo Testamento. Los preceptos de Dios para la sexualidad diferían completamente de las costumbres de la cultura predominante de entonces, y lo mismo sucede en nuestro caso en la actualidad. Nuestros antepasados espirituales tuvieron que confiar en que los designios de Dios eran correctos y buenos, y tuvieron que tomar la determinación de nadar en contra de la corriente de su cultura, tal y como nosotros podemos y debemos hacerlo ahora gracias al poder del Espíritu Santo.

ÉTICA SEXUAL PARA LA MUJER CRISTIANA

Si estamos de acuerdo con que nuestra sexualidad y nuestra espiritualidad no están separadas, debemos abrazar lo que la escritora cristiana, la doctora Juli Slattery, denomina *integridad sexual*. Así la define:

> Tus decisiones sexuales son una expresión continua de tus compromisos espirituales y relacionales.[8]

No es de sorprender que la estudiante universitaria de hoy tenga un promedio de 7,2 compañeros sexuales durante sus años de universidad, que los "amigos con derechos sexuales" sea una práctica generalizada y aceptada para satisfacer un deseo, o que las mujeres consuman literatura erótica y pornografía como algo normal y aceptable. Esto no es más que los perdidos actuando como perdidos. Es una forma de vida que está de acuerdo con sus compromisos espirituales y relacionales.

¿Y qué de las que somos seguidoras de Cristo? ¿Qué significa para nosotras vivir con integridad sexual?

La ética sexual de una mujer cristiana no debe parecerse en absoluto a la ética sexual de este mundo. Estamos llamadas a demostrar el evangelio con una conducta y unas relaciones que sean conformes a la Palabra de Dios. En su estudio bíblico, *Sex and the Single Girl*, Juli desglosa una ética sexual bíblica en dos compromisos:[9]

COMPROMISO #1:

"No tengo sexo fuera del matrimonio".

El escritor y maestro Joseph Dillow ha compilado una lista de actos sexuales que Dios prohíbe explícitamente en las Escrituras:[10]

- **Fornicación.** Es un término amplio que se usa para referirse al acto sexual fuera del matrimonio (1 Co. 7:2; 1 Ts. 4:3), acostarse con un padrastro o madrastra (1 Co. 5:1), sexo con una prostituta (1 Co. 6:15) y adulterio (Mt. 5:32).

- **Adulterio.** Sexo con alguien que no es el cónyuge. Jesús extendió el concepto de adulterio para incluir no solo actos físicos sino actos emocionales de la mente y del corazón, lo cual podría incluir pornografía y literatura erótica (Mt. 5:28).

- **Relaciones homosexuales.** Un hombre que practica sexo con un hombre, y una mujer que practica sexo con una mujer (Lv. 18:22; 20:30; Ro. 1:26-27; 1 Co. 6:9).

- **Impureza.** La palabra griega *molúno* puede significar perder la virginidad o contaminarse con un estilo de vida pagano o secular (Ap. 14:4). La palabra griega *jrúpos* se refiere a menudo a impureza moral en general (Ap. 22:11).

- **Prostitución.** Pagar o recibir un pago a cambio de sexo (Lv. 19:29; Dt. 23:17; Pr. 7:4-27).

- **Pasiones lujuriosas.** Deseo sexual descontrolado e indiscriminado por un hombre o una mujer que no es la pareja matrimonial (Col. 3:5; 1 Ts. 4:4-5).

- **Sodomía.** En el Antiguo Testamento, sodomía se refiere a hombres que practican sexo anal con otros hombres.

- **Obscenidad y bromas groseras.** Humor sexual (Ef. 5:3-4).

- **Incesto.** Sexo con miembros de la familia y parientes (Lv. 18:7-18; 20:11-21).

Básicamente, la lista se puede resumir de la siguiente manera: *Dios creó el sexo para ser disfrutado exclusivamente dentro del pacto matrimonial entre un hombre y una mujer.* Así pues, un compromiso ético sexual bíblico para toda mujer cristiana de cualquier edad es: "no tengo sexo fuera del matrimonio".

COMPROMISO #2:

"El sexo dentro del matrimonio es placentero para los dos, y ocurre con regularidad".

Para tener una vida sexual y espiritual en armonía no basta con enfocarse en nuestra ética sexual acerca de lo que *no* debemos hacer. Las normas divinas para el sexo no son una gran prohibición que lo abarca todo. Una ética sexual bíblica también se ocupa de observar lo que Dios instruye que *debemos* hacer, y las Escrituras hablan del placer sexual satisfactorio, mutuo y frecuente entre el esposo y la esposa. Pasajes como Proverbios 5:18-19 y todo el libro de Cantar de los Cantares celebran el don del placer sexual matrimonial, ¡y nosotras debemos hacer lo mismo! Primera de Corintios 7:3-5 es uno de esos pasajes del Nuevo Testamento:

> El marido cumpla con la mujer el deber conyugal,
> y asimismo la mujer con el marido...
> No os neguéis el uno al otro, a no ser por algún
> tiempo de mutuo consentimiento,
> para ocuparos sosegadamente en la oración;
> y volved a juntaros en uno,
> para que no os tiente Satanás
> a causa de vuestra incontinencia.

Los hombres y las mujeres casados deben comprometerse a darse placer sexual con regularidad. Si bien los conceptos de "placer" y de "regularidad" pueden variar de una pareja a otra, ambos esposos deben tener una actitud entusiasta hacia su lecho matrimonial, y experimentar una satisfacción mutua. La única excepción a esta norma es cuando se ponen de acuerdo en abstenerse de sexo por un tiempo para concentrarse en la oración.

Antes de ofender a mis hermanas en la fe, permíteme señalar que este pasaje manda primero a los hombres a agradar a sus esposas. Sin embargo, este libro no es para hombres, sino para nosotras las mujeres. Así que permíteme ser directa.

Hay muchas razones por las cuales las mujeres pueden no desear tener sexo. Algunas son legítimas e incluso serias. Puede que estés agotada por el cuidado de los hijos y otros deberes, o quizá no encuentres en el sexo lo que esperabas. Puede que atravieses un período de tristeza o depresión, o que tengas problemas físicos. Tal vez tu esposo ha tenido problemas con la pornografía y tú necesitas tiempo para sanar de ese sentimiento de traición.

Cualquiera de estas puede ser una razón legítima para abstenerte de vez en cuando o durante una temporada, pero si esos períodos no incluyen oración, ¿cómo puedes esperar recibir la sabiduría y la gracia que necesitas para enfrentar tus dificultades? Sin el elemento de la oración, postergar el sexo para tu esposo es contrario a la voluntad perfecta de Dios para tu vida y tu matrimonio.

La voluntad perfecta de Dios para ti en esta área supera de lejos cualquier cosa que este mundo pueda considerar bueno o correcto.

25. *"Necesito una salida para mi deseo sexual"*.

Yo (Dannah) recibo muchas cartas de mujeres solteras que afirman su deseo de llevar una vida de pureza, pero también quieren saber "¿cómo puedo satisfacer mis deseos sexuales si estoy destinada a ser soltera toda mi vida?". Las mujeres casadas cuyos esposos son minusválidos o son indiferentes, o cuya vida íntima se ha vuelto aburrida, también escriben preguntando de qué manera pueden tener algún tipo de vida sexual.

Nancy ya ha señalado antes en este libro que en esta dimensión de la eternidad siempre tendremos deseos insatisfechos (Ro. 8:23). Me encanta lo que ella escribió y habla a mi propio corazón, y me gustaría elaborar un poco este concepto para ayudarte a reconocer lo que *puedes* hacer con tus anhelos "sexuales".

En primer lugar, permíteme reiterar que tu anhelo no es en sí mismo algo pecaminoso. De hecho, nuestros anhelos "sexuales" indican una necesidad legítima. Tal vez te hayas dado cuenta de que en esta sección he puesto la palabra *sexual* entre comillas. Si lo notaste vas por buen camino, porque sea que estés casada o soltera, lo que buscas es algo más que sexo. Tu cuerpo, mente y espíritu fueron creados para desear la verdadera intimidad con otro. Es parte de la manera en que reflejas la imagen de Dios. No obstante, debes cuidarte de confundir un deseo legítimo con un deseo físico por el sexo.

Permíteme explicar esto un poco para que estemos en sintonía para hablar acerca de la diferencia entre sexo e intimidad.

La primera referencia en las páginas de las Escrituras de un acto sexual es: "Ahora bien, Adán tuvo relaciones sexuales con su esposa, Eva..." (Gn. 4:1, NTV) o, como lo expresa la Nueva Versión Internacional: "El hombre se unió a Eva, su mujer". El verbo hebreo utilizado aquí significa "conocer, ser conocido".[11] Es una experiencia que trasciende el acto físico, y habla de un conocimiento emocional profundo e íntimo.

El acto físico sexual nunca fue planeado para estar separado de su significado divino y relacional: un hombre y una mujer unidos en el pacto del matrimonio, que se conocen profundamente el uno al otro. Sin embargo, la cultura tiende a enfocarse demasiado en el aspecto físico, al tiempo que pasa por alto la importancia y la belleza de la intimidad emocional y espiritual. Y el sexo sin intimidad es una falsificación barata. Por eso vemos tanta adicción a cosas como la pornografía, la literatura erótica y el sexo casual.

La actividad sexual aparte del plan diseñado por Dios para experimentarla, que es en un compromiso de pacto para conocer y ser conocido, es un reemplazo ineficaz de la intimidad verdadera, y nunca será satisfactoria. Solo nos deja con deseos de más, y esto puede terminar en adicciones y fortalezas que son difíciles de romper.

CÓMO SER LIBRE Y ENCONTRAR SATISFACCIÓN

"Carla" era una madre cristiana de mediana edad que educaba a sus hijos en casa. La doctora Juli Slattery y yo la entrevistamos mientras trabajábamos en un proyecto para tratar el problema del uso de la literatura erótica que muchas mujeres cristianas usan como válvula de escape para su deseo sexual o para "estimular su lecho matrimonial". (La literatura erótica es una forma de pornografía que utiliza las palabras y las historias en lugar de imágenes para producir excitación sexual). Carla había abandonado una promisoria carrera en la banca para dedicarse a su familia. Su esposo había mantenido su vida profesional como líder de negocios en la cámara de comercio local, y también era diácono de la iglesia.

Al cabo de unos años, Carla empezó a sentirse ignorada, romántica y sexualmente. Su vida sexual, que era esporádica, había empezado a aburrirla, y su esposo no la entendía. Ella creía que necesitaba algún tipo de salida para sus deseos sexuales, y una amiga puso en sus manos algo de literatura erótica. A ella le encantó, porque le brindó el alivio que necesitaba. En poco tiempo, la literatura erótica no era solamente algo que ella disfrutaba de vez en cuando, sino que llegó a convertirse en una adicción que consumía mucho tiempo. Ya no quería tener sexo con su esposo, y empezó a tener conversaciones sexuales en la Internet; primero con hombres, y luego con otras mujeres, con el propósito de "satisfacer sus necesidades".

Después de dos años de haber leído su primera novela erótica, Carla estaba empacando su equipaje para encontrarse con una mujer a la que había conocido en línea. Justo cuando iba a salir de su casa, entendió que nada de eso en realidad la había satisfecho. Sus anhelos sexuales insatisfechos solo se habían agravado, y la habían llevado a justificar más y más conductas pecaminosas.

Las Escrituras nos advierten acerca de volvernos esclavas de cosas que nunca pueden satisfacernos:

> Estad, pues, firmes en la libertad
> con que Cristo nos hizo libres,
> y no estéis otra vez sujetos al yugo de esclavitud.
>
> —Gálatas 5:1

Este versículo presenta una imagen muy gráfica de cómo perdemos nuestra libertad. La palabra griega que se traduce "sujetos al yugo" se usa comúnmente para describir a alguien que ha quedado aprisionado en algún tipo de trampa.[12] Ahora bien, puede que tú no estés familiarizada con estos términos, pero hay una lección importante que debemos aprender aquí.

¡ATRAPADA!

Un lazo no es la típica y horrible trampa de metal que se ve tan desagradable y amenazante con sus dientes de hierro. Un lazo es mucho más sutil. Un simple trozo de cuerda con un nudo no aparenta ser una gran amenaza, si acaso se le puede notar. Cuando un animal pasa por él, camina tranquilamente. Y sigue caminando, sin sentir nada. En algún momento siente una leve tensión, pero solamente lo arrastra un poco. Cuando el animal siente mayor tensión, hala con más fuerza y avanza, lo cual aprieta el nudo. La fuerza de su propio movimiento no tarda en enlazar al animal, que queda atrapado. Si hubiera retrocedido antes, tal vez habría podido escapar. Pero, cuando se da cuenta de que está atrapado, ya es demasiado tarde. La captura es sutil, y se *ejecuta mediante la acción misma del animal*.

Esa es una imagen gráfica y aterradora de lo que le sucedió a Carla. Y todo empezó con la mentira: "Necesito una salida para mi deseo sexual". El pecado no sucede por casualidad. Nosotras le damos lugar con nuestras propias acciones. Y a menudo esas acciones se nutren de una creencia que simplemente no es verdad. Carla había dado por sentado, equivocadamente, que lo que ella necesitaba era sexo, cuando en realidad se encontraba aislada y sola en su vida espiritual y social. Poco a poco había quedado enredada en la trampa.

Cuando Carla se dio cuenta de lo que le sucedía, buscó la ayuda de dos mujeres maduras de su iglesia para restaurar su matrimonio roto. Y lo primero que sus amigas mayores y más sabias le ayudaron a entender fue que su anhelo no era de sexo, sino de intimidad. Su necesidad más grande no era trabajar en técnicas sexuales, sino cultivar la amistad con su esposo (quien gustosamente se dispuso a atender el corazón de Carla). Juntos se propusieron no solo cultivar su amistad e intimidad entre sí, sino con Jesús.

Efectivamente. Arreglar la vida sexual de Carla tenía mucho que ver con arreglar su relación con Jesús.

CREADA PARA LA INTIMIDAD

Cuando Jesús encontró a la mujer en el pozo, ella tenía cinco esposos, y el hombre con el que vivía en ese momento ni siquiera era su esposo. Jesús no se enfocó en sus anhelos sexuales insatisfechos ni le aconsejó un proceso de tres pasos para manejar esas ansias. Jesús la guió hacia lo único que podía satisfacer su sed: Él mismo. La llamó a una relación profunda e íntima con Él.

Si el matrimonio es una imagen de nuestra relación con Cristo, debemos conocer el amor de Cristo si queremos dibujar esa imagen. No puedes trazar la imagen de algo que nunca has visto, ¿no es así? A menudo cometemos el mismo error de enfocarnos en buscar intimidad emocional y sexual en el matrimonio, pero la intimidad con Cristo debe ir primero. Su amor es fiel y constante, como jamás podrá ser el amor de un hombre. Por eso, el matrimonio es una imagen del amor de Cristo y no un reemplazo del mismo.

Dios nos creó con una capacidad y una necesidad de intimidad en nuestras relaciones (lo cual es un reflejo de la unidad en la relación que existe en la Trinidad). Ya sea que estés casada o soltera, satisfacer tus anhelos de intimidad y amor, o fingir que no existen, no los hará desaparecer. Tampoco funcionará tratar de alimentarlos con sexo. Si es necesario, puedes vivir sin una válvula de escape para tus deseos sexuales, y la actividad física sexual por sí sola no puede satisfacer tus anhelos de intimidad. Jesús desea satisfacer esa necesidad ante todo con Él mismo, y por medio del don de las amistades humanas puras y apropiadas.

Si eres una mujer soltera, permíteme compartir contigo estas palabras de aliento de la escritora Carolyn McCulley, una amiga cercana de Nancy y mía, que es soltera:

> Como voluntaria en un centro de atención a embarazadas, me han preguntado varias veces cómo yo podía vivir sin sexo. Estas mujeres no me lo preguntaban con frivolidad. En realidad les preocupaba no poder hacer lo mismo, como si fueran a estallar

por toda la presión acumulada. Yo les aseguraba que la gracia de Dios era suficiente para mí, pero ellas seguían dudando.

Lo mismo sucede con algunas amigas que me conocieron cuando no era creyente. La seriedad de mi conversión quedó en evidencia cuando descubrieron hace poco que, en efecto, iba a esperar hasta el matrimonio. Ese compromiso se volvió luego la prueba de fuego, más que cualquier otro aspecto de mi fe. Cuando un cliente que no era creyente me invitó a salir poco después de mi conversión, mis colegas insistieron en que le aclarara quién era yo y cuáles eran mis normas. "Tienes que decirle que no eres normal", me decían.

"No eres normal". Eres una mujer cristiana soltera llamada por las Escrituras a guardarte en pureza y abstinencia sexual hasta el matrimonio, mientras tienes que vivir a lo largo de la semana en una sociedad saturada de sexo. Los fines de semana tienes comunión con las familias de tu iglesia, donde por regla general se tienen en gran estima el matrimonio y la familia. Sin embargo, te sientes fuera de lugar en ambos medios. Con el paso del tiempo puede ser que empieces a pensar que es cierto, que tal vez en realidad *no* eres normal.

Es cierto. No eres normal. Pero esas son buenas noticias. Si te has arrepentido de tus pecados y has puesto tu confianza en la obra perfecta de Jesucristo y en su muerte en la cruz mediante la cual Él recibió el castigo por tu pecado, definitivamente no eres " normal". Tu identidad le pertenece al Señor, y Él la ha puesto en orden.[13]

Querida hermana, esa idea de lo que es normal está completamente sobrevalorada. Es algo que no satisface. Llénate más bien de la extraordinaria agua viva que Jesús ofrece. Su amor es el único amor que en verdad satisfará los anhelos más profundos de tu corazón.

LA MENTIRA	21. No puedo contarle a nadie...
LA VERDAD	• El sexo y la sexualidad saludables están exentos de vergüenza. Génesis 2:25 • La culpa es la herramienta que Dios usa para llevarte de vuelta a Él, y está desprovista de condenación innecesaria. 1 Juan 2:1; Romanos 8:1 • La vergüenza es la herramienta de Satanás para alejarte de Dios. Génesis 3:10 • Dios diseñó la iglesia para ministrar sanidad a quienes luchan con el pecado y la vergüenza. Santiago 5:16 • Tu pasado sexual y tus tentaciones presentes no te definen. La cruz te define. 1 Corintios 6:9-12
LA MENTIRA	22. Mi sexualidad está separada de mi espiritualidad.
LA VERDAD	• Dios creó los sexos biológicos de hombre y mujer para reflejar algo acerca de su imagen. Génesis 1:26-27 • Cuando un hombre y una mujer se unen en intimidad matrimonial y sexual, reflejan la unidad de Dios Padre, Hijo y Espíritu Santo. Génesis 2:24 • El matrimonio y el sexo son una imagen del evangelio. Efesios 5:31-32

LA MENTIRA	23. Esto es lo que soy.
LA VERDAD	• Los sentimientos no son hechos. El corazón, o lo que siento, puede ser engañoso y perverso. Jeremías 17:9 • Lo más importante acerca de mi sexualidad no es cómo me siento, sino lo que Dios dice que es verdad. 1 Juan 3:20 • Mi identidad es la de portadora de la imagen de Dios. Génesis 1:26-27 • Afirmar que mi identidad radica en mi sexualidad niega mi propósito de glorificar a Dios. Romanos 1:20-23
LA MENTIRA	24. Las normas divinas para el sexo son anticuadas.
LA VERDAD	• Las normas de Dios nunca han estado "de moda". Génesis 19:5; 38:22; Levítico 18; Jueces 19:22; 1 Reyes 11:1-8; 1 Corintios 6:9 • La integridad sexual es cuando mis decisiones sexuales son una expresión constante de mis compromisos espirituales y relacionales. Efesios 5:3; 1 Tesalonicenses 4:3-5; 1 Corintios 6:13-20 • Dios no quiere que yo participe en forma alguna de sexo fuera del matrimonio. Levítico 18:22; 19:29; 20:10; Proverbios 7:4-27; Mateo 5:28; Marcos 7:21-22; Romanos 1:27; 1 Corintios 6:9; 7:2; Efesios 4:19; 5:3-4; 1 Tesalonisenses 4:3

- Si soy casada, Dios quiere que yo participe del sexo con mi esposo de manera regular y para el placer mutuo, salvo cuando nos ponemos de acuerdo en abstenernos durante un tiempo para concentrarnos en la oración.
1 Corintios 7:1-5

LA MENTIRA **25. Necesito una salida para mi deseo sexual.**

LA VERDAD
- Mi anhelo de intimidad es legítimo. El acto físico del sexo es una expresión de la intimidad más profunda que una persona anhela experimentar.
Génesis 4:1
- Mi anhelo de expresarme sexualmente puede ser una trampa. Buscar esto aparte del plan y del orden de Dios conduce a la esclavitud, no a la satisfacción.
Gálatas 5:1
- Yo puedo vivir sin una válvula de escape sexual, pero no puedo vivir sin el amor constante de Dios.
Proverbios 19:22

CAPÍTULO SIETE

MENTIRAS QUE LAS MUJERES CREEN... ACERCA DEL
matrimonio

Todo está muy calmado en casa en este momento, sobre todo porque Adán y yo casi ni hablamos. Anoche tuvimos una pelea. Debí saber que sucedería...

El día comenzó mal. Adán había pasado toda la noche atendiendo el parto de una vaca. Luego tuvo que irse antes del desayuno para almacenar el resto de la paja. Al llegar por fin a casa estaba exhausto, sudoroso y no tenía el mejor genio.

Yo había estado encerrada en la casa todo el día con dos niños enfermos y, al preguntarme por qué la cena no estaba lista, yo le sugerí que tal vez sería mejor que se la preparara él mismo. No recuerdo si en ese momento comencé a recordarle varias tareas pendientes de la casa que le había pedido hacer, como despejar la entrada de la casa (que ya parece una selva con tanta maleza).

Y así, una cosa llevó a la otra. Él le había dado permiso a Abel para acompañarlo en un viaje especial de cacería la próxima semana. Yo pienso que Abel es demasiado joven, y además no creo que pueda llevarlo sin llevar también a Caín.

Adán no quiso ceder y las cosas se tornaron bastante tensas. Ambos dijimos una cantidad de cosas que tal vez debimos callar. Me acosté temprano y fingí que estaba dormida cuando llegó.

Podría pensarse que después de todos estos años juntos ya deberíamos haber superado estos asuntos maritales. Lo curioso es que en términos generales creo que para Adán nuestro matrimonio funciona bien. Sin embargo, yo siento a veces que somos unos extraños, a pesar de que nos hemos conocido de toda la vida. Él siempre piensa que tiene la razón en todo. Cada vez que le pido ver las cosas desde mi punto de vista, dice que nada me hará feliz.

Solo quisiera que fuera más sensible a mis sentimientos.

Dios diseñó el matrimonio para que reflejara el evangelio y la historia de la redención. Lo que ocurrió en el huerto de Edén hace miles de años no solo fue un ataque contra ese importante reflejo. Al dañar esta sagrada institución, Satanás propinó un duro golpe al plan eterno de Dios y a su carácter mismo.

No es casual que Satanás pusiera en marcha su nefasto plan acercándose a una mujer casada. Le mintió acerca de Dios, de su carácter divino y de su Palabra, y acerca del pecado y sus consecuencias. Ella le creyó, obró conforme a su mentira, y luego invitó a su esposo a pecar también.

Las consecuencias en su matrimonio fueron abismales. La vergüenza tomó el lugar de la libertad. En vez de transparencia y comunión, vino fingimiento y encubrimiento. La unidad de la que gozaban Adán y Eva en su estado original llegó a convertirse en animosidad y enemistad no solo hacia Dios, sino entre ellos.

En vez de dirigir con amor a su esposa, el hombre caería en los extremos desde el control dominante hasta la indiferencia y la pasividad. La protección que había recibido la mujer bajo su "cabeza" espiritual se perdió, y la independencia que ejerció en su relación con Dios ahora se manifestaba con su esposo, lo cual la exponía a más engaños y pecados. La relación entre un hombre, una mujer y su Dios que había sido diseñada para ser un vínculo de entrega y gozo, ahora se había convertido en motivo de desconfianza y malestar.

Y así ha ocurrido con cada matrimonio que intenta funcionar de manera independiente de su Creador.

Al igual que sucede con cualquier área de nuestra vida, Satanás usa el engaño para lograr sus propósitos destructivos para el matrimonio. Si él logra que el esposo y la esposa crean y actúen conforme a sus mentiras, tendrá éxito en su plan de robarles el gozo y destruir su intimidad. Inventa una infinidad de mentiras. Mentiras como...

26. *"Necesito un esposo para ser feliz".*

*C*omo sucede con otras mentiras, esta es en realidad una distorsión sutil de la verdad.

La verdad es que el matrimonio es un buen regalo. Es el plan de Dios para la mayoría de las personas, y hay (y debe haber) gran gozo y bendición en el matrimonio cuyo centro es Cristo. Pero Satanás tergiversa la verdad acerca del matrimonio insinuando a las mujeres que es la única manera en que pueden alcanzar la felicidad y la realización personal, y que no serán felices sin un esposo que las ame y supla sus necesidades.

Cuando consiguen un esposo, muchas mujeres comienzan a creer variaciones de esta mentira: "necesito tener este o aquel tipo de esposo para ser feliz", o "mi esposo tiene que hacerme feliz". Solo después de pasar años de desencantos, Miriam admitió cuán disparatada era esa idea:

Después de diez años juntos, mi esposo y yo nos separamos. Creía que su obligación era hacerme feliz. En realidad nunca lo fue, y las cosas nunca funcionaron. No solo yo estaba en esclavitud, sino él también.

La verdad es que el objetivo supremo del matrimonio no es hacernos felices, sino glorificar a Dios. Las mujeres que se casan con el único propósito de encontrar la felicidad se alistan para una gran decepción, y pocas veces encuentran lo que buscan. Además, las mujeres que creen que necesitan un esposo para ser felices, con frecuencia terminan en relaciones que Dios nunca planeó darles.

Johana me dijo cómo esa mentira la esclavizó y la arrastró a un desenlace lamentable que jamás imaginó:

En la universidad tuve un novio que se convirtió en mi prometido y luego en mi esposo. Era un buen hombre, aunque no estaba comprometido con Cristo. Con todo, tenerlo era más importante para

mí que esperar en Dios y pedirle que trajera a mi vida a un cris-
tiano firme para casarme. Como resultado, nunca hemos podido
crecer juntos en la fe. Después de veintiocho años de matrimonio
no tenemos mucho en común. Mis amigos son cristianos, los suyos
son incrédulos. Mi prioridad son mis hijos, la suya es su trabajo.

Esta mujer creyó que necesitaba un esposo para ser feliz. Actuó según esa mentira casándose con un hombre incrédulo en abierta contradicción a la enseñanza de la Palabra de Dios. Aunque logró lo que deseaba (casarse con un hombre), terminó con mortandad espiritual en su alma (Sal. 106:15).

La verdadera libertad solo viene cuando se reconoce y se abraza la verdad, ya sea con un esposo o sin él, como lo ilustra la siguiente historia:

Perdí a mi padre a la edad de catorce años y me casé a los die-
ciséis. Ahora veo que dejé que mi esposo se convirtiera en mi
seguridad y mi razón para vivir. A medida que nuestros hijos cre-
cían y que teníamos problemas en nuestro matrimonio, me sen-
tía esclavizada por la idea de que "nunca podría vivir sin él". Mi
esposo se sentía asfixiado por culpa mía, y empezó a pensar que
necesitaba irse para poder respirar.

Dios se sirvió de algunos amigos para hacerme ver la nece-
sidad que tenía de soltar a mi esposo y asirme de Cristo. Apenas
lo hice, fui libre. Mi esposo pudo crecer a lo largo de todo ese
proceso y jamás se fue de mi lado. Alabamos a Dios sin cesar por
permitirnos celebrar treinta y seis años de matrimonio.

He luchado con la mentira de que sin el matrimonio mi vida
carece de valor, y que tal vez hay algo mal en mí porque sigo sol-
tera. Creer esta mentira me robó el gozo de servir a Dios y al pró-
jimo (porque yo solo pensaba en mis propios intereses y metas).

Pasaron muchos años antes de que yo aprendiera a confiar
en la soberanía de Dios, y a entender que tiene un plan para mí.
Ahora, mi meta (a los cuarenta años) es dedicar los años que me

quedan aprovechando las muchas oportunidades que tengo para servirle, y permitirle transformarme a la semejanza de Cristo. Esta vida es muy corta. Él me ha ayudado a tener una perspectiva eterna que me permite soportar alegremente las penas y decepciones de este mundo.

Me encanta la última frase del testimonio anterior. En este mundo caído, nadie, ni casado ni soltero, está exento de "penas y decepciones". Sencillamente no existe tal cosa como absoluta felicidad en este lado del cielo. Sin embargo, como aprendió esta mujer soltera, podemos "soportar alegremente" las circunstancias que enfrentamos aquí en la tierra, cualesquiera sean, si miramos más allá de esta vida y adquirimos una perspectiva eterna.

Entretanto llegamos al cielo, ni nuestro estado civil ni un matrimonio pueden proveernos y tampoco privarnos de la felicidad suprema.

He conocido a mujeres tanto solteras como casadas que viven infelices. También he conocido mujeres tanto solteras como casadas que eran verdaderamente felices, a pesar de que enfrentaban "penas y decepciones". Habían encontrado una fuente de gozo que no dependía de su estado civil.

Yo misma he vivido en ambos lados del matrimonio. Fui soltera hasta finales de mis cincuenta. Esos años incluyeron períodos de soledad, y de anhelar compañía. Sin embargo, a lo largo de esa etapa prolongada de mi vida, que yo creía permanente, el Señor en su bondad me permitió experimentar su amistad, su absoluta suficiencia, y me concedió el privilegio de servirle "sin impedimentos" (1 Co. 7:35). Por la gracia de Dios, recibí esos años como un regalo, y fui bendecida con contentamiento y gozo en ese llamado.

Entonces el Señor me sorprendió (por decir lo menos) trayendo a un hombre maravilloso a mi vida. Amo mucho a Robert y estoy profundamente agradecida por ser amada y valorada por este hombre tierno, humilde y piadoso. Pero Robert Wolgemuth no es un sustituto para Dios y, por más que él quisiera, no puede satisfacer las necesidades más profundas de mi corazón. Esta nueva etapa de matrimonio, con todo y lo hermosa que es, ha traído nuevos desafíos al igual que oportunidades.

Aún así, recibo estos años como un regalo, y encuentro contentamiento y gozo en este llamado. Y si Dios, en su sabiduría y providencia, determina que uno o los dos quedemos incapacitados, o que yo quede viuda en algún momento, sé que la fuente de gozo que ha sido Cristo para mí todos estos años permanecerá inmutable y me sostendrá en medio de esas etapas de pérdida y duelo.

Para todo, descanso en la misma verdad que me ha sostenido a lo largo de los años:

- La fuente de la felicidad suprema no se halla (ni se origina) en ningún estado civil. No se encuentra en ninguna relación humana. El gozo verdadero y duradero no puede encontrarse en nada ni en nadie aparte de Cristo mismo.

- La felicidad no se encuentra en tener todo lo que creemos que queremos, sino en elegir estar satisfechas con lo que Dios ya nos ha provisto.

- Quienes insisten en hacer lo que les parece y a su manera muchas veces terminan en sufrimiento innecesario, mientras que los que esperan en el Señor, si bien no son inmunes a la aflicción, siempre recibirán lo mejor de Él.

- Dios ha prometido darnos todo lo que necesitamos y tranformarnos a la semejanza de su Hijo. Si Él sabe que un esposo (o un esposo transformado) haría posible que una mujer fuera más como Jesús o lo glorifique más, Él proveerá lo que sea necesario, en su tiempo y en sus designios perfectos.

27. "Es mi obligación cambiar a mi esposo (o a mis hijos, o amigos, o...)".

La mayoría de las mujeres nacimos con la inclinación de querer "arreglarlo todo". Si algo está mal, sentimos el impulso de intentar arreglarlo. Si *alguien* se equivoca, de inmediato lo corregimos. El instinto es casi irresistible, en especial en lo que respecta a los que viven bajo nuestro techo. No obstante, esta idea de que somos responsables de cambiar a otros solo se traduce en frustración y conflicto.

En el contexto del matrimonio, esta mentalidad lleva a la mujer a concentrarse en las faltas y carencias de los demás, frente a lo cual ella poco, o nada, puede hacer. Además, desvía su vista de sus propias necesidades y de su propio caminar con el Señor, algo que *sí* está en sus manos cambiar.

Como he escuchado a mi esposo decir muchas veces: "No puedes cambiar a tu prójimo [¡ni en la casa, ni en la oficina, ni en ninguna parte!]. ¡La única persona que puedes cambiar eres *tú*!".

Hace unos años, una amiga me comentó algo que estaba aprendiendo en su matrimonio, una verdad que me ha parecido importante recordar para mi propio matrimonio: "Yo no soy la mamá de mi esposo, y no soy su Espíritu Santo". Es algo sencillo de decir, ¿no te parece? ¡Pero es muy fácil olvidarlo!

¿Significa esto que cuando vemos pecado o puntos ciegos en la vida de nuestra pareja tenemos que callarnos y no hacer nada? En absoluto. Tu esposo necesita tu retroalimentación oportuna, respetuosa y amable (al igual que tú necesitas la de él). Sin embargo, cuando nos obsesionamos con tratar de cambiar a nuestro esposo o corregir lo que percibimos en él como faltas y defectos, es probable que terminemos frustradas y resentidas contra él, e incluso contra Dios. Asimismo, puede ser que limitemos la obra que Dios quiere hacer en nuestro cónyuge. A veces me pregunto cómo podría Dios obrar en la vida de nuestros esposos si estuviéramos dispuestas a dejarlo encargarse de ese proceso.

Lo que muchas mujeres pasan por alto es que tenemos dos armas poderosas que son mucho más eficaces que los regaños, la insistencia, o la queja. La primera es *una vida piadosa*, que Dios usa a menudo para producir una convicción irresistible y hambre espiritual en otros (ver 1 P. 3:1-4).

La segunda es *la oración*. Cuando señalamos continuamente y en un tono crítico las cosas que deseamos que cambien nuestros esposos, es probable que adopten una actitud defensiva y se resistan. Pero cuando tomamos nuestras preocupaciones y las presentamos al Señor, estamos apelando a un poder mucho más elevado, a Alguien que es mucho más eficaz que nosotras para ayudarles a ver sus necesidades y motivarlos a realizar los cambios necesarios.

Mike Neises ha servido conmigo en el equipo de *Aviva nuestros corazones* durante más de veinte años. He oído con frecuencia la hermosa historia de cómo él y su esposa llegaron a conocer a Jesús. Habían estado casados varios años y tenían dos hijos cuando Chris, al sentir su necesidad de guía espiritual, acudió a su vecina cristiana en busca de ayuda. La vecina ofreció hacer en casa de ellos un estudio bíblico para parejas. Mike accedió, consciente de que eso era importante para su esposa, pero dando por sentado que él era inmune a todo lo "religioso".

Chris no tardó en volverse seguidora de Cristo. Mike se dio cuenta sin tardar de que algo había cambiado en ella y sintió curiosidad, pero algo le impedía seguirla. Esto recuerda él de ese período:

> El alcohol era mi gran pecado. Trabajé muy duro para mantenerlo separado de mi familia, pero me estaba dejando en la bancarrota moral, emocional y física.

Sin embargo, en los meses siguientes Chris oraba en privado para que el Espíritu obrara en el corazón de su esposo. Mike recuerda:

> Chris se mantuvo respetuosa y nunca me presionó. Ella nunca trató de ser el Espíritu Santo en mi vida. Sé que yo me habría resistido si ella hubiera empezado a predicarme. Lo que más me impresionó fue la increíble paciencia y mesura que ella demostró cuando hubiera sido más fácil para ella sermonear, regañar y forzar las cosas.

Al fin, una noche "todo se derrumbó". Después de un juego de ráquetbol, Mike se detuvo en un bar con un amigo "para tomar algo". Cinco horas después, el camarero lo llamó para avisarle que tenía una llamada telefónica. Era Chris. El Señor usó su respuesta calmada en medio de esa crisis para abrir los ojos y el corazón de Chris al evangelio.

Yo me sentí avergonzado y arrepentido, y después de reco-
brar mi sobriedad fue el llamado de atención que necesitaba,
mostrándome que no tenía control sobre esa situación y que
Cristo era mi única esperanza.

Justo después de ese episodio, el Señor suprimió por completo el deseo de Mike por el alcohol, y él se apartó de ese estilo de vida para nunca más volver. Dos meses después, él confió en Cristo y recibió la seguridad de su salvación.

A lo largo de las muchas etapas que Mike y Chris han vivido juntos, Chris ha sido siempre una mujer tranquila, una mujer de oración, que confía en que Dios guíe y obre en las vidas de ambos.

CUANDO DIOS INTERVIENE

Por supuesto, la respuesta a la oración no siempre viene tan rápido como en el caso de Chris. Hace un tiempo una mujer a quien no reconocí se me acercó en una celebración de bodas y dijo: "¡Tú salvaste mi matrimonio!". Le pedí que me refrescara la memoria. Ella me contó que nos habíamos conocido hacía diecisiete años en un evento ministerial. En ese tiempo, me había contado su carga respecto a la condición espiritual de su esposo. Ella contó: "En aquel entonces me dijiste que no era mi responsabilidad cambiar a mi esposo, sino la de Dios. Me aconsejaste ir y decirle a mi esposo lo que había en mi corazón, y luego retirarme y dejar que Dios hiciera el resto'". En seguida añadió: "Durante todos estos años he puesto en práctica ese consejo y lo he comunicado a muchas otras mujeres casadas".

Luego prosiguió para contarme lo que había significado para ella esperar en el Señor para ver un cambio en su esposo. Durante dieciséis largos años ella había orado y esperado sin ver una sola señal de respuesta por parte de Dios. Aunque su esposo profesaba ser cristiano, su falta de interés por las cosas espirituales, y de fruto, hacía dudar de una verdadera relación con el Señor.

Luego, de manera "inexplicable", y después de tantos años, el Espíritu encendió la luz y produjo un cambio impresionante en el esposo de aquella mujer. Fue como si hubiera despertado de un estado de coma. De repente buscaba con ansias la Palabra y anotaba todo lo que Dios le decía por medio del estudio bíblico. Ella contó: "Antes de ese cambio era casi imposible sacarlo de la cama para desayunar. ¡Ahora asiste a la reunión de oración para hombres a las seis y media cada mañana!". Hace poco mencionó incluso la posibilidad de vender su negocio a fin de dedicar más tiempo a algún ministerio. No existe una explicación humana para el cambio que experimentó ese esposo, aparte de Dios y una esposa fiel que perseveró en oración por su esposo.

A este respecto, me fascina el ejemplo de María, la madre de Jesús. Un ángel se le apareció y le dijo que iba a ser la madre del Mesías, lo cual era una experiencia extraordinaria. Sin embargo, ¡también era una situación muy delicada! Al parecer, José no creyó en un principio la explicación que ella le dio. Él no había visto al ángel. Tenía motivos para pensar que ella le había sido infiel.

Las Escrituras no sugieren que María hubiera presionado a José para que le creyera acerca del mensaje divino que ella había recibido. Antes bien, esperó en Dios y le dio la oportunidad de comunicarle el mensaje directamente a su esposo, y eso fue exactamente lo que sucedió. Después de que el ángel se le apareció a José, él creyó y reaccionó de inmediato. María era una mujer que sabía guardar y sopesar las cosas en su corazón (ver Lc. 2:19). Ella esperó tranquila porque conocía el poder de Dios y confiaba en Él para llevar a cabo el plan para su vida y su familia.

Cabe aclarar que tu vida piadosa y tus oraciones, sin importar cuán fieles y sinceras sean, no garantizan que tu esposo se vuelva al Señor o se arrepienta de decisiones y hábitos pecaminosos. Aun así, conforme oras y confías en el Señor respecto a tu matrimonio, puedo garantizarte que *algo* va a cambiar. Tú te volverás más fuerte y más sabia. Tu ejemplo puede influir sobre otros e inspirar a otros a confiar en Dios también. Y puedes experimentar una paz sobrenatural cuando confías tu vida, tu pareja y tu matrimonio a Cristo sin condiciones, para que Él haga lo que solo Él puede hacer.

28. *"Mi esposo debe servirme".*

*A*lgunas feministas se quejan porque "los hombres no hacen su parte del trabajo sucio". Las estadísticas indican que, a pesar de más de cincuenta años de feminismo, las madres casadas todavía hacen tres veces más que los padres casados en lo que respecta a cocinar, limpiar y lavar en el hogar.[1]

Sheryl Sandberg, la segunda ejecutiva de más alto nivel en Facebook después de Mark Zuckerberg, está decidida a cambiar eso. En 2015, la organización de Sandberg, Lean In, contrató a las estrellas de la NBA LeBron Santiago, Stephen Curry, y otros jugadores de elite de la liga de baloncesto para que convencieran a los hombres de comprometerse más con las tareas domésticas. Los jugadores lanzaron el mensaje en el servicio público de anuncios durante los partidos de la NBA en las principales cadenas de televisión. Sandberg esperaba convencer a los hombres de que les iría mucho mejor económica y emocionalmente si asumían más responsabilidades en el cuidado del hogar y de los hijos, al tiempo que respaldaban la igualdad de derechos para las mujeres en el lugar de trabajo. Su campaña recibió el apoyo de algunas de las compañías y bancos más importantes de los Estados Unidos.[2]

Los anuncios publicitarios no mencionaban el hecho de que los hombres llevan a cabo, por lo general, otras múltiples tareas en la casa, desde sacar la basura hasta el mantenimiento del jardín, remodelaciones y toda clase de reparaciones. Tampoco explicaron que los hombres trabajan más horas[3] y con frecuencia aportan la mayor parte del ingreso familiar. Los comerciales de la NBA simplemente dieron lecciones a los hombres para responsabilizarse más del cuidado del hogar y de los hijos, sugiriendo que no es justo que esta responsabilidad descanse más en los hombros de las mujeres que en los de los hombres.

En la utopía social diseñada por Sandberg, los hombres y las mujeres deberían dividirse la responsabilidad laboral, financiera, doméstica, y el cuidado de los hijos por igual, a partes iguales. Cuando se trata de roles y responsabilidades, no debería haber diferencias entre los sexos.

A las mujeres cristianas no tiene por qué afectarlas este mensaje cultural que resuena por doquier. La comunidad cristiana desafía, con razón, a los hombres a amar a sus esposas e hijos, y a manifestar ese amor mediante el sacrificio y el servicio. Sin embargo, con este énfasis en mente, debemos tener cuidado de no creer las ideas culturales acerca de género y perder así de vista los papeles que Dios nos ha asignado específicamente.

En Génesis 2:18 encontramos una pista importante de nuestro propósito dado por Dios:

> Y dijo Jehová Dios:
> No es bueno que el hombre esté solo;
> le haré ayuda idónea para él.

Dios creó a Eva como una ayuda idónea para Adán. La frase en hebreo significa literalmente "una ayuda equiparable",[4] o "una ayuda correspondiente".[5]

Ahora bien, a primera vista, el hecho de que Dios creara a la mujer para ser una ayuda "para el hombre" podría dar a entender que la ayuda que provee la mujer es para hacer la vida del hombre más fácil. Ella recoge sus medias para que él no tenga que tomarse la molestia. Ella prepara su cena y lava su ropa para que él tenga tiempo libre para hacer otras cosas. Ella le ayuda como un asistente de plomero que realiza las labores ordinarias y sucias que el plomero no quiere hacer.

Sin embargo, esta idea no es lo que sugiere el texto. La palabra que se traduce "ayuda" en este pasaje es *ézer*. Un *ézer* es mucho más que alguien que dobla la ropa y prepara el café. Más bien se refiere a alguien que es una "compañera indispensable".[6] Significa "apoyo" en el sentido más amplio posible. Si bien el término se emplea aquí para describir la relación de Eva con Adán, aparece con más frecuencia para referirse a la relación del Señor con nosotros. En pasajes como Salmos 33:20 y 72:12, Dios es nuestra ayuda (*ézer*). ¡No podemos lograrlo sin Él!

En cada etapa de la vida, ya sea como casadas, solteras o viudas, con o sin hijos biológicos, nosotras portamos de manera única la imagen de Dios por medio de la ayuda que ofrecemos a otros. ¿Cómo puede ser un llamado inferior que nuestros esposos, hijos, amigos, vecinos y hermanos en la fe nos miren y digan "no podría haberlo logrado sin ti"?

Es muy importante entender lo que significa que la mujer fue creada para "ayudar" al hombre. No fue simplemente creada para ayudar al hombre a hacer lo que sea que él quiera hacer. Dios creó a la mujer para cooperar y hacer equipo con el hombre para dar a conocer a Dios y glorificarle. El Señor dijo: "trae de lejos a mis hijos, y mis hijas de los confines de la tierra... para gloria mía los he creado" (Is. 43:6-7).

La idea de que la mujer existe para facilitar la vida del hombre como su cocinera y sirvienta personal simplemente no tiene sustento en las Escrituras. No obstante, la Biblia sí nos enseña que Dios creó a las mujeres con unas responsabilidades hogareñas particulares. Las Escrituras animan a las jóvenes a que "gobiernen su casa" (1 Ti. 5:14). Alaba a la mujer que "considera los caminos [asuntos] de su casa" (Pr. 31:27). Tiene una opinión negativa de las mujeres cuyos corazones se inclinan lejos del hogar, cuyos "pies" no pueden estar en casa (Pr. 7:11). Y en la Biblia, ser "cuidadosas de su casa" forma parte de las diez cosas más importantes que las ancianas deben enseñar a las jóvenes (Tit. 2:4-5).

Esto no significa que los esposos y otros miembros del hogar no puedan o no deban contribuir al cuidado de la casa. Pero sí señala que Dios diseñó a las mujeres para estar conectadas al hogar y a las relaciones de una manera diferente a los hombres. (Así como el Señor programa a los hombres para estar conectados con el trabajo, la responsabilidad financiera y la protección del hogar, de una manera diferente a las mujeres).[7]

Una de las características que más impresionan de "la mujer virtuosa" de Proverbios 31 es el hecho de que se entrega por completo a los demás, empezando por el cuidado de los de su casa. Ella educa y alimenta a sus hijos, ayuda a su esposo, y se asegura de que todo en su casa funcione bien y que las necesidades de todos sean satisfechas. Además, cultiva otros intereses por fuera del hogar. Dirige un exitoso negocio y participa en obras de caridad. ¡Sin duda es una mujer ocupada! Sin embargo, esos esfuerzos no compiten en su corazón que está dedicado a su familia y a su hogar. Ella no descuida ese llamado por perseguir otro, o para desarrollar su propia agenda independiente en la vida. Ella sirve al Señor sirviendo a su familia y al prójimo, a fin de que Dios se glorifique.

Y en caso de que pienses que esta mujer se encuentra en una posición de desventaja, echa un vistazo a lo que dice la Biblia acerca de ella:

- Está bien vestida (v. 22).

- Ella y su familia tienen alimento y bienes suficientes para compartir con otros (vv. 15, 20).

- Lleva una vida ordenada, tiene una vida emocional estable y libre del temor del futuro (vv. 21, 25).

- Su esposo se desvive por ella, le es fiel y se siente como "uno entre un millón". Así se lo hace saber, y hace alarde de ella delante de sus amigos (vv. 11, 28-29, 31).

- Sus hijos la honran y la alaban (v. 28).

¿Cómo logró obtener semejantes "beneficios"? No fue por insistirle a su esposo para que se arremangue y ayude con las tareas domésticas (aunque no tiene nada de malo que los hombres lo hagan), sino por elegir el camino del servicio.

UNA SIERVA GOZOSA

A propósito de hijos que honran a sus madres... Mi deseo de ser una ayuda idónea para mi esposo ha sido influenciado en gran manera por el ejemplo de mi madre. Nancy DeMoss (la primera, ya que a mí me pusieron ese nombre por ella) es una mujer con dones y talentos excepcionales. Ella utilizó cada uno de esos dones para formar el singular equipo que compartió con mi papá durante veintidós años, en la crianza de una familia numerosa y en la construcción de un exitoso negocio y un fructífero ministerio juntos. Ella renunció a una prometedora carrera como cantante cuando se casó con mi padre y empezaron juntos una familia. Sin embargo, ella nunca consideró esto un sacrificio.

En la atmósfera de los años sesenta, cuando a las mujeres se les animaba a buscar la independencia, una carrera, y la realización personal, mi madre fue ejemplo de una forma de pensar diferente en la que el corazón y el llamado de la mujer, y el corazón y el llamado de su esposo, estaban entretejidos como uno solo para el propósito de servir y glorificar a Cristo. Ella era feliz siendo la *ezer* de su esposo, su "compañera indispensable". Ella llevó a cabo magistralmente los asuntos domésticos de un hogar atareado, y sirvió a otros sin cesar con su hospitalidad. Aportó sabiduría, creatividad y belleza a cada tarea que emprendió.

Este rol de "ayuda" no fue algo que mi padre le pidiera. Ella lo amaba profundamente, y se deleitaba en ser su compañera y quien lo animaba en todo. Y, al igual que la mujer virtuosa de Proverbios 31, mi madre estaba lejos de ser una mujer oprimida. Por el contrario, mi padre la estimaba y la atesoraba como una compañera en todo sentido, y celebraba que ella utilizara las capacidades que Dios le había dado para servir a Cristo y su reino.

Lo que significa para una esposa ser una *ezer* para su esposo, es algo que varía de una pareja a otra. No es lo mismo en mi matrimonio como lo fue en el de mis padres. También habrá diferencias entre una y otra etapa de la vida. Sin embargo, esta realidad no resta belleza e importancia al papel de ayuda como lo ha establecido la Biblia, ni a la verdad espiritual que lo sustenta: el llamado al servicio, por amor, en todo lo que hacemos.

La verdad es que nunca nos parecemos más a Jesús como cuando servimos. En el reino de Dios, la verdadera grandeza se demuestra por la disposición de una persona a dejar a un lado sus intereses personales y darle prelación a otros y al servicio (Mr. 9:33-35).

Sin duda alguna, los hombres están llamados a amar a sus esposas como Cristo amó a la iglesia, lo cual se expresa en estar dispuestos a servir y a entregar su vida por sus esposas, como lo hizo Cristo por su novia. Mi precioso esposo ha puesto un nivel altísimo en lo que respecta a servirme y ayudar en la casa de manera práctica. Me considero inmensamente bendecida, ¡y no podría estar más agradecida! El hecho es que tanto él como yo tratamos de servir al otro al máximo.

En cambio, si tú y yo nos enfocamos en exigir lo que "merecemos", en nuestros "derechos", o en lo que nuestro cónyuge "debería" hacer por nosotras, seremos susceptibles al resentimiento y las heridas cuando nuestras expectativas no son satisfechas. La bendición y el gozo son el resultado de procurar ser una mujer que da y no una que solo espera recibir, de buscar de todas las formas llevar a cabo nuestra responsabilidad delegada por Dios de acompañar a nuestro esposo, y de bendecir y servirlo a él, a nuestra familia, y a otros.

A diferencia del modelo de Sandberg, la Biblia no presenta el matrimonio como una responsabilidad por partes iguales, en la que cada uno cumple con la cuota que le corresponde, cincuenta y cincuenta. El modelo que Dios ha dado es radical. Él espera que *tanto* el esposo como la esposa entreguen la totalidad de lo Él les pide, el cien por ciento de cada uno. En efecto, la Biblia llama a los esposos a servir a sus esposas de manera desinteresada y de todo corazón. Pero no, no es nuestra responsabilidad exigir que lo hagan. Nuestra responsabilidad, delante de Dios, es imitar a Jesús y *ser* siervas gozosas.

El cien por ciento.

Todo lo que somos.

29. *"Si me someto a mi esposo seré infeliz".*

Hace tiempo, una notable denominación protestante escandalizó al mundo evangélico cuando emitió una declaración de fe bíblica acerca del matrimonio y la familia que incluía la siguiente frase:

Una esposa debe someterse con agrado al liderazgo de servicio de su esposo al igual que la iglesia está llamada a someterse voluntariamente a Cristo como su cabeza.[8]

Cuando empecé mi ministerio con mujeres hace cuatro décadas, esta declaración no habría disparado las alarmas en un estudio bíblico o conferencia promedio para mujeres. En cambio, expresar esta idea hoy, sin importar con cuánto cuidado se haga, para muchos en la iglesia resulta desagradable, si no completamente repugnante. Promover la sumisión en el matrimonio se considera equivalente al maltrato doméstico o la esclavitud. Un número creciente de blogueras y escritoras cristianas sostienen que esta enseñanza no puede defenderse bíblicamente, y que aprueba y alimenta el abuso de las mujeres. (Tampoco ayuda que haya hombres que se llaman cristianos y tergiversan las Escrituras y las usan para justificar el trato cruel y pecaminoso de sus esposas, hijas y otras mujeres).

El concepto de sumisión, particularmente en el matrimonio, no cae bien en nuestros días. Sin embargo, esta no es una batalla reciente. De hecho, la sumisión fue el fondo del asunto que enfrentó Eva en el huerto de Edén. La esencia misma de la insinuación de la serpiente a la mujer fue: ¿Acaso Dios tiene derecho de mandar en tu vida? Con esto, Satanás dijo: "Tú puedes gobernar sobre tu propia vida, no tienes que someterte a la autoridad de otro".

La serpiente convenció a Eva de que someterse a la dirección de Dios la haría infeliz, y que perdería algo bueno o necesario en la vida. Desde ese día, Satanás hace un trabajo magistral para hacer ver una verdad hermosa, santa y poderosa como algo horrible, aterrador e indeseable.

En el corazón de la naturaleza humana caída hay un conflicto con la autoridad. Sencillamente no queremos que nadie nos diga lo que tenemos que hacer. Queremos dirigir nuestra propia vida y tomar nuestras propias decisiones. Y damos por sentado que someterse a la autoridad nos hará infelices.

En lo que respecta a la sumisión de la esposa a su esposo, creo que gran parte de la resistencia se debe a algunas ideas equivocadas que nada tienen que ver con lo que realmente significa.

MENTIRAS ACERCA DE LA SUMISIÓN

1. *"La esposa es inferior a su esposo"*. Hay quienes insisten que la sumisión supone inferioridad. Las Escrituras enseñan que tanto el hombre como la mujer fueron creados a imagen de Dios, que ambos tienen el mismo valor delante de Él, y que ambos tienen el privilegio de recibir su gracia redentora mediante el arrepentimiento y la fe (Gn. 1:27; Gá. 3:28; 1 P. 3:7).

2. *"Ser cabeza de su esposa le da al esposo derecho a ser áspero o tirano con ella"*. Por el contrario, a los esposos se les ordena amar a sus esposas como se aman a sí mismos, y con la misma actitud de servicio, abnegación y sacrificio que el Señor Jesús mostró hacia su Iglesia hasta entregar su vida por ella (Ef. 5:25-29).

3. *"Una esposa sumisa debe callar ante su esposo y no manifestar sus opiniones".* Dios creó a la mujer para ser la "ayuda idónea" de su esposo. Eso significa que él la *necesita*. Él necesita la sabiduría y los puntos de vista que ella puede aportar a diversas situaciones. Sin embargo, después de haber expresado respetuosamente su punto de vista, y de comunicar sus inquietudes y solicitudes de reconsiderar una dirección particular, ella debe estar dispuesta a dejar que su esposo tome la decisión y a aceptarla (dando por hecho que no le pide a ella que peque), y confiar a Dios las consecuencias de la misma.

4. *"El esposo siempre tiene la razón".* El apóstol Pedro habla a mujeres cuyos esposos "no creen a la Palabra". Puede que el esposo sea incrédulo o desobediente en algún aspecto de su vida. Según 1 Pedro 3:1-2, el modo más eficaz de influir sobre un esposo incrédulo no son los ruegos, ni las discusiones con argumentos lógicos, ni los continuos recordatorios, sino el poder de una vida santa y sumisa.

CONTAR LA HISTORIA DEL EVANGELIO

La sumisión no es algo que me nace naturalmente. (Alerta informativa: nadie tiene esa facilidad). Yo soy una mujer fuerte con firmes puntos de vista respecto a prácticamente todo, y durante cincuenta y siete años fui responsable de mi propia vida.

Claro, cuando niña estuve bajo la autoridad de mis padres. Cuando fui estudiante universitaria aprendí una importante lección de sumisión cuando me detuvieron por exceso de velocidad (en dos ocasiones) en las autopistas de Pasadena. Y en mi vida adulta aprendí a respetar y a someterme a mis jefes. Y, evidentemente, vivía bajo la autoridad de Dios desde hacía muchos años. Con todo, la sumisión a otras personas no es algo que tuviera que practicar diariamente.

Sin embargo, el 14 de noviembre de 2015, en la iglesia universitaria en Wheaton, Illinois, mirando a los ojos a un hombre con quien había salido apenas nueve meses, pronuncié las siguientes palabras:

En presencia de Dios y de estos testigos... prometo respetarte, venerarte y someterme a ti en todo como mi cabeza aquí en la tierra.

En ese momento entré yo (voluntariamente) en una relación de pacto permanente con un hombre, ¡prometiendo delante de Dios respetarlo, venerarlo y someterme a él en todo!

¿En qué estaba pensando?

¿Pensé que estaríamos de acuerdo en todo y que las decisiones y criterios de Robert siempre serían los correctos? Para nada.

Con ese voto, ¿pedí ser relegada a una posición inferior o acepté una cadena perpetua en una penitenciaría matrimonial? En absoluto.

Mis votos fueron una respuesta a las promesas que Robert me había hecho poco antes:

Yo, Robert, te tomo, Nancy, como mi esposa... prometo amarte y pasto-rearte, como Cristo ama y pastorea a su iglesia; para entregarme por ti, así como Él entregó su vida por nosotros.

Lo que empezó seis meses antes cuando Robert se arrodilló en la sala de mi casa, me dijo que me amaba y me pidió que me casara con él, y siguió con nuestro intercambio de votos en el altar, fue la manifestación de una parte del misterio que encontramos en Efesios 5.

Pablo dice que el matrimonio entre un hombre y una mujer cuenta una historia: "yo digo esto respecto de Cristo y de la iglesia" (v. 32). Cuando un hombre inicia una relación de pacto con una mujer, cuando ama y se sacrifica por ella, ilustra con ello la manera en que Cristo inicia una relación con su novia —la iglesia—, la ama y entrega su vida por ella.

Sin embargo, esa es solo una parte del misterio que revela el matri-monio cristiano. Cuando una mujer acepta con gratitud la iniciativa de su pretendiente, y cuando respeta, venera y se somete a él, ella cuenta la historia de cómo la iglesia debe responder a su Novio celestial.

En nuestro día de bodas, cuando prometí respetar, venerar y some-terme a Robert "en todo como mi cabeza sobre la tierra", dije además *"como la iglesia respeta, venera y se somete a Cristo, su cabeza eterna".*

Al amarme y guiarme como conviene, Robert demuestra una parte de este misterio.

Al ser receptiva a su iniciativa y liderazgo, yo demuestro la otra parte. Y juntos presentamos la gran historia de la redención.

Si eres víctima de abuso

El siguiente es un fragmento del tema de la sumisión que se trata más en detalle en mi libro *Adornadas*:[9]

La sujeción de una esposa nunca da licencia a su marido para abusar de ella. Jamás. Cada vez que en las Escrituras se exhorta a las mujeres a sujetarse a sus maridos, se instruye respectivamente a los maridos a amar y apreciar a sus esposas. No hay justificación posible para que un marido abuse de su esposa, ya sea de manera física o verbal, o con medios de manipulación e intimidación más "respetables"; lo que un pastor llama "abuso amable".[10]

Si eres víctima de abuso (o sospechas que lo eres), debes buscar ayuda. La enseñanza bíblica sobre la sujeción no contempla ninguna licencia para el maltrato. Si tú (o tus hijos) están sufriendo lesiones físicas o amenazas, debes buscar un lugar seguro y contactar a las autoridades civiles y espirituales para que te protejan.

Dondequiera que las personas abusan del orden que Dios ha establecido para cualquier esfera, el problema no deriva de errores en el plan de Dios, sino de las distorsiones pecaminosas de la humanidad. Por lo tanto, la solución a los problemas que surgen cuando se aplica este principio en el matrimonio no es descartar la sujeción, sino alinear nuestra comprensión y práctica de la sujeción con lo que dicen realmente las Escrituras. Cuando el sistema funciona conforme al diseño de Dios, fluyen las bendiciones del cielo que manifiestan la belleza de su carácter y sus caminos en nuestra vida y a través de nuestra vida.

LA VERDAD LIBERADORA ACERCA DE LA SUMISIÓN

He descubierto que el problema fundamental concerniente a la sumisión en realidad se reduce a nuestra disposición a confiar en Dios y a ponernos bajo *su* autoridad. Cuando estamos dispuestas a someternos a Él, por lo general no nos resultará tan difícil o amenazante someternos a las autoridades humanas que ha puesto en nuestra vida.

Proverbios 21:1 nos inspira seguridad con estas palabras: "Como los repartimientos de las aguas, así está el corazón del rey en la mano de Jehová; a todo lo que quiere lo inclina". Nuestra disposición a someternos a la autoridad delegada por Dios pone en evidencia cuán grande creemos que Dios es realmente.

La verdad es que hay una autoridad suprema que controla toda autoridad humana. La sumisión bíblica nos pone bajo el amparo y la protección de nuestro sabio, amante y todopoderoso Padre que controla "el corazón del rey".

Lo que debemos preguntarnos es: ¿En realidad creemos que Dios está por encima de cualquier autoridad humana? ¿Creemos que es tan poderoso para cambiar el corazón de dicha autoridad si fuera necesario? ¿Creemos que Él sabe lo que más nos conviene y estamos dispuestas a confiar en que cumplirá su plan eterno y perfecto para nuestra vida?

Según 1 Pedro 3:1-2, la sumisión de la esposa a su esposo posibilita la obra de Dios en su corazón para traerlo a la obediencia. Pedro prosigue su enseñanza diciendo que una actitud sumisa produce en una mujer la belleza más radiante y duradera:

> Vuestro atavío... sea... el interno, el del corazón,
> en el incorruptible ornato de un espíritu afable y apacible,
> que es de grande estima delante de Dios.
> Porque así también se ataviaban
> en otro tiempo aquellas santas mujeres
> que esperaban en Dios,
> estando sujetas a sus maridos; como
> Sara obedecía a Abraham,

llamándole señor; de la cual vosotras habéis venido a ser hijas,
si hacéis el bien, sin temer ninguna amenaza.

—1 Pedro 3:3-6

La última frase es difícil de imaginar. Tal vez pienses que una mujer que se somete a su esposo podría sentirse temerosa o amenazada. Sin embargo, Pedro dice que ella vive "sin temer ninguna amenaza". Esto es porque su esperanza no está en su esposo, sino en Dios. Ella ha encomendado su vida a Aquel que tiene el control absoluto de su esposo y de su situación, y que siempre vela por darle lo mejor.

En su magnífico libro titulado *La verdadera mujer*, mi amiga Susan Hunt resume la esencia de la sumisión:

> Yo no puedo dar razones lógicas para la sumisión. El hecho de que Jesús se haya despojado de toda la gloria que le pertenecía en el cielo para *dárnosla* a nosotros contradice toda lógica. La sumisión no es un asunto de lógica, sino de amor.
>
> Jesús nos amó tanto que se sometió voluntariamente a la muerte en una cruz. Su mandato para las esposas es someterse a sus esposos. Es un don que nosotras damos voluntariamente al hombre a quien hemos prometido amar en obediencia a nuestro amado Salvador...
>
> Dios dijo que el hombre necesita una ayuda. La verdadera mujer se goza en ese llamado y se convierte en una aliada en vez de una adversaria, es compasiva y no dominante, es compañera más que protagonista. Somete su vida de corazón y no en apariencia.
>
> La verdadera mujer no teme someterse. No tiene que arrebatar, ni necesita tener el control. Sus temores desaparecen a la luz del pacto divino que le promete el respaldo y la vida de Dios en ella. La sumisión no es más que la demostración de su confianza en el poder soberano del Señor su Dios. La sumisión es un reflejo de su redención.[11]

30. *"Si mi esposo es pasivo debo tomar la iniciativa o nada se hará".*

*C*uando pregunté a las mujeres cuáles mentiras de este libro habían creído, esta mentira ocupó el tercer lugar. No conozco muchos temas que generen mayor frustración en las mujeres que el de los "hombres pasivos".

Como todos los problemas que hemos tratado, este no es nuevo. Y, como sucede con tantos otros, se remonta al huerto de Edén:

> Y vio la mujer que el árbol era bueno para comer...
> tomó de su fruto, y comió; y dio también a su marido,
> el cual comió así como ella.
>
> —Génesis 3:6

Este pasaje evoca en mi mente una imagen estremecedora. Están juntos como pareja en el huerto. La serpiente se les acerca, pasa de largo frente al hombre e irrumpe en una conversación con la mujer, con la pregunta: "¿Conque Dios os ha dicho: No comáis de todo árbol del huerto?" (Gn. 3:1).

Observa lo que la mujer pasa por alto en ese momento. Ella no reconoce a su esposo que "estaba con ella" (v. 6, NTV). No le dijo a la serpiente: "Me gustaría presentarte a mi esposo". No se volvió a su esposo para decirle: "Querido, en tu opinión ¿qué deberíamos responder?", o "Adán, ¿por qué no le cuentas lo que Dios te dijo?". Ella sostiene toda la conversación con la serpiente como si su esposo no estuviera allí.

Hasta donde sabemos, no le pide consejo a su esposo, no le pide orientación ni le pregunta su opinión. Simplemente hace las cosas: "tomó de su fruto, y comió" (v. 6).

Y ¿qué hace Adán todo ese tiempo? Hace lo que tantas mujeres reprochan siempre a sus esposos: *nada*. No interviene, salvo para comer del fruto después del ofrecimiento de su esposa. Y ahí tenemos la primera inversión de roles.

Dios creó al hombre primero y le encomendó la responsabilidad de *dirigir y alimentar* a quienes estaban bajo su cuidado. La mujer, creada a partir del hombre, fue hecha para recibir, para responder a la iniciativa de su esposo. Aun las diferencias fisiológicas entre hombres y mujeres evidencian esta diferencia fundamental.

No obstante, ¿quién dirige y quién alimenta en este relato? No es el hombre, sino la mujer. Y ¿quién responde? No la mujer, sino el hombre. Y esa inversión de roles para los cuales fueron creados se convirtió en la norma para las relaciones entre hombres y mujeres.

Por un lado, como mujeres podemos sentirnos tentadas a tomar las riendas.[12] Por el otro, también deseamos que nuestros hombres lideren, que tomen la iniciativa, y también podemos resentirnos cuando no lo hacen.

Al igual que Adán y Eva en el huerto, tenemos el reflejo de culpar al otro por este problema. Las mujeres somos prontas para culpar a los hombres por su pasividad y argüimos que si no fueran tan indiferentes, si tan solo hicieran algo, nosotras dejaríamos de resolver las cosas por nuestra cuenta.

Durante años he escuchado a las mujeres reclamar por la pasividad de sus esposos que las "obligó" a hacerse cargo de las cosas en diferentes áreas, desde asuntos económicos de gran envergadura o decisiones sobre la crianza, hasta asuntos cotidianos y triviales.

Yo misma tengo la tendencia a ser una persona proactiva y con iniciativa, y sé muy bien lo frustrante que puede ser la pasividad aparente de algunos hombres. A lo largo de los años me he sentado en muchas reuniones mordiéndome la lengua para evitar intervenir y hacerme cargo de las cosas cuando me parecía que los hombres en el recinto no respondían con suficiente resolución o prontitud. He estado en reuniones de oración en las que los hombres parecen contentarse con dejar que las mujeres se encarguen de hacer todas las oraciones.

Sin embargo, no puedo evitar preguntarme en qué medida hemos tal vez desmotivado y estorbado a los hombres a nuestro alrededor por nuestra prontitud en tomar las riendas en lugar de permitirle al Señor que los mueva a actuar. Puede que logremos nuestra meta en el momento, pero en el proceso despojamos a los hombres de la motivación y del valor para proveer un liderazgo sabio y piadoso.

He visto esto de manera más personal como esposa. Mi querido esposo dista mucho de ser un hombre pasivo. Sin embargo, tiende a llevar un ritmo de vida más mesurado (yo diría incluso que más sostenible) que yo. Estoy aprendiendo el valor de ser "pronta para oír" y "tarda para airarme" (Stg. 1:19) en nuestra relación. Robert agradece mis ideas y puntos de vista en casi todo (la única excepción es tal vez sus herramientas y la decoración del garaje). Sin embargo, yo siempre me apresuro demasiado, hablo y actúo con rapidez, sin darle a él la oportunidad de intervenir u opinar. Puedo agotar su paciencia y dejarlo relegado.

Además, cuando los hombres actúan, en lugar de animarlos y afirmarlos, a veces terminamos diciéndoles cómo hubieran podido hacerlo diferente o mejor. También he sido testigo de esto en mi propio matrimonio. Yo soy una editora nata. Gran parte de mi trabajo requiere que tenga un ojo de águila para detectar el más mínimo error. Mi esposo admira mucho mi aptitud en este aspecto. No obstante, ¡digamos que esta habilidad no es una bendición si se la aplico a él! Robert necesita saber que yo le doy ánimo (como él lo hace conmigo), que me doy cuenta de sus esfuerzos, y que aprecio lo que él hace para agradarme, en lugar de señalar el único detalle que pasó por alto o aquello que no hizo exactamente como yo esperaba.

Recuerdo que escuché a un esposo comentar que, cuando él y su esposa estaban recién casados, él lideró un tiempo de oración. Cuando terminaron, ella empezó a criticar la manera en que él había orado. No era de sorprender que, años después, él dijera "Decidí que esa sería la última vez que yo oraba con ella". Él no pudo soportar el rechazo. Solo años después, cuando Dios hizo una obra nueva de gracia en su corazón, él recobró el valor para arriesgarse de nuevo a liderar a su esposa.

El hecho es que, en la mayoría de los casos, si la mujer asume el liderazgo, el hombre se hace a un lado y la deja hacerlo. Simplemente, no podemos tener todo lo que queremos. No podemos insistir en dirigir el espectáculo y, a la vez, esperar que los hombres sean proactivos, tomen la iniciativa, y sean "líderes espirituales".

En ocasiones, he preguntado a las mujeres que se sienten frustradas por la pasividad de sus esposos: "¿Qué es lo peor que podría suceder si dejas de irrumpir en la situación para manejarla?". Sí, puede que algunas cosas se pasen por alto. Puede que esto produzca cierta incomodidad o malestar. Pero ¿será posible que esos efectos colaterales sean lo que motive a tu esposo a intervenir? ¿Confías en el Señor lo suficiente para estar dispuesta a dejar que tu esposo falle si es preciso, y dejar las consecuencias en manos de un Dios soberano e infalible que te ama?

ESPERA A QUE ÉL ACTÚE

Sara sobresale en la Biblia como una mujer ejemplar que respetó y obedeció a su esposo. Sin embargo, por lo menos en una ocasión, cuando Dios no obró tan rápido como ella esperaba, Sara cayó en la trampa de tomar las riendas del asunto. Habían pasado diez años desde que Dios le había prometido a su esposo Abraham que su descendencia se convertiría en una gran nación. Ahora ella tenía setenta y seis años, y aún no se había quedado encinta. Sara se impacientó y decidió que alguien debía hacer algo, así que presionó a su esposo para que actuara:

> Sarai mujer de Abram no le daba hijos; y ella tenía una sierva egipcia, que se llamaba Agar. Dijo entonces Sarai a Abram [más adelante llamados Sara y Abraham]: Ya ves que Jehová me ha hecho estéril; te ruego, pues, que te llegues a mi sierva; quizá tendré hijos de ella. Y atendió Abram al ruego de Sarai.
>
> —Génesis 16:1-2

Sara convenció a Abraham de hacer algo que era una costumbre común en esa época. Se aceptaba ampliamente que una mujer estéril tuviera un hijo por medio de una sierva, como una especie de vientre sustituto. En un principio, el plan de Sara parecía funcionar muy bien. Agar concibió pronto y tuvo un hijo. Sin embargo, más adelante la situación se tornó amarga. La relación entre las dos mujeres se volvió insoportable y, al final, Sara decidió volverse a Abraham para decirle: "¡*Tú* tienes la culpa de mi afrenta!" (Gn. 16:5, NVI).

Trece años después, Sara tenía noventa años y Dios obró de forma sobrenatural para darles a ella y a su esposo su propio hijo. Isaac traería gran bendición a la pareja ya anciana, así como a cada generación por venir. Por el contrario, Ismael, que fue el hijo nacido de la unión de Abraham y Agar, llegó a ser una fuente permanente de conflicto y dolor. ¿Cuántas veces Sara pudo haberse reprochado: "¿Por qué asumí el control de la situación? ¿Por qué no esperé en el Señor?".

Muchas mujeres que conozco pueden identificarse con la experiencia de Sara. Puede que seamos capaces de lograr resultados inmediatos cuando tomamos las riendas de un asunto. Puede que también terminemos con un sabor amargo en nuestra boca, e incluso resentidas y culpando a los que en nuestra opinión nos forzaron a actuar.

He aquí un consejo de Salmos que yo consulto una y otra vez cuando me impaciento frente al proceder (o la falta de iniciativa) de otras personas:

> No te impacientes...
> Confía en Jehová, y haz el bien...
> Encomienda a Jehová tu camino;
> Y confía en él; y él hará...
> Guarda silencio ante Jehová, y espera en Él...
> Los mansos heredarán la tierra,
> y se recrearán con abundancia de paz.
>
> —Salmo 37:1-11

No, no es fácil sentarse con las manos cruzadas y morderse la lengua cuando ves que algo precisa acción y nadie, ni siquiera tu esposo, parece notarlo o estar dispuesto a intervenir. Pero estas palabras del salmista pueden aliviar tu frustración en ese momento, e impedir que te apresures y termines lamentándolo.

No te impacientes, elige no inquietarte, no exasperarte, no enojarte. Confía en el Señor, que siempre es digno de confianza. Entre tanto que esperas, busca oportunidades para hacer el bien. Encomienda al Señor tu camino, que siempre obra y que es el único que sabe realmente lo que debe suceder.

Y, por encima de todo, quédate quieta. Espera pacientemente que el Señor obre. En su tiempo, conforme a su designio perfecto, Él lo hará.

31. *"No hay esperanza para mi matrimonio".*

A lo largo de los años, he acompañado a muchas mujeres a enfrentar terribles crisis y etapas en sus matrimonios. Aunque los detalles y las causas varían, estas mujeres han experimentado en esos momentos un dolor insoportable. Muchas han llegado a la conclusión de que no hay esperanza de una reconciliación o de restauración.

Puede ser que tú (o alguien a quien amas) se encuentre en esa situación hoy.

Cuando Robert y yo salíamos juntos, parecía que las personas siempre nos miraban como si lo supieran todo y nos decían (como una advertencia o consuelo para los dos): "¡El matrimonio es difícil!". Esto realmente me molestaba. En más de una ocasión, le dije a Robert: "¿Por qué todos estos consejos desalentadores? ¿Por qué esas personas no nos dicen lo maravilloso y bendecido que es el matrimonio?".

Para el momento del lanzamiento de este libro, hemos estado casados dos años y medio. Dios no hubiera podido escoger un hombre más perfecto para mí, y ningún hombre podría tratar a su esposa más tiernamente que como me trata Robert. Sin embargo, ahora me veo diciendo a las parejas que piensan casarse: "El matrimonio (entre dos personas que se aman y que aman a Cristo) es maravilloso. Y... el matrimonio exige mucho trabajo. Trabajo arduo". Si ambos cónyuges no trabajan duro, el matrimonio puede convertirse en una experiencia dura y nada más.

Toda pareja casada es "incompatible", principalmente porque los hombres y las mujeres son muy diferentes, y esto sin mencionar que cada matrimonio involucra a dos personas que por naturaleza se inclinan a buscar lo suyo. Cualquier persona que vive bajo el mismo techo con otra va a portarse de manera desconsiderada en algún momento. Van a lastimarse mutuamente. Va a haber malentendidos y problemas de comunicación. Van a fallar en suplir las necesidades del otro. El único lugar donde las personas se casan y "viven felices para siempre" es en los cuentos de hadas. Nunca, desde Génesis 3, ha existido un matrimonio fácil y sin dolor.

El enemigo sabe esto y no desperdicia una sola oportunidad para sacar provecho de esta realidad. En cuanto la pareja ha dicho "acepto", la serpiente asoma su horrible cabeza. Antes de que se haya recogido el arroz a la salida de la iglesia, el enemigo está buscando la oportunidad de sembrar semillas de división en los corazones de los recién casados. Él sabe que cada vez que logra destrozar un matrimonio cristiano, se empaña esta imagen original de la redención divina y el mundo recibe una imagen distorsionada del carácter de Dios. Ningún matrimonio es inmune a estos intentos de sabotaje de este regalo bueno y santo. No lo es el tuyo. Ni el mío.

¿Cómo lleva a cabo el enemigo esta obra divisiva y maligna? Ya sabes la respuesta. ¡Miente! El engaño es una de sus herramientas más eficaces. Sin embargo, este engaño usualmente no empieza con falsedades que son obvias. La mayoría serían rechazadas de inmediato. Él empieza sutilmente, con verdades parciales mezcladas de engaño parcial, con pensamientos que *parecen* verdad y emociones que *se sienten* como algo verdadero.

Todo puede empezar con una simple ofensa o malentendido. Digamos que tu esposo con quien acabas de casarte...

- olvida el segundo aniversario del día en el que se conocieron.

- llega una hora tarde a una cita y olvida llamar.

- acepta una propuesta para colaborar con los niños de la iglesia sin antes consultar contigo.

- les dice a sus padres que los acompañarán en Navidad mientras tú pensabas pasar la temporada con los *tuyos*.

- o comete cualquier otra "ofensa", entre miles. (Recuérdame en algún momento contarte la vez que Robert y yo, de recién casados, fuimos a comprar luces de Navidad en Pier One).

Y, ¿cuál es tu respuesta frente a esto? Cuando alimentamos la ofensa en vez de pensar lo mejor, de comunicarnos con franqueza y amabilidad, y elegir perdonar y olvidar el asunto, nos volvemos susceptibles a creer cosas que no son verdad, cosas que se alojan en nuestra mente y en nuestro corazón. Con el tiempo, estas pueden agravarse hasta que llegas a pensar que:

- Siempre es desconsiderado.
- No le importa herirme.
- Nunca cambiará.
- Fulano [algún hombre de la iglesia o del trabajo] es mucho más atento y considerado; él no trata así a su esposa.
- Yo sería mucho más feliz si estuviera casada con _____ (el otro hombre).
- Algunas personas simplemente no logran hacer funcionar su matrimonio. Parece que no fuimos hechos el uno para el otro.
- Es mejor divorciarse que soportar un matrimonio infeliz.
- No tengo opción. Ya no puedo seguir a su lado.

Esto no sucede de la noche a la mañana. Años de heridas acumuladas y de caer presa del engaño también pueden llevar fácilmente a la dureza de corazón y a darse por vencido, lo cual produce aún más sufrimiento y engaño. Es un círculo vicioso que puede llevar a alguien como "Karen" a concluir:

Tengo derecho a ser feliz. Casi la mitad de mi vida se ha ido, y ahora merezco vivir lo que me resta en la dicha que puede ofrecerme alguien que me ame y aprecie, y que obviamente no es mi esposo.

Desde el punto de vista humano, esa respuesta es totalmente comprensible. Sin duda hay una gran cantidad de heridas que se han acumulado en el corazón de una mujer que ha llegado a ese punto. Ella ha perdido la esperanza y el deseo de continuar buscando la restauración de su matrimonio. Al mismo tiempo, está engañada. Es probable que las mentiras del enemigo, impulsadas por su propio egoísmo humano, se hayan arraigado profundamente en su forma de pensar. Ella necesita con urgencia la verdad que estabilice y sirva de ancla para su corazón.

¿Cómo puede ella acceder a esa verdad? Puede empezar por cuestionar sus supuestos. Estas son algunas preguntas que podría resultarle provechoso plantearse y responderse con sinceridad, en medio de su frustración y dolor:

- ¿He llegado a creer que los problemas en mi matrimonio son totalmente (o en su mayor parte) responsabilidad de mi esposo?

- ¿Soy sincera y humilde para reconocer cuáles respuestas o actitudes mías pudieron haber contribuido a la ruptura en nuestra relación?

- ¿Me considero una pecadora que necesita tanto de la gracia de Dios como mi esposo?

- ¿Mis pensamientos giran fundamentalmente en torno a mí misma, a mi felicidad y mis heridas?

- ¿Me interesa más resolver mis problemas y suplir mis necesidades que el proceso de restauración y de santificación en mi vida, en la de mi esposo y en nuestro matrimonio?

- ¿Estoy dispuesta a que Dios me use como un instrumento de gracia en la vida de mi esposo?

- ¿He sacado a Dios de todo esto o creo que Él tiene un propósito bueno y santo para mí, para mi esposo y para nuestro matrimonio?

- ¿Creo que las dificultades en nuestro matrimonio (lo cual incluye los defectos de mi esposo) podrían contribuir a dicho propósito?

- ¿Creo que Dios es poderoso para transformar este desastre en algo hermoso y digno como testimonio de su poder?

- ¿Mi deseo de salir de este matrimonio pone mi felicidad personal por encima de lo que Dios dice acerca de la permanencia de los votos matrimoniales y la gravedad de romperlos?

Después de plantearse estas preguntas, el siguiente paso es buscar las respuestas, las respuestas correctas. El ciclo de sufrimiento y engaño va a seguir su curso a menos que alguien en el matrimonio tenga el valor de oponerse a las mentiras de Satanás acerca del matrimonio con la verdad tal cual Dios la ha revelado en su Palabra:

- No existe un matrimonio que Dios no pueda sanar. No hay personas a quienes Dios no pueda cambiar.

- El propósito supremo del matrimonio es glorificar a Dios y reflejar su amor redentor que se compromete mediante un pacto.

- Las debilidades de nuestro cónyuge pueden convertirse en una herramienta en las manos de Dios que nos ayude a conformarnos a la imagen de Cristo.

- El verdadero amor, que es el amor de Dios, es incondicional y nunca falla. No podemos amar así a otro ser humano en nuestras propias fuerzas, pero Dios sí puede amar a cualquier persona por medio de nosotras, si se lo permitimos. El amor no es un sentimiento, es un compromiso a actuar por el bien del otro. Por la gracia de Dios, nosotras podemos elegir amar a cualquier persona, aunque nuestros sentimientos sean antagónicos.

- Dios es un Dios que guarda sus pactos. Él fue fiel a sus promesas al pueblo de Israel a pesar de que este cometió adulterio espiritual y buscó el amor en otros dioses (ver Jer. 11:10; Ez. 20:16; Os. 2:13). El Señor Jesús es fiel a su Novia, la Iglesia, a pesar de que nosotros también somos infieles. El propósito del matrimonio es representar el amor de Dios que es fiel a su pacto, y la relación redentora entre Cristo y su pueblo.

- Así como el sufrimiento de Cristo fue el medio por el cual fuimos sanados (1 P. 2:24-25), tu fidelidad y disposición para amar de manera sacrificada a tu esposo puede ser el medio para lograr su sanidad espiritual (1 Co. 7:12-14).

- La gracia de Dios es suficiente para capacitarte para ser fiel, amar y perdonar a tu esposo sin reservas.

- Sin importar lo que puedas enfrentar en tu matrimonio o lo que te haga tu cónyuge, Dios nunca te dejará. Él siempre estará contigo.

- Las recompensas por tu fidelidad en esta vida tal vez solo se vean en la eternidad. Sin embargo, ¡puedes estar segura de que cada momento de fidelidad tuya será recompensado, y que habrá valido la espera!

Hace algunos años, una mujer me entregó una nota después de escucharme hablar en una conferencia. Lo que tenía escrito a mano en la parte superior era:

¡El perdón es el único camino para
recibir lo mejor de Dios!

A esta le seguían otras frases sueltas que delineaban la historia conmovedora del peregrinaje de esta mujer acerca de cómo pasó del engaño a la verdad que la hizo libre.

- Hace muchos años mi esposo me agravió.
- Le pedí el divorcio.
- Recibí una carta de un amigo cuya esposa había fallecido. Lo único que decía era: "Sé humilde".
- Así lo hice, aunque al principio con disgusto y a regañadientes.

195

- Cuanto más humilde era y más buscaba amar a mi esposo, más se convertía él en un maravilloso hombre de Dios.

- Llegué a sentirme orgullosa de ser su esposa. ¡En realidad lo disfrutaba! (mucho).

- Una noche de Navidad nos abrazamos llenos de asombro al darnos cuenta de cómo Dios había restaurado cada aspecto de nuestro matrimonio más allá de lo que jamás habíamos imaginado.

- El 26 de diciembre oramos juntos y nos abrazamos. Lo besé para despedirme. Una hora más tarde él murió.

- Aunque es duro vivir sin él, Dios me concedió el regalo de vivir sin remordimientos.

- Yo le diría a una mujer casada: sé humilde. Concédele a tu esposo la oportunidad y el tiempo para convertirse en un hombre de Dios. Esto requiere tiempo y sacrificio ¡pero la bendición es asombrosa!

El enemigo hace todo lo que está a su alcance para destruir el matrimonio. Se propone herir corazones, enemistar esposos y esposas, convencerlos de que su situación es un caso perdido, y dejarlos sintiéndose atrapados y sin esperanza. Sus mentiras han producido innumerables vidas y hogares fracturados. Pero Cristo vino para traer esperanza, para darnos una corona de belleza en lugar de cenizas (Is. 61:3, NTV), y a reconciliar todas las cosas consigo mismo. Su verdad tiene el poder para redimir, restaurar y renovar tu corazón, sin importar qué decisiones tome tu cónyuge. Cuando abrazas la verdad, aun en medio de la dificultad, te sostendrá su amor, el que Cristo manifestó siendo fiel a su pacto, y tu vida reflejará su fidelidad en un mundo de relaciones y promesas rotas.

LA MENTIRA	**26. Necesito un esposo para ser feliz.**
LA VERDAD	• Estar casada (o no estarlo) no garantiza la felicidad. Santiago 1:16-17
	• Ninguna persona puede suplir mis necesidades más profundas. Nada ni nadie puede hacerme feliz en realidad, aparte de Dios. Salmos 62:5; 118:8-9; Jeremías 17:5-7
	• Dios ha prometido suplir todas mis necesidades. Si Él se glorifica con que yo me case, entonces me proveerá un esposo. 1 Crónicas 29:11-12; Job 42:1-2; Proverbios 16:9; 1 Corintios 7:25-38
	• Los que esperan en el Señor siempre obtienen lo mejor de Él. Los que insisten en buscar sus propios intereses muchas veces terminan decepcionados. Salmos 37:4; 106:15; Jeremías 17:5-8
LA MENTIRA	**27. Es mi obligación cambiar a mi esposo.**
LA VERDAD	• Una vida piadosa y la oración son las más poderosas armas de una esposa para influir en la vida de su esposo. Santiago 5:16; 1 Pedro 3:1-4

LA MENTIRA	28. Mi esposo debe servirme.

LA VERDAD

- Si espero ser servida, muchas veces me sentiré decepcionada. Si busco servir a otros sin esperar algo a cambio, nunca me sentiré defraudada.
  Proverbios 31:10-31; Marcos 10:42-45

- La esposa tiene el llamado singular de ser una "ayuda", una "compañera indispensable" para su esposo.
  Génesis 2:18

- El servicio a otros es lo que más nos hace semejantes a Jesús.
  Juan 13:5

LA MENTIRA	29. Si me someto a mi esposo seré infeliz.

LA VERDAD

- Por medio de la sumisión, una esposa tiene el privilegio de ilustrar la sumisión de la iglesia a Cristo.
  Efesios 5:21-22

- Por medio de la sumisión, una esposa se encomienda a Aquel que tiene el control absoluto sobre su esposo y de su situación, y que siempre busca lo mejor para ella.
  Proverbios 21:1

- El espíritu sumiso y respetuoso de una esposa puede ser un arma poderosa para influir en un esposo que es desobediente a Dios.
  1 Pedro 3:3-6

LA MENTIRA	30. Si mi esposo es pasivo debo tomar la iniciativa o nada se hará.
LA VERDAD	• Si la mujer toma las riendas en vez de esperar que Dios impulse a su esposo, él perderá la motivación para cumplir las responsabilidades que Dios le ha encomendado. Génesis 16:1-2; Salmo 27:14

LA MENTIRA	31. No hay esperanza para mi matrimonio.
LA VERDAD	• El matrimonio es un pacto para toda la vida cuyo propósito es reflejar el corazón de Dios que es siempre fiel a sus pactos. Génesis 2:18-24; Eclesiastés 5:4-6; Malaquías 2:13-16; Marcos 10:2-12 • Ningún matrimonio es un caso perdido. No hay nadie a quien Dios no pueda cambiar. Mateo 5:44; 18:21-22; Marcos 11:25 • Dios se sirve de las asperezas de cada cónyuge en un matrimonio para moldearlo a la semejanza de Cristo. Efesios 5:24-27 • La gracia de Dios es suficiente para que una mujer pueda ser fiel a su pareja y para perseverar en amarle y perdonarle como Cristo. 2 Corintios 12:9

CAPÍTULO OCHO

MENTIRAS QUE LAS MUJERES CREEN... ACERCA DE LOS

hijos

Adán ha mencionado la posibilidad de que tengamos otro hijo. Yo no estoy muy segura. Amo a nuestros hijos más que a nada en el mundo. Con todo, ¡ser madre es un trabajo duro!

Ha habido mucha tensión entre los muchachos en los últimos días. Caín siente como si nunca alcanzara el nivel de su hermano menor. Es como si tuviera que demostrar algo. Su actitud ha empeorado. Se ha aislado como nunca antes, y a veces lo noto taciturno y deprimido. No se comunica. Yo trato de animarlo, pero mi esfuerzo parece inútil. Solía tener una relación muy estrecha con Dios, y ahora dice que ni siquiera está seguro de creer en Él.

A veces, Adán se desespera con Caín. Parece que no pudieran relacionarse bien. Algunas veces pienso que Adán es demasiado estricto con él. Trato de recordarle que nosotros también enfrentamos ese tipo de conflictos en algún momento.

Me pregunto cómo afectará todo esto a Abel. Como madre me siento incapaz. Nunca he tenido a alguien que me enseñe cómo hacer esto. No puedo dejar de preguntarme qué más podría o debería hacer para que mis hijos se encaminen bien en la vida. ¿Cambiarían las cosas si yo fuera mejor madre?

Mary Kassian, mi amiga de hace mucho tiempo, fue de gran ayuda en la investigación y revisión de este capítulo, además de escribir el contenido de las mentiras #35 y #36. Creo que te animará su perspectiva como alguien que ha experimentado esto como madre. Mary es coautora junto conmigo de dos libros: *Mujer Verdadera 101: Diseño Divino* y *Mujer Verdadera 201: Diseño Interior*.[1] Puedes encontrar más información acerca de Mary y de su ministerio en GirlsGoneWise.com.

—*Nancy*

Dado que la relación madre-hijo es la más sensible y delicada relación humana, muchas mujeres notan que son particularmente susceptibles al engaño en esta área. Como en cualquier otra área, Satanás posee un amplio arsenal de mentiras que utiliza para engañar a las mujeres sobre su capacidad reproductiva, sus hijos y su papel como madres.

El objetivo de Satanás al promover dichas mentiras no es solo esclavizar a las madres, sino perpetuar el engaño a través de las nuevas generaciones para que nunca conozcan la verdad ni experimenten su poder liberador.

En este capítulo vamos a centrarnos en varias mentiras sutiles y verdades a medias que han ganado mucha aceptación en nuestra cultura cristiana contemporánea. Estas ideas equivocadas han cobrado un alto precio en nuestros hogares cristianos, y las consecuencias van a empeorar en las generaciones futuras si no las reconocemos y rechazamos, para poner en su lugar la verdad.

32. *"Tengo derecho a controlar mis alternativas reproductivas"*.

"¿Cuándo le gustaría tener un hijo?". "¿Qué le gustaría hacer antes de eso?". "¿Con qué frecuencia llega su período?". Son la clase de preguntas que hace un médico a una mujer. Según las respuestas de ella, el médico recomienda métodos anticonceptivos que traerán el resultado deseado.

Antes de 1900, la idea de que una mujer en edad reproductiva pudiera tener relaciones sexuales con poca o ninguna posibilidad de quedar embarazada era impensable. Sin embargo, a principios de ese siglo, con la invención del látex de caucho se creó un medio razonablemente confiable para evitar el embarazo, los preservativos de látex.

Entonces apareció en escena una mujer llamada Margaret Sanger (1879–1966).

En mis últimos años de adolescencia, vi por casualidad un programa televisivo acerca de esta mujer que fundó el movimiento estadounidense a favor de los derechos reproductivos. Lo he buscado desde entonces, pero no he podido encontrarlo. Sin embargo, causó una profunda impresión en mi mente, y me llevó a seguir investigando el tema.

En 1914, Sanger lanzó el primer número de su publicación feminista, *The Woman Rebel*, un boletín mensual con el lema "Ni dioses, ni amos". Asimismo, distribuyó cien mil ejemplares de su panfleto "limitación familiar". Dos años después, abrió la primera clínica de control de la natalidad en los Estados Unidos.

Los escritos de Sanger explicaban sus creencias centrales, entre ellas:

> Ninguna mujer puede llamarse libre si no posee y controla su cuerpo. Ninguna mujer puede llamarse libre a menos que pueda elegir conscientemente si va a ser madre o no.[2]

Ella propuso una combinación de control de la natalidad (un término que ella acuñó en inglés), la esterilización forzada y la segregación como método para "mejorar" la sociedad evitando que las personas "no aptas" se reprodujeran. Su definición de "no apto" incluía personas que eran discapacitadas, pobres, enfermas o "débiles mentales" (personas con un bajo coeficiente intelectual).

En 1950, la federación Planned Parenthood de Sanger (que se llamó originalmente la Liga Americana del Control de la Natalidad o American Birth Control League) empezó a financiar investigaciones para desarro-

MENTIRAS QUE LAS *mujeres* CREEN

llar anticonceptivos orales. Su deseo era desarrollar un método de alta confiabilidad para controlar la natalidad y que pusiera fin a "la crueldad de formar familias numerosas", en especial en los segmentos menos favorecidos de la sociedad.[3]

Diez años después, la FDA (Administración de Alimentos y Medicamentos) aprobó el uso de la primera píldora anticonceptiva. Planned Parenthood elogió la libertad que daba a las mujeres. Por primera vez en la historia de la humanidad se podía separar el sexo de sus consecuencias reproductivas. No fue sorprendente que la píldora desencadenara la revolución sexual y el movimiento "de liberación femenina" que la acompañó.

Sería difícil exagerar los efectos trascendentales y duraderos de la vida y la influencia de Margaret Sanger. Nuestra cultura ha abrazado completamente la idea que promovieron Sanger y Planned Parenthood: que controlar nuestra fertilidad es un derecho humano fundamental. Esta idea dice a las mujeres:

- Tienes derecho a controlar tu cuerpo.

- Tienes derecho a decidir cuándo tienes un hijo, y si lo tienes o no.

- Todo hijo debe ser deseado y amado. [Los hijos que no son deseados ni amados no deberían nacer].

- Tienes derecho al placer y a la satisfacción sexual [sin necesidad de un matrimonio o del temor al embarazo].[4]

Las mujeres cristianas no son inmunes a estas ideas populares. Se han filtrado en nuestra mente como una solución intravenosa de un paciente que está inconsciente. Por eso es importante que acudamos a la Palabra de Dios. ¿Qué dice la Biblia acerca de los hijos y de la reproducción?

- Los hijos son una bendición de Dios y el cumplimiento a su mandato de multiplicarnos y llenar la tierra (Gn. 1:28).

- Los hijos son un regalo de Dios para nosotros: "herencia de Jehová son los hijos; cosa de estima el fruto del vientre" (Sal. 127:3).

• Los hijos dan propósito, significado y gozo a nuestras vidas (Sal. 127:4-5; Pr. 23:24).

• Los hijos son dados por el Señor (He. 2:13; Is. 8:18).

• Dios espera que los padres cristianos críen a sus hijos en la disciplina y amonestación del Señor (Gn. 18:19; Ef. 6:4).

Más aún, la maternidad constituye una imagen de una realidad celestial. Así como la unión de un esposo y una esposa produce hijos físicos, la unión espiritual de Cristo y la iglesia produce hijos espirituales (Jn. 1:12; Gá. 4:19).

La Biblia señala que es el Señor quien abre y cierra el vientre (Gn. 20:18; 29:31; 30:22). Hay ocasiones en las que Dios, por razones desconocidas, le impide a una mujer tener hijos, sin importar cuánto los desee. Ana anhelaba tener un hijo, pero el Señor "no le había concedido tener hijos" hasta el momento en que Él consideró conveniente que ella concibiera a Samuel (1 S. 1:1—2:21). Sara tuvo que esperar también muchos años (¡hasta los noventa!), antes de que Dios la bendijera con Isaac (Gn. 21:1-7; He. 11:11). A partir de estos, y muchos otros ejemplos, podemos ver que Dios interviene mucho más en los asuntos de fertilidad humana de lo que a menudo reconocemos.

Entonces, ¿qué significa todo esto para las mujeres y las parejas cristianas que buscan la voluntad de Dios para su familia?

Un sitio web cristiano resume la posición generalizada de muchos maestros de la Biblia, líderes cristianos y otros creyentes de hoy:

> Dado que las opciones modernas para el control de la natalidad y la fertilidad no estaban disponibles durante los tiempos bíblicos, la Biblia no habla del uso de estos métodos para evitar o promover el embarazo. Evitar el embarazo por motivos de planificación familiar, ya sea de manera temporal o permanente, es un acto neutral y no se considera pecaminoso.[5]

No es posible en estas pocas páginas desglosar completamente los principios bíblicos y las implicaciones sociales de este tema. Sin embargo, cuando sopeses tus creencias acerca de la maternidad y la anticoncepción (ya sea para ti misma o en tus conversaciones con otras mujeres), en lugar de aceptar sin cuestionamientos la ideología de vida predominante, yo te animaría a buscar en oración la perspectiva divina en su Palabra, y a tomar con seriedad su visión de los hijos como una bendición que debemos acoger.

Después de todo, si Dios fuera a abrir las ventanas de los cielos y derramar alguna clase de bendición, como por ejemplo billetes de cien dólares, ¿cuántas protestaríamos diciendo "no más, por favor, no más bendiciones"?

Mi amiga Holly Elliff y su esposo Bill notaron cómo su corazón y su manera de pensar cambiaron a medida que presentaban esta área de su vida delante del Señor. Ellos habían utilizado métodos anticonceptivos en ciertos períodos de sus primeros doce años de matrimonio, suspendiéndolos cada vez que sentían que estaban listos para tener otro hijo. Solo hasta que tuvieron su cuarto hijo empezaron a replantear su posición acerca del control de la natalidad. Un amigo a quien pidieron consejo los animó a estudiar lo que decían las Escrituras acerca de la maternidad. Así describe Holly esa experiencia:

LA HISTORIA DE HOLLY

Tenía mucho miedo de pensar en perder el control de esa área de mi vida. Una de mis peores pesadillas era tener que usar ropa de maternidad por el resto de mi vida. Tenía esta imagen de las madres de familias numerosas que no era tan halagadora, y yo no quería ser una de ellas.

Sin embargo, me inquietaba este asunto. Y así, durante seis meses escudriñé las Escrituras en busca de cada referencia a los hijos y a la maternidad. Para ser sincera, buscaba una manera de no soltar el control de esa área de mi vida. Pero lo que descubrí una y otra vez fue que los hijos son una bendición, y que Dios es quien abre y cierra el vientre.

Recuerdo una noche en la que me senté en mi cocina e hice

una lista. En la parte superior escribí: "Razones por las cuales no quiero tener un millón de hijos". Empecé a coleccionar mis objeciones a lo que encontraba en la Palabra de Dios. Había muchos temores en esa lista, como por ejemplo:

- ¿Cómo va a quedar mi cuerpo?
- ¿Estaré embarazada cada nueve meses por el resto de mi vida?
- ¿Podemos mantener más hijos?
- ¿Podemos amar más hijos?
- ¿Qué pensará la gente?

Cuando solté el lápiz y leí de nuevo lo que había escrito, me di cuenta de que la mayoría de cosas de mi lista eran fruto de mi egoísmo. Se hizo evidente para mí que se trataba de un asunto del corazón. Era cuestión de que yo tomara la decisión de permitirle a Dios ser el Señor en esa área de nuestra familia, tal como yo quería que Él lo fuera en todos los demás aspectos de mi vida.

Bill y yo orábamos acerca de qué hacer con nuestro dinero, dónde servir en el ministerio y qué auto comprar, pero en esta área era como si dijéramos: "Esto nos compete decidirlo a nosotros". Por primera vez, me vi confrontada al hecho de que nunca le había dicho al Señor: "¿Cuál es *tu* voluntad para el tamaño de nuestra familia?".[6]

Esa noche fue un momento decisivo en el corazón de Holly cuando ella rindió esa área de su vida a Cristo. Aún así, Bill y Holly decidieron, con cierto temor, disfrutar de sus relaciones sexuales confiando en que Dios decidiría el número de hijos que Él quisiera confiarles. Ella me dijo: "Yo realmente pensaba en ese momento ´si dejo que Dios tome el control de esto, ¡voy a tener veinticinco hijos!´".

Al final, Dios les dio a Bill y a Holly seis hijos más, dos de los cuales están en el cielo. Ahora, como abuela de quince nietos menores de doce años, ella dice: "Al mirar atrás, no lamentamos en absoluto nuestra decisión, ¡y no podemos imaginar lo que nos hubiéramos perdido sin estos seis hijos en nuestras vidas!".

SOPESA LAS POSIBILIDADES

Muchas mujeres con quienes hablo tienen los mismos temores de Holly cuando ella empezó a sopesar las implicaciones de entregar su maternidad al Señor. Holly y Bill terminaron con ocho hijos sobre la tierra. Puede que conozcas a otras mujeres, como yo, que han tenido más. Pero también conozco a otras parejas que no usaron ningún método anticonceptivo, y solamente tuvieron dos o tres, o ningún hijo. A fin de cuentas, el Dios que abre y cierra el vientre determina cuántos hijos una mujer va a tener. La pregunta es si podemos permitirle ser Dios y hacer lo que es bueno y sabio para todas las partes involucradas.

Puede ser que tú no llegues a la misma conclusión a la que llegó Holly, o cualquier otra persona, en este tema. Conozco a algunas parejas piadosas que han buscado al Señor con un corazón rendido y un sincero deseo de seguir su directiva, y han sentido que Él les daba la libertad de planear en oración el número de hijos y el momento de tenerlos, sirviéndose de métodos no abortivos para controlar la natalidad.

Si este es un tema que enfrentas en este momento, ya sea en tu caso personal o por medio de una pariente o amiga, mi recomendación es muy sencilla: escudriña las Escrituras. No te conformes con seguir ciegamente la multitud o la cultura. Examina si tu actitud hacia los hijos, la fertilidad, y el papel de Dios en todo esto se conforma a lo que dice la Biblia. Busca el consejo sabio y piadoso. Ora y pide al Espíritu que te guíe. ¡Y asegúrate de investigar bien sobre los diferentes métodos anticonceptivos!

Los métodos naturales y los métodos de barrera evitan que ocurra la concepción. Sin embargo, algunos métodos abortan el óvulo fertilizado y ponen fin a una vida que ya había comenzado. Es evidente que esto no es algo que Dios aprueba.

Asimismo, te animaría a informarte bien si estás considerando la posibilidad de utilizar la píldora anticonceptiva. Algunos médicos y profesionales de la medicina se debaten acerca de si al menos algunas de estas píldoras podrían ser una forma de aborto más que de prevención de la ovulación. En un artículo titulado "¿Pueden los cristianos usar métodos anticonceptivos?", Albert Mohler reconoce esa posibilidad y comenta: "las parejas cristianas deben tener cuidado de elegir una forma de anticoncepción que evite por completo la concepción, en lugar de ser abortiva".[7]

La esterilidad es otro tema difícil que muchas parejas enfrentan. Según los Centros para el Control y Prevención de las Enfermedades (o CDC, por sus siglas en inglés), unos 7,3 millones de estadounidenses, o el 12 por ciento de la población en edad reproductiva, son estériles,[8] lo cual es motivo de gran aflicción para los afectados. Como respuesta a esta realidad, se han desarrollado un número de "tecnologías de reproducción asistida" (o ART, por sus siglas en inglés). Los avances en este campo de la ciencia han aumentado las opciones que tiene una mujer para ser madre, y han ayudado a muchas parejas estériles.

Sin embargo, para el cristiano, algunas de estas tecnologías suscitan otra serie de inquietudes éticas y morales. Por ejemplo, ¿qué pensar de los embriones que son producto de la fertilización in-vitro (IVF) que no se usan y están congelados y almacenados?[9] ¿Hasta qué punto algunas de estas opciones van más allá de buscar un embarazo y consisten más bien en jugar a ser Dios? Si Dios ha cerrado tu vientre, ¿hasta dónde estarías dispuesta a llegar para intentar forzar abrirlo? ¿Qué significa confiar en que Dios te dé hijos a su tiempo, si acaso te los da?

En todos estos asuntos es vital buscar sabiduría, orar para pedir discernimiento, y tener el deseo de glorificar a Dios. Reitero que no todas las mujeres que aman a Cristo llegan a la misma conclusión acerca de la anticoncepción y otras decisiones reproductivas. Sin embargo, la forma en que enfrentamos estas cuestiones refleja en gran medida nuestras actitudes hacia la vida, la providencia de Dios y la soberanía de Dios, entre otras.

El legado de la maternidad

Ser madre presiona cada uno de mis botones y desafía todo lo que pienso acerca del crecimiento espiritual y la confianza en la provisión de Dios. La maternidad es una elección de vida que me exige al máximo, me ocupa por completo y me moldea.

Ser madre significa vivir en una encrucijada paradójica e interminable. Una en la cual un gran amor y un gran dolor van a menudo de la mano. Una en la que el momento más insignificante produce un gozo indescriptible. Una en la que mi cansancio, frustración o falta de sabiduría se convierten en la antesala al trono de la gracia.

En ese lugar encuentro a un Padre que me acoge, quita la carga de mis hombros cansados y me recuerda aquello que es verdad: de ahora en adelante, Dios mediante, las generaciones que vienen, mi descendencia, se dispersarán por la tierra, firmes contra cualquier ola de cultura impía que se levante en sus días. Ellos podrán proclamar la sencilla verdad del evangelio que cambia los corazones de los hombres.[10]

—Holly Elliff

33. "No podemos mantener (más) hijos".

Pañales. Comida para bebé. Equipos deportivos. Frenos para los dientes. El departamento de agricultura de los Estados Unidos (USDA, por sus siglas en inglés) calcula que criar a un hijo desde la cuna hasta la graduación de la secundaria cuesta un cuarto de millón de dólares. Para ser exactos, $245.340, o $304.480 con el ajuste de la inflación. ¡Y eso es antes de pagar su educación superior![11]

Si buscas en la Internet acerca de "¿Cuánto cuesta tener un hijo?", descubrirás esta escandalosa cifra citada en todos los medios, desde *CNN*

Money pasando por el *Huffington Post* hasta el *Today's Parent*, sin mencionar el sinnúmero de blogs de crianza y madres. El mensaje que escuchan las jóvenes, fuerte y claro, es que criar hijos es demasido costoso, que una familia numerosa es un lujo que muy pocos pueden darse.

Por desdicha, el proceso mediante el cual la mayoría de las parejas, incluso de creyentes, determinan el tamaño de su familia, se guía por el presupuesto de que sencillamente carecen de los recursos financieros, emocionales, físicos o el tiempo para tener otro hijo (si acaso alguno):

- "¿Cómo vamos a proveer para más hijos? Apenas logramos sobrevivir como estamos. ¿Y qué de la matrícula universitaria?".

- "Seríamos incapaces de proveer el estilo de vida que queremos dar a nuestros hijos. No podrían estar en equipos deportivos ni tomar clases de música. Limitaríamos su potencialidad".

- "Mi cuerpo no soporta más hijos. Estoy agotada tratando de cuidar de los dos que ya tengo".

- "Yo no sirvo para tener hijos. Simplemente no tengo la paciencia para eso".

- "Si tenemos más hijos, no tendremos suficiente tiempo como pareja".

- "Si tenemos más hijos, mis amigos [o padres] van a pensar que estamos locos. Ya piensan que tenemos demasiados".

- "Soy feliz sin hijos".

Hace poco, la revista *Time* presentó un artículo de portada titulado "La vida sin hijos: cuando tenerlo todo significa no tener hijos". La foto de la portada condensaba muy bien el argumento: una pareja joven, en excelente forma física, recostados en una playa sonriendo a la cámara, sin hijos a la vista.[12] La periodista Lauren Sandler, la autora, elogiaba la creciente tendencia demográfica de mujeres que eligen no tener hijos. Una de ellas es Jenna Johnson, una mujer de Nueva York, quien explicó por qué la vida sin hijos es una excelente opción:

Soy libre para hacer toda clase de cosas: comprar un objeto innecesario que me parece hermoso, planear viajes con nuestros padres ya mayores, dormir en otros lugares, pasar un día entero sin hablar con nadie, enviar paquetes de regalo para sobrinos y sobrinas, inscribirme en una clase de idiomas, salir de improviso a tomar algo con una amiga... sé que todo esto sería posible con hijos, pero definitivamente más complicado. Mis planes profesionales y a largo plazo, e incluso para unas simples vacaciones, no tienen todas las limitaciones implícitas en la crianza de los hijos.[13]

Los cristianos no son inmunes al mensaje cultural acerca de lo indeseables que son los hijos. Consideremos por ejemplo el caso Amy Becker. Ella y su esposo formaban parte del equipo de una organización cristiana. Pensaron que se quedarían sin hijos "por causa del evangelio", hasta que Amy se dio cuenta del verdadero motivo de su decisión:

Después de casarnos, mi esposo y yo planeamos que nunca tendríamos hijos. Justificábamos nuestro deseo con nuestras convicciones cristianas. Trabajábamos con estudiantes como ministros cristianos a tiempo completo. Nos parecía que tener una familia minaba nuestra capacidad de difundir las Buenas Nuevas. Puede que algunos misioneros cristianos deban limitar el tamaño de sus familias por causa del evangelio. Sin embargo, en nuestro caso esos argumentos eran una fachada para ocultar el temor y la indecisión que teníamos respecto a limitar nuestras vidas por causa de los hijos. Hizo falta un cuestionamiento discreto, y el testimonio de otros cristianos, para convencernos de que estábamos usando argumentos cristianos sólidos para encubrir un motivo egoísta y nuestro temor.[14]

Uno de los propósitos primordiales del matrimonio es criar hijos que teman y sigan al Señor (Mal. 2:15). El apóstol Pablo exhorta a las viudas jóvenes a que "se casen, *críen hijos*, gobiernen su casa; que no den al adversario ninguna ocasión de maledicencia" (1 Ti. 5:14). También afirma que la mujer "se salvará engendrando hijos, si permaneciere en fe, amor y santificación, con modestia" (2:15).

Por supuesto que Pablo no sugiere aquí que la salvación eterna de la mujer se obtiene engendrando y criando hijos. Antes bien, según revela el contexto,[15] él declara que la disposición de una mujer a abrazar su llamado como portadora y sustentadora de vida es un fruto que acompaña la salvación genuina. Es la prueba de que ella le pertenece a Él y sigue sus caminos.

LOS HIJOS, UNA BENDICIÓN PARA RECIBIR CON GOZO

Todavía recuerdo la mañana en que una amiga en otro estado del país me anunció que estaba embarazada de su cuarto hijo. Aunque ella y su esposo estaban dichosos con la noticia, no tardaron en percibir que no todas las personas a su alrededor compartían su entusiasmo. Ella me dijo: "De hecho, algunas de las peores críticas las hemos recibido de las personas de la iglesia".

Es triste, pero he tenido conversaciones similares con madres embarazadas a lo largo de los años, lo cual refleja una mentalidad según la cual los hijos son otra cosa, no una bendición. El Señor Jesús nos dio ejemplo de un sistema de valores completamente diferente cuando recibió a los niños, les dedicó tiempo, e instó a sus seguidores a hacer lo mismo (Mt. 19:13-15). Y cuando los discípulos quisieron saber cómo ser grande en el reino de Dios, buscó a un pequeño:

> Y llamando Jesús a un niño, lo puso en medio de ellos,
> y dijo: De cierto os digo, que si no os vol-
> véis y os hacéis como niños,
> no entraréis en el reino de los cielos.
> Así que, cualquiera que se humille como este niño,
> ése es el mayor en el reino de los cielos.
> Y cualquiera que reciba en mi nombre a un
> niño como este, a mí me recibe.
>
> —Mateo 18:2-5

Esto no quiere decir que las mujeres deban tener cuantos hijos sea posible. Tampoco significa que Dios haya llamado a todas las mujeres a casarse y tener hijos. Sin embargo, la Palabra de Dios deja muy claro que la maternidad es un don del Dador de la vida, y es vital para extender su reino en nuestra generación y más allá.

María de Nazaret es un bello ejemplo de una mujer que demostró su fe mediante su disposición a tener un hijo, aun cuando hacerlo no era ni económica ni culturalmente aconsejable, y cuando se interponía en sus planes, sueños y comodidad personal. Podríamos imaginar algunas de las objeciones que pudieron pasar por la mente de esta adolescente cuando el visitante angelical anunció que daría a luz un hijo:

- "¡Soy demasiado joven! No estoy lista para tener un hijo".

- "No voy a poder pasar tiempo con José y mis amigas si quedo atada a un bebé".

- "Primero me gustaría instalarme en nuestra casa nueva".

- "¿Qué van a decir los demás? Nadie lo entenderá".

- "Todavía no tenemos la capacidad de mantener un hijo. José apenas empieza a hacer funcionar su negocio".

No obstante, nada indica que María hubiera manifestado algún tipo de duda o reserva. Su respuesta fue sencilla: "Soy la sierva del Señor. Que se cumpla todo lo que has dicho acerca de mí" (Lc. 1:38, NTV). En efecto, ella dijo: "Tú eres mi Señor. Yo acepto cualquier molestia o dificultad que esta disposición signifique para mí. Lo único que importa para mí es cumplir el propósito para el cual tú me creaste. Confío en ti. Creo que tú te ocuparás de esto y me darás todo lo que necesito".

Estoy muy agradecida por tener una madre que respondió de la misma manera al llamado de Dios en su vida. Cuando Nancy Sossomon, una profesional de la música clásica, se casó con Art DeMoss a los diecinueve años, ellos planearon esperar al menos cinco años antes de tener hijos, a fin de que ella pudiera terminar su carrera como cantante. Sin embargo, el Señor tenía otros planes. En los primeros cinco años de su matrimonio, ¡Él les dio seis hijos! Durante ese tiempo, mi madre le ayudó además a mi padre a comenzar un negocio. A lo largo de esos años de matrimonio y crianza, ella recibió con gozo a cada hijo que Dios le dio, e incluso un séptimo que llegó años después. Este llamado no estuvo exento de desafíos, pero nunca he escuchado a mi madre expresar nada más aparte de gratitud por la bendición de tener hijos y de ser madre.

En esencia, las decisiones reproductivas son un reflejo del corazón. Si te das cuenta de que abrigas dudas acerca de tener o no hijos, o de tener más, quiero exhortarte amablemente, como hicieron los amigos de Amy Becker en su caso, a evaluar con sinceridad tus temores, actitudes y motivaciones. ¿Tu reticencia para tener más hijos nace de temores financieros? ¿O de un deseo de mantener cierto nivel de vida? ¿O de dudas en que Dios va a proveer? ¿O de tu desgana a experimentar alguna incomodidad? ¿O del temor a lo que otros dirán? ¿O del egoísmo y la falta de fe? ¿O de haber adoptado inconscientemente las creencias y los patrones del mundo?

Tengo la sospecha de que María, la madre de Jesús, también experimentó algunos temores respecto a la maternidad. Criar hijos no es fácil. Suplir sus necesidades no es fácil. Renunciar o limitar los sueños personales no es fácil. La maternidad es una de las cosas más difíciles que puede hacer una mujer.

No obstante, la verdad es que tu debilidad y tu necesidad proveen una oportunidad para que experimentes los recursos ilimitados de la gracia de Dios, y el Espíritu de Cristo que vive en ti proveerá todo lo te haga falta para hacer su voluntad. Él ha prometido estar contigo, sustentarte y sostenerte, guiarte, darte fortaleza y suplir todo lo que necesitas conforme a sus riquezas en gloria en Cristo Jesús (Fil. 4:19).

Si Él considera conveniente bendecirte con hijos, Él te bendecirá también con todo lo que necesitas para recibirlos y criarlos para su gloria.

34. *"No puedo (o sí puedo) controlar cómo terminan siendo mis hijos"*.

Tal vez la petición de oración más frecuente que escucho de las mujeres tiene que ver con la desobediencia de sus hijos o nietos. Podría llenar un libro entero para describir el dolor y la angustia que han expresado las madres que narran situaciones como las que cito a continuación:

215

Mi hija de dieciséis años se fue de la casa hace nueve meses para irse a vivir con su novio. Mi sufrimiento es demasiado profundo.

Mi hija de veintiocho años renegó de su fe en Cristo y lleva una relación homosexual.

Oren para que Dios quebrante el corazón de mi hijo de dieciocho años y lo libere de la adicción (que tiene desde su infancia) a la pornografía.

Me siento decepcionada por mis hijos adolescentes que son indiferentes a las cosas del Señor, y por mi propia incapacidad para criar hijos piadosos.

Puesto que nunca he tenido hijos, solo puedo imaginar la terrible aflicción que experimentan estas mujeres. Sin embargo, después de años de escuchar a esas madres que sufren, me parece que el enemigo usa dos mentiras opuestas para poner a los padres en cautiverio.

La primera es que los padres no tienen influencia alguna sobre cómo terminan siendo los hijos, que es inevitable que los hijos experimenten con el pecado y que se les debe permitir encontrar su propio camino. Creer esta mentira lleva a los padres a negar cualquier responsabilidad personal y a sentir que son incapaces de influir en el curso de la vida de sus hijos.

La segunda mentira es que los padres son totalmente responsables de cómo terminan siendo sus hijos, que es su culpa el hecho de que ellos se desvíen. Desconocen que sin importar cuán acertada o defectuosa haya sido la crianza de una persona, cada individuo tiene la responsabilidad de asumir sus propias decisiones.

Cuando los hijos se rebelan, parece que los padres a menudo caen en una de estas dos mentiras. Por un lado, se hacen a un lado y dejan que el pecado siga su curso y, por el otro, se dejan abrumar por la vergüenza y la autorrecriminación. Ambas mentiras son en realidad distorsiones sutiles de la verdad, y pueden dejar a los padres con un sentimiento de desesperanza y desesperación.

¿DE TAL PADRE TAL HIJO?

Las Escrituras contienen relatos de hombres piadosos que tuvieron hijos impíos, al igual que hombres impíos cuyos hijos tuvieron un corazón para Dios. Rara vez se da una explicación por la cual esto suceda. Sin embargo, hay algunas pistas que sirven de guía a los padres que desean que sus hijos se conviertan en verdaderos seguidores de Cristo.

La historia de Lot, el sobrino de Abraham, revela la influencia del ejemplo y de los valores de un padre. Después de viajar durante años con su piadoso tío, al final Lot prefirió una vida de comodidades, opulencia y renombre. Sus valores mundanos lo impulsaron a mudarse junto con su familia a Sodoma, una ciudad sumergida en la arrogancia, la inmoralidad y la perversión. También sabemos que, más adelante, a la esposa de Lot le resultó muy difícil abandonar la ciudad impía donde ella y Lot se habían instalado (Gn. 19:17, 26; Lc. 17:32).

¿Sorprende acaso que sus hijas se casaran con hombres que despreciaban las creencias espirituales de Lot y rechazaran sus ruegos para escapar al juicio inminente sobre la ciudad? ¿O que después de haber escapado de Sodoma sus hijas lo embriagaran para engendrar hijos con su propio padre (ver Gn. 19)?

El Nuevo Testamento nos dice que Lot era un "hombre justo". Lot no participó de la maldad de Sodoma. De hecho, "afligía cada día su alma justa, viendo y oyendo los hechos inicuos de ellos" (2 P. 2:8). Pero, aunque tenía cierta afinidad con Dios, también ansiaba las cosas de mundo y con su ejemplo arrastró a su familia a las consecuencias naturales de esa inclinación por el mundo.

El precio que pagó Lot por sus valores pasajeros parece elevado, pero la ley de la siembra y la cosecha determina que la semilla sembrada traerá sin falta una cosecha multiplicada. Alguien lo dijo de este modo: "Lo que los padres toleran con moderación, sus hijos lo justificarán en exceso".

El relato de la familia de Elí demuestra la necesidad de que los padres establezcan normas piadosas para la conducta de sus hijos y además los disciplinen con base en ellas a fin de hacer valer dichos parámetros. Elí fue sacerdote de Israel durante el oscuro período de los jueces, un siervo devoto del Señor. Sus dos hijos, Ofni y Finees, eran otra historia. Aunque habían crecido en un ambiente extremadamente religioso, e incluso se habían convertido en sacerdotes, eran "hombres impíos" que "no tenían conocimiento de Jehová" (1 S. 2:12). Pervirtieron su llamado sagrado, saquearon al pueblo robándole las ofrendas que pertenecían al Señor, y llegaron al extremo de tener relaciones sexuales con las mujeres que servían en el tabernáculo (1 S. 2:13-17, 22).

¿Cómo es posible que un hombre de Dios consagrado terminara con semejantes hijos? Es indudable que fueron influenciados por la cultura circundante, pero las Escrituras hablan de la actitud paterna que pudo haber contribuido a ese resultado.

Por ejemplo, sabemos que en el momento de su muerte Elí tenía sobrepeso (1 S. 4:18). ¿Tendría algo que ver su falta de disciplina física con el pecado de sus hijos de llenar sus estómagos con la carne que robaban a quienes ofrecían sacrificios? Las palabras de un profeta enviado por Dios para confrontar a Elí sugieren esa posibilidad:

> ¿Por qué habéis hollado mis sacrificios y mis ofrendas...
> y has honrado a tus hijos más que a mí, engordándoos de lo
> principal de todas las ofrendas de mi pueblo Israel?
> —1 Samuel 2:29

Las Escrituras mencionan al menos una ocasión en la cual Elí supo lo que sus hijos hacían y los confrontó por su conducta malvada (1 S. 2:22-25). No obstante, en ese momento ya era "muy viejo". No sabemos por qué esperó tanto para hacerlo, o si había pasado por alto la conducta de ellos antes de ese incidente. Lo cierto es que "no oyeron la voz de su padre" (v. 25). Evidentemente Dios responsabilizó a Elí de su paternidad permisiva, como quedó claro en el mensaje que envió a Elí por medio de Samuel, su joven pupilo:

Y le mostraré que yo juzgaré su casa para siempre,
por la iniquidad que él sabe;
porque sus hijos han blasfemado
a Dios, y él no los ha estorbado.

—1 Samuel 3:13

Estos ejemplos no sugieren que exista una relación directa de causa y efecto entre la espiritualidad de los padres y las decisiones espirituales de cada hijo. Sin embargo, revelan la importancia del ejemplo y la influencia de un padre. Por supuesto, los compañeros de escuela, los profesores, los medios y el entretenimiento, el grupo juvenil de la iglesia y la cultura secular también influyen, pero la verdad es que Dios ha confiado a los padres la responsabilidad sagrada de supervisar y cuidar el rebaño que Dios les ha dado para pastorear.

LA INFLUENCIA DE UN PADRE PIADOSO

Está bien, ahora voy a arriesgarme a decir algunas cosas (como si no lo hubiera hecho ya). Aunque nunca he estado en tus zapatos como madre, he amado y acompañado a muchas familias a lo largo de etapas difíciles y exigentes. ¿Puedo hacer una observación?

Cada padre tiene que determinar en oración qué parámetros va a establecer para sus propios hijos. Esos límites varían de una familia a otra, de un hijo a otro, y ciertamente cambian a medida que los hijos crecen.

No obstante, debo admitir que me desconcierta y preocupa ver algunas decisiones que padres bienintencionados le permiten tomar a sus hijos, como si ellos (como padres) no tuvieran nada que decir al respecto. Decisiones tales como permitir a sus hijos usar las redes sociales sin parámetros claros y rendición de cuentas, tener amistades cercanas sin supervisión con personas que no tienen un corazón para Dios, tener citas románticas con no cristianos, hablar irrespetuosamente, vestirse de manera inapropiada, y entretenerse con música, televisión y películas que promueven los valores de este mundo. Después terminan sacudiendo sus cabezas y preguntándose por qué sus hijos tienen más un corazón para el mundo que para Cristo.

Mientras escribo este capítulo, unos veinte centímetros de nieve cubren el suelo, y ha nevado todo el día. A nadie se le ocurriría tomar una planta de semillero y sembrarlo afuera en un día como hoy. No tendría posibilidad alguna de sobrevivir. Para eso existen los invernaderos, que proveen un medio óptimo para el crecimiento de las plantas jóvenes. Más adelante, cuando sus raíces se hayan desarrollado y sean lo bastante fuertes para soportar los elementos, pueden ser transplantadas en el exterior.

El apóstol Pablo advierte a los creyentes de todas las culturas y épocas: "No se amolden al mundo actual" (Ro. 12:2, NVI). No debemos amoldarnos a la cultura, sino ser llenos del Espíritu y de la Palabra de Dios para que nuestras vidas transformen e influencien la cultura. Ese es el reto que enfrentan los padres cristianos: levantar una generación de jóvenes que no se conformen a este mundo sino que sean transformados desde su interior por el evangelio, y que sean usados por Dios para transformar el mundo.

Aun así, algunos hijos cuyos padres proveen directivas sabias y piadosas a veces rechazan esa dirección. Sin embargo, cuando afloran las semillas de rebeldía, los padres sabios no se limitan a encogerse de hombros y decir "supongo que todos los chicos pasan por esto". Según haga falta, ellos ponen la cara a los problemas que surgen, con amor y firmeza, buscando preservar las relaciones y mantener abiertas las líneas de comunicación, al tiempo que indican a sus hijos el camino a Cristo y el evangelio.

Las Escrituras nos enseñan que cada generación es responsable de transmitir a la siguiente la herencia de la piedad. Esto es a la vez un grandioso privilegio y una importante responsabilidad. El hecho que merece reflexión es que somos responsables de las semillas que sembramos, y nos toca vivir con la cosecha que ellas produzcan. No podemos sembrar semillas de un compromiso tibio e indisciplinado con el Señor y esperar que la siguiente generación no exhiba las mismas características.

Por supuesto, la verdad bíblica que equilibra esto es que cada generación es responsable de su propio caminar y obediencia. Sin importar lo que sus padres hayan hecho o no, un día cada individuo rendirá cuentas a Dios por sus propias elecciones (Dt. 24:16; Jer. 31:29-30).

SEÑALES DE UNA FE VERDADERA

Los padres también pueden ser engañados en lo que respecta a la condición eterna de las almas de sus hijos. Por ejemplo, pueden creer que, si siguen la fórmula correcta, la salvación de sus hijos está garantizada. El problema es que nuestros hijos nacieron con la misma inclinación pecaminosa inherente con la que todos nacimos (Sal. 51:5; 58:3; Is. 59:2-8). Como es cierto de cada uno de nosotros, a menos que haya una obra del Espíritu que atraiga a nuestros hijos a Cristo y les conceda el don del arrepentimiento y la fe, nunca se volverán a Él ni serán salvos.

Además, es tentador dar por sentado que un hijo que ha sido criado en la iglesia y ha hecho una profesión de fe en su infancia, es por defecto un verdadero cristiano. Sin embargo, las Escrituras dejan claro que una persona puede saberlo todo acerca de Dios, tener todas las respuestas correctas, e incluso tener profundas experiencias religiosas sin jamás haber nacido de nuevo.

Solo Dios conoce el corazón de cada persona. Aun así, Él nos ha dado algunas normas objetivas mediante las cuales podemos examinar una profesión de fe, ya sea la nuestra o la de otra persona. La primera epístola de Juan identifica las características específicas que distinguen a aquellos que han sido verdaderamente salvos, y aquellos que pueden ser religiosos pero carecen de fundamento para su profesión de salvación:

> Y en esto sabemos que nosotros le conocemos,
> si guardamos sus mandamientos...
>
> Por esto sabemos que estamos en él. El que dice que
> permanece en él, debe andar como él anduvo...
>
> El que dice que está en la luz, y aborrece a su hermano,
> está todavía en tinieblas...
>
> Si alguno ama al mundo, el amor del Padre no está en él...
>
> Todo aquel que no hace justicia, y que no ama a su hermano,
> no es de Dios.
>
> —1 Juan 2:3, 5-6, 9, 15; 3:10

La esencia de la verdadera salvación no es un asunto de profesión o de desempeño, sino de transformación: "De modo que si alguno está en Cristo, nueva criatura es; las cosas viejas pasaron; he aquí todas son hechas nuevas" (2 Co. 5:17). Es el hombre o la mujer que ha experimentado una verdadera conversión a una vida nueva, a un corazón nuevo, a una nueva naturaleza, a una nueva lealtad, y a un nuevo Amo (Col. 1:13).

El pacto que Dios hace con aquellos que le pertenecen incluye la promesa de que perseveraremos en nuestra fe. Dios promete: "pondré mi temor en el corazón de ellos, para que no se aparten de mí" (Jer. 32:40). El autor de Hebreos señala además que la perseverancia hasta el final es la señal de una fe verdadera: "Porque somos hechos participantes de Cristo, con tal que retengamos firme hasta el fin nuestra confianza del principio" (He. 3:14).

Ciertamente es posible que quienes han experimentado una verdadera conversión desobedezcan a Dios o tengan una recaída. Sin embargo, ningún cristiano verdadero puede pecar deliberadamente y de manera habitual sin experimentar la convicción del Espíritu Santo.

Los padres que dan por hecho que sus hijos han nacido de nuevo cuando sus vidas no demuestran evidencia alguna de ello, pueden hacerles creer falsamente que su destino eterno está asegurado. Esto también puede impedirles orar de manera eficaz y librar la batalla espiritual por las almas de sus hijos.

Los padres que conocen y aman a Cristo anhelan que sus hijos también lo conozcan y lo amen. Quieren vivir y criarlos de tal manera que sus hijos tengan hambre de Dios. Sin embargo, aun los mejores padres dependen por completo de la obra del Espíritu Santo en los corazones de sus hijos. Por eso, el recurso más poderoso de una madre es la oración. Por medio de la oración puedes batallar por los corazones de tus hijos, incluso de los hijos pródigos que han rechazado la fe y viven presos del pecado.

Es un gran consuelo saber que "las armas de nuestra milicia no son carnales, sino poderosas en Dios para la destrucción de fortalezas" (2 Co. 10:4). La Biblia nos asegura que "la oración eficaz del justo puede mucho" (Stg. 5:16). Las oraciones perseverantes de una madre o una abuela piadosas (o de una tía o amiga) pueden lograr un cambio profundo en la vida de un hijo.

El enemigo miente a los padres en un esfuerzo por sabotear la transmisión del evangelio de una generación a otra. Necesitamos con urgencia padres que amen la verdad y que guíen a sus hijos a amar a Cristo, orando para que el Espíritu de Dios cautive estos corazones, y que ellos puedan reflejar la gloria de Dios a la siguiente generación.

35. *"Mis hijos son mi prioridad número uno".*

Tal vez hayas escuchado acerca de los padres "sobreprotectores". Se refiere a los padres que se concentran excesivamente en sus hijos. Por lo general, se involucran demasiado en las experiencias de sus hijos y, más específicamente, en sus éxitos y fracasos, hasta el punto que se les compara con helicópteros que sobrevuelan constantemente sobre sus hijos.

En los últimos años, he observado el incremento de un tipo de padre sobreprotector religioso. Se trata de madres bienintencionadas cuyo mundo gira alrededor de sus hijos en lugar de comprometerse con ellos en un estilo de vida que gire en torno al evangelio. En esto hay una diferencia sutil pero sustancial.

Como a Satanás le queda complicado hacerte creer la mentira de que tus deseos personales son más importantes que las necesidades de tus hijos, tratará de convencerte de la mentira contraria: que *toda* tu vida se centra en tus hijos. Si no puede persuadirte de hacer de ti misma, o de tu carrera, un ídolo, entonces va a tentarte para que idolatres a tus hijos.

Satanás nunca nos da tregua para pelear un solo frente de error. Las mentiras suelen venir de ambos lados de una realidad. Podemos ver esto en la tensión entre dos extremos que hay en la cultura. Por un lado encontramos la desvalorización de los hijos. Se presiona a las mujeres a desarrollar sus carreras profesionales, a postergar el matrimonio y los hijos, a limitar en gran manera el tamaño de sus familias (uno y nada más), o a elegir un estilo de vida sin hijos.

En el otro extremo, los hijos son tratados como semidioses. La cultura presiona a los padres para que prodiguen a sus hijos las últimas herramientas y artefactos más sofisticados, así como ropa de diseñador y juguetes, inscribirlos todo el año en actividades deportivas, danza, música, clases de arte, mimarlos, satisfacer todos sus antojos, complacer sus sentimientos, e inclinarse a todos sus caprichos.

¡Con razón los padres terminan confundidos! Por eso necesitamos la dirección equilibrada de las Escrituras.

La Biblia enseña que los seres humanos somos idólatras por naturaleza (Col. 3:5). Podemos adorar a una persona o una relación, el sexo, el dinero, una profesión, las posesiones, los logros, o un pasatiempo que nos gusta. Nancy Pearcey explica que un ídolo es "cualquier cosa que queremos más que a Dios, cualquier cosa de la que dependemos más que de Dios, cualquier cosa en la que buscamos más satisfacción que en Dios".[16]

¿Creees que es posible para una mujer desear hijos más de lo que desea a Dios? ¿Depender de su familia más de lo que depende de Dios? ¿Buscar satisfacción en la maternidad más que en Dios? ¡Por supuesto que es posible!

Los hijos son una bendición maravillosa de Dios. Él los tiene en gran estima, y ellos pueden traer mucha alegría y satisfacción a sus padres. Al mismo tiempo, las madres pueden verse tentadas a valorar a sus hijos por encima de todo.

Jesús desafió esta manera de pensar acerca de la relación entre padres e hijos, en unos términos que no admiten duda o equivocación:

> El que ama a padre o madre más que a mí,
> no es digno de mí;
> el que ama a hijo o hija más que a mí,
> no es digno de mí.
>
> —Mateo 10:37

Los hijos deben amar a sus padres, y los padres deben amar a sus hijos. La Biblia es clara al respecto. Pero el amor por tus hijos nunca debe estar por encima de tu amor por Jesús. Tu máxima prioridad es amarlo y seguirlo... y eso significa que tus hijos no son la prioridad número uno.

El resultado práctico de la crianza que pone a los hijos en el centro de todo suele ser hijos egocéntricos. El hijo crece pensando que el mundo gira en torno a él, y que las otras personas existen con el único propósito de satisfacer sus necesidades o deseos. El Señor no quiere que seamos personas egocéntricas ni que tengamos una vida centrada en los hijos... Él quiere que vivamos una vida centrada en Dios. Él no quiere que tu vida gire en torno a tus hijos, sino involucrar a tus hijos en un estilo de vida que gire en torno a su reino.

La forma en que vives tu vida diaria habla mucho acerca de lo que ocupa el primer lugar en tu corazón. ¿Qué comunican tus acciones? ¿Le demuestran a tus hijos que Él es el centro del universo? ¿O demuestran que el Señor debe ser el centro del universo de ellos? Reflexiona en el mensaje que comunicas...

- cuando llevas a tu hijo a la iglesia en lugar de llevarlo al entrenamiento de fútbol, siendo muy consciente de que por eso tal vez deba quedarse en la banca en el próximo partido.

- cuando exiges a tus hijos que se sienten en la mesa y conversen con visitantes en lugar de permitirles que se aíslen con sus juegos de vídeo.

- cuando animas a tu hija a apartar una fracción de su pago semanal para ofrendar en la iglesia.

- cuando le pides a tu hijo en edad preescolar que juegue en silencio en su habitación durante media hora para que tú puedas pasar tiempo en la lectura de la Palabra de Dios.

- cuando incluyes a tu adolescente en la actividad de pelar patatas para una comida que estás preparando para una mujer que padece cáncer.

- cuando invitas a tu hija a que te ayude a clasificar ropa en el centro de acogida a la mujer embarazada, en lugar de inscribirla en otra clase de música o danza aparte de todas las que ya tiene.

• cuando invitas a una mujer a quien aconsejas al torneo de baloncesto de tu hijo con el propósito de comunicarle la verdad a ella durante el partido.

Estas son nada más algunas ideas para demostrar con tu vida y tu comportamiento que Dios es el centro de tu universo, y para comunicar que Él debe ser también el centro del universo de tu hijo. Como dice John Piper:

> Fuimos hechos para conocer y atesorar la gloria de Dios por encima de todas las cosas, y cuando intercambiamos ese tesoro por imágenes [ídolos], todo queda en desorden. El sol de la gloria de Dios fue diseñado para brillar en el centro del sistema solar de nuestra alma. Y, cuando eso sucede, todos los planetas de nuestra vida giran en la órbita que les corresponde. En cambio, cuando el sol es desplazado, todo sale a volar. La sanidad del alma empieza cuando se restablece la gloria de Dios a su lugar resplandeciente y central que atrae con su fuerza todo lo demás.[17]

Si no eres cuidadosa y velas en oración, puedes caer en las múltiples ocupaciones de la vida y dejar pasar tus días sin la disposición para usarlos en los propósitos de Dios. Puedes perder tu enfoque. La vida se puede convertir en un afán absoluto por los hijos. Toma la determinación de evitar que eso suceda. Y, si ocurre, haz lo que sea necesario para devolver al Señor al lugar que le corresponde en el centro de tu corazón y de tu vida familiar.

36. *"Yo no soy (o ella no es) una buena madre".*

"Supongo que podría haberme quedado en casa y hornear galletas, y tomar té, pero en cambio decidí dedicarme a mi profesión", bromeó Hillary Clinton en una famosa intervención durante la campaña presidencial con su esposo Bill, a principios de los años noventa. El comentario de Clinton desató comentarios mordaces de las madres que se quedan en casa (o SAHM por sus siglas en inglés) y ovaciones de parte de las madres que trabajan fuera del hogar (o WOHM por sus siglas en inglés). La reacción pública tan polarizada llevó a una competencia de la revista *Family Circle* entre la candidata a primera dama y esposa del candidato demócrata Clinton, y Bárbara Bush, la esposa del presidente de turno George H. W. Bush.

Clinton, que es abogada, trabajaba de tiempo completo por fuera del hogar. Bush era la típica madre y abuela ama de casa. En esencia, el punto de la competencia no era determinar si una mujer demócrata podía hornear galletas mejor que una republicana, sino responder con humor la pregunta de quién era mejor madre: una SAHM o una WOHM. Las galletas horneadas en casa representaban la esencia de lo que significa ser una madre amorosa y cuidadosa.

Aunque la mayoría de las personas pensó que Barbara Bush prepararía las mejores galletas, Clinton ganó sin dificultad la competencia. Sin embargo, su victoria no resolvió la cuestión de la receta para ser una buena madre. En las décadas que han pasado desde que sus galletas de pepitas de chocolate y avena (hechas con margarina) ganaron a las más tradicionales galletas de pepitas de chocolate de Bush (sin avena y con mantequilla), las guerras por asuntos entre madres siguen arrasando por doquier.

Parto natural o anestesia epidural. Vacunación o no vacunación. Crianza mediante el apego o crianza independiente. Crianza dialogada o castigo físico. Lactancia o biberón. Comida orgánica o procesada. Educación en casa o educación privada o educación pública. Madre que se queda en casa o madre que trabaja fuera del hogar. Estas son apenas algunas controversias que intensifican las batallas hasta niveles astronómicos, especialmente en la Internet, donde todo el mundo es un experto y las opiniones de madres blogueras, y los comentarios incendiarios a menudo quedan reducidos a despiadadas citas de 280 caracteres.

Las guerras entre madres existen por el acto pecaminoso de la comparación. Medimos nuestro desempeño conforme a la medida creada por los medios, las blogueras, los expertos en crianza, las amigas, y muchos más. Nuestra reacción es atormentarnos por no cumplir esa medida, o sentirnos satisfechas de haber tomado "la decisión correcta" y mirar con desdén a las mujeres que no.

Por supuesto, las guerras entre madres estallaron mucho antes de la competencia de galletas entre Clinton y Bush. Podemos encontrarlas desde el Génesis, que nos cuenta la historia de Raquel y de Lea, dos hermanas que estaban casadas con el mismo hombre, Jacob (ver Gn. 30). Estas hermanas no cesaban de compararse entre sí. Raquel se veía como un fracaso en lo que respectaba a la maternidad, mientras que Lea se enorgullecía en su éxito como madre. En el área matrimonial, la situación era al revés. Lea sentía la punzada de la envidia porque Jacob amaba más a Raquel que a ella. La competencia constante produjo una relación tirante entre las dos hermanas, y llevó a muchas peleas y divisiones en toda la familia.

Casi toda madre quiere ser una buena madre. No es de sorprender que Satanás tome ventaja de este deseo profundo y lo use como una oportunidad para promover el pecado incitando a las madres a compararse con otras. Va a tentar a una madre a creer la mentira: "yo no soy una buena madre", y a culparse, condenarse y reprocharse. O la tentará a creer la mentira: "*ella* no es una buena madre", y a lanzar culpa, condenación y reproche sobre otra madre. Por un lado, la madre se considera a *sí misma* como un fracaso, y envidia a otras que, según ella, lo hacen mejor. En el otro extremo, ella ve a las *otras madres* como un fracaso, y se enorgullece de hacerlo mejor.

A todo lo largo de la historia, los escritores y teólogos de la antigüedad han identificado la envidia y el orgullo dentro de la lista de los pecados más destructivos y mortíferos. La Biblia advierte:

> Pero si tenéis celos amargos y contención en vuestro corazón,
> no os jactéis, ni mintáis contra la verdad;
> porque esta sabiduría no es la que desciende de lo alto,
> sino terrenal, animal, diabólica.
> Porque donde hay celos y contención,
> allí hay perturbación y toda obra perversa.
>
> —Santiago 3:14-16

Ninguna madre está segura de cumplir a cabalidad con su trabajo de madre. Todas las madres, si son francas, se preguntan a veces en secreto: "¿Estoy haciendo lo correcto?" y "¿Van a afectar negativamente mis decisiones a mis hijos?". Nuestros temores se agravan cuando nuestros hijos son indisciplinados y se portan mal, cuando los tratamos con dureza o somos irascibles con ellos, cuando usamos demasiado la televisión como niñera, o cuando olvidamos sacar la carne del congelador, lo cual obliga a la familia a comer otra vez hamburguesas y patatas fritas en el restaurante de comida rápida. Podemos llegar incluso a poner en duda si podemos llamarnos cristianas cuando ese día hemos cometido semejantes faltas maternales.

Por el contrario, cuando nuestros hijos van bien, somos tentadas a atribuirnos el mérito de ello y a presumir de nuestras habilidades como madres. Es difícil resistirse a divulgar nuestros éxitos en Facebook y actuar como "mamás perfectas" que reparten consejos gratuitamente, especialmente a aquellas amigas que a todas luces no tienen todo resuelto como nosotras.

La mayoría de las decisiones acerca de la crianza que se ponen en tela de juicio en las guerras entre mamás no son un dilema claro entre lo correcto y lo incorrecto. Si bien algunas decisiones pueden ser más terminantes que otras, la mayoría son cuestión de gusto personal y de circunstancias individuales. Cada madre debe decidir en oración lo que es mejor para ella y para su familia. Cada mujer toma decisiones diferentes.

La iglesia nunca fue diseñada para ser un cómodo club de familias idénticas. En la familia de Dios la variedad es algo positivo y deseable, si bien esto genera tensión en las relaciones. ¿Cómo debemos convivir y tener buenas relaciones?

Las tensiones entre creyentes respecto a preferencias individuales o grupales han existido desde los comienzos de la iglesia. Romanos 14 habla acerca de cómo debemos convivir con otras personas que aman al Señor pero no son del mismo parecer en cuanto a la manera ideal de vivir la fe cristiana:

Recibid al débil en la fe, pero no para contender
sobre opiniones.
Porque uno cree que se ha de comer de todo;
otro, que es débil, come legumbres.
El que come, no menosprecie al que no come,
y el que no come, no juzgue al que come;
porque Dios le ha recibido.
¿Tú quién eres, que juzgas al criado ajeno?
Para su propio señor está en pie, o cae;
pero estará firme, porque poderoso es el
Señor para hacerle estar firme...

Pero tú, ¿por qué juzgas a tu hermano?
O tú también, ¿por qué menosprecias a tu hermano?
Porque todos compareceremos ante el tribunal de Cristo...

De manera que cada uno de nosotros dará a Dios
cuenta de sí.
Así que, ya no nos juzguemos más los unos a los otros.

—Romanos 14:1-4, 10, 12-13

Las Escrituras nos enseñan que ciertas cosas son correctas y ciertas cosas son incorrectas. Sin embargo, hay otros asuntos acerca de los cuales podemos tener diferencias de opinión legítimas.[18] El problema en Roma era que los cristianos se juzgaban los unos a los otros sobre las cuestiones discutibles. Pablo sostuvo que, puesto que cada creyente le pertenece a Dios, no hay lugar para cuestionar las decisiones de otro creyente en asuntos en los que Dios no ha señalado un comportamiento específico deseable.

Pablo instruyó a los creyentes a que dejaran de discutir por opiniones personales y de criticar o menospreciar a los que opinan diferente. Como madres cristianas, haríamos bien en atender este consejo.

La Biblia nos insta a presentar nuestra vida con humildad y sinceridad delante del Señor para que Él la examine, en lugar de compararnos con otros y esperar que llenen nuestra medida.

Si alguien cree ser algo,
cuando en realidad no es nada,
se engaña a sí mismo.
Cada cual examine su propia conducta;
y, si tiene algo de qué presumir,
que no se compare con nadie.

—Gálatas 6:3-4, NVI

No es la opinión de los expertos o de las otras madres de la iglesia, o la opinión de tu madre o suegra, o una amiga, lo que determina tus decisiones como madre.

La única opinión que realmente importa es la del Señor. Deja que Él examine tu corazón.

- ¿Basas tu identidad en tu relación con Jesucristo o en tu éxito como madre, en ser la madre perfecta?

- ¿Comparas a tu esposo, tus hijos, tu casa, tu trabajo y tus decisiones respecto a la crianza con la situación de otras madres?

- ¿Te sientes culpable por no cumplir un nivel que te has impuesto tú misma, o la cultura, o una comunidad?

- ¿Envidias la libertad que tienen otras mujeres para tomar decisiones que tú no puedes tomar?

- ¿Piensas que tu incapacidad de alcanzar cierto nivel significa que eres un fracaso como madre?

- ¿Miras a otras madres en lugar de poner tus ojos en el Señor para buscar la aprobación acerca de tus decisiones en la crianza de los hijos?

- ¿Sientes que tus decisiones sobre la crianza son mucho más acertadas que las de otras mujeres?

- ¿Pasas el tiempo dando consejos de crianza y debatiendo en guerras entre mamás?

• ¿Menosprecias a otras madres que asumen una posición diferente a la tuya?

Toma la determinación de ser parte de la solución en vez de ser parte del problema. Sé una dadora de gracia. Deja de discutir acerca de opiniones sobre la crianza, y deja de criticar y menospreciar a quienes tienen opiniones diferentes.

Antes que nada, recuerda que el verdadero amor es bondadoso. No es envidioso ni jactancioso, no es orgulloso ni se comporta con rudeza (1 Co. 13:4-5). Si queremos ser madres amorosas cuya vida se centra en Dios, a eso es a lo que debemos aspirar.

Pero la sabiduría que es de lo alto es primeramente pura,
después pacífica, amable, benigna, llena de misericordia y de buenos frutos, sin incertidumbre ni hipocresía.
Y el fruto de justicia se siembra en paz
para aquellos que hacen la paz.

—Santiago 3:17-18

LA MENTIRA	**32. Tengo derecho a controlar mis alternativas reproductivas.**

LA VERDAD

- Dios es el Creador y el Dador de la vida.
  Génesis 1; 2:7

- Dios es quien tiene la última palabra sobre el cuerpo de una mujer y su fertilidad. Él es quien abre y cierra el vientre.
  Génesis 20:18; 29:31

- La vida empieza en el momento de la concepción. Los métodos abortivos de anticoncepción quitan la vida.
  Génesis 2:7; 9:6; Salmo 22:9-10; Job 31:15; Jeremías 1:4-5

LA MENTIRA	**33. No podemos mantener (más) hijos.**

LA VERDAD

- Los hijos son una bendición de Dios y el cumplimiento del mandamiento de Dios de multiplicarse y llenar la tierra. Uno de los propósitos del matrimonio es producir una "descendencia para Dios".
  Génesis 1:28; Salmos 113:9; 127:3-5; Malaquías 2:15

- El Señor proveerá todo lo que una mujer necesita para criar y suplir las necesidades de los hijos que Él le da.
  Lucas 12:24; Mateo 6:31-32; Filipenses 4:13, 19

LA MENTIRA	**34. No puedo (o sí puedo) controlar cómo terminan siendo mis hijos.**
LA VERDAD	• Dios promete una bendición a los padres que guardan su pacto y enseñan a sus hijos a hacer lo mismo. Salmo 103:17-18; Hechos 2:39 • Los padres no pueden obligar a sus hijos a caminar con Dios, pero pueden ser ejemplo de piedad y cultivar un ambiente en el hogar que despierte el hambre de Dios y propicie la formación y el crecimiento espiritual de sus hijos. Salmo 144:12, 15; Isaías 54:13; Mateo 5:13-16 • Los padres que dan por sentado que sus hijos conocen al Señor, sin importar cuál sea su estilo de vida, pueden dar a sus hijos una idea falsa de seguridad, y descuidar la oración que sus hijos necesitan. Jeremías 32:40; Hebreos 3:14
LA MENTIRA	**35. Mis hijos son mi prioridad número uno.**
LA VERDAD	• Amar y servir a Dios es la máxima prioridad de todo creyente. Deuteronomio 10:12; Mateo 12:50; Lucas 10:27 • Es posible pecar por amar a nuestros hijos más que al Señor. Mateo 10:37; Lucas 14:26 • Los hijos aprenden a dar a Dios el primer lugar mediante el ejemplo de sus padres que ponen a Dios primero. Deuteronomio 6:7; Proverbios 22:6; Efesios 5:1

- Los hijos necesitan aprender a negarse a sí mismos, no a ser egoístas.
  Miqueas 6:8; Efesios 6:4; Hebreos 12:9-10;
  Proverbios 22:15

LA MENTIRA	**36. Yo no soy (o ella no es) una buena madre.**
LA VERDAD	• El pecado de la comparación conduce al orgullo y la envidia. Santiago 3:14-18; Proverbios 8:13; 1 Corintios 3:3 • En última instancia, cada madre es responsable delante del Señor por sus decisiones en la crianza de los hijos. Romanos 14:1-14; Mateo 12:36; Romanos 2:16; 1 Corintios 4:5; Gálatas 6:3-4 • Aceptar a las personas cuyas opiniones sobre la crianza de los hijos es diferente de la nuestra es algo que glorifica a Dios. Romanos 15:7; Santiago 3:12-18; Efesios 4:2

CAPÍTULO NUEVE

MENTIRAS QUE LAS MUJERES CREEN... ACERCA DE LAS

emociones

Ya pasaron casi dos años desde que perdimos a Abel. Pienso en él todo el tiempo. Todavía me duele mucho. No hemos tenido noticias de Caín desde hace meses. Algunas veces me siento demasiado enojada con él por lo que nos hizo, y otras veces quisiera abrazarlo, arrullarlo y cantarle como solía hacerlo cuando era un bebé.

Adán no habla de lo que siente. En ocasiones me pregunto si en realidad siente algo. Me parece que se molesta cada vez que intento explicarle mis sentimientos.

Me da la impresión de que no podré salir de este túnel de soledad y vacío. Algunos días apenas logro salir de mi cama. Siento como si las tinieblas fueran a devorarme. No sé por cuánto tiempo podré soportarlo. Ya no recuerdo lo que es vivir sin penas. Me pregunto si algún día volveré a ser feliz.

En una conferencia para mujeres a la que asistí, recibí un imán decorativo con una lista de palabras que describían una serie de sentimientos. Tenía palabras como: *confundida, extática, enojada, frustrada, triste, confiada, feliz, sola* y *deprimida*. Encima de cada palabra escrita había un dibujo que ilustraba cada sentimiento.

La lista tenía además un pequeño imán en forma de marco que decía: "Hoy me siento...". Esa pieza había sido diseñada para ponerla sobre uno de los dibujos que representaban los sentimientos.

Si alguna de nosotras moviera el marco cada vez que nuestras emociones cambian, nos mantendríamos bastante ocupadas. De hecho, ¡muchas mujeres experimentan casi todas esas emociones por lo menos una vez al mes! Más que cualquier otra cosa, nuestra volubilidad emocional como mujeres lleva a los hombres a decir con frecuencia: "Me doy por vencido. ¡No puedo entenderte!". Y, en cierta medida, ¿quién los culpa?

Cada vez que peleamos con emociones descontroladas es fácil pensar que son pecaminosas o indebidas, y que deberían reprimirse. Debemos recordar que ser creadas a imagen de Dios significa también que poseemos la capacidad de sentir y de expresar diversas emociones. Dios muestra una variedad de emociones puras como...

- gozo (Neh. 8:10; Jn. 15:11)
- deleite (Nm. 14:8)
- ira (Nm. 22:22)
- celos (Éx. 20:5)
- tristeza (Is. 53:3)

Dios también nos creó con la capacidad de sentir y expresar muchas emociones diferentes por medio de las cuales revela su corazón y muestra su gloria.

El problema no es que *tengamos* emociones, pues son un regalo de Dios. El problema es que nuestras emociones (a diferencia de las de Dios) están contaminadas por la caída. El desafío consiste en dejar que el Espíritu de Dios santifique nuestras emociones para que puedan expresarse de manera apropiada.

Parte de ese proceso es identificar y corregir las mentiras que Satanás nos endilga acerca de nuestros sentimientos. Hacernos creer cosas acerca de nuestras emociones que sencillamente no son verdad es una de sus estrategias más eficaces. Y una de las mejores maneras de combatirlo es proclamar la verdad frente a mentiras como...

37. *"Si siento algo, debe ser cierto".*

E l objetivo de Satanás es que creamos que, si nos sentimos rechazadas, somos rechazadas. Si nos sentimos incapaces de enfrentar las dificultades, debe de ser verdad que no podremos lograrlo. Si sentimos que Dios nos ha desamparado o actúa de forma injusta en algún asunto personal, entonces en efecto nos ha decepcionado. Si no sentimos que somos salvas, entonces tal vez no lo somos. Si no nos sentimos perdonadas, seguramente no lo somos.

La verdad es que, por causa de nuestra condición después de la caída, nuestros sentimientos a menudo no coinciden con la realidad. En muchos casos no constituyen una apreciación confiable de lo que es verdad. Cada vez que les permitimos condicionar nuestras circunstancias, las cuales varían constantemente, en vez de acudir a las realidades inmutables de Dios y de su verdad, nuestras emociones tienden a trastornarse.

A muchas de nosotras nos sucede fácilmente que nuestras emociones se exaltan por un día soleado y hermoso, un aumento en el salario, el elogio de un amigo, la culminación exitosa de un gran proyecto o el haber perdido algunos kilos de peso.

Por otro lado, experimentamos bajones emocionales por diversos factores como una temporada de días lluviosos, un día de trabajo difícil, una llamada telefónica desagradable, el período menstrual, o una noche de insomnio, entre muchos otros factores.

Si a eso añadimos "grandes" sucesos como el nacimiento de un cuarto hijo en un lapso de cinco años, una mudanza de grandes proporciones, la pérdida de un trabajo, la muerte del cónyuge o de un hijo, el cuidado de un padre con Alzheimer, los síntomas de la menopausia, o un diagnóstico de cáncer, las emociones podrían descontrolarse.

Si queremos caminar en libertad, tenemos que admitir que no siempre podemos confiar en nuestras emociones, y que debemos estar dispuestas a rechazar cualquier sentimiento que no se conforme con la verdad. En medio de la montaña rusa a la que nos someten a veces nuestras emociones, tenemos que ajustar nuestra mente y nuestros pensamientos a la verdad:

- Dios es bueno, no importa si sentimos o no que es bueno (Sal. 136:1).

- Dios nos ama, ya sea que nos sintamos amadas o no (Jer. 31:3; Jn. 3:16).

- Por medio de la fe en la sangre que Jesucristo derramó a favor nuestro, somos perdonadas, sin importar que nos sintamos o no perdonadas (Gá. 2:16).

- Dios nunca nos dejará ni desamparará; Él está siempre con nosotras, aun cuando nos sentimos solas y desamparadas (Dt. 31:6).

"Constanza" confiesa que basó sus creencias en sus sentimientos y no en la verdad. Observa cómo toda su manera de pensar cambió cuando se dio cuenta de que la verdad podía darle estabilidad a sus emociones:

Aunque era hija de Dios, había creído toda mi vida que algunos aspectos de la verdad se aplicaban a todo el mundo salvo a mí. Dios era bueno con otros, mas no conmigo. Dios los amaba, a mí no. Otros eran valiosos para Dios, pero yo no. Conocía bien los "hechos", es decir, que Dios es bueno, que me ama y que soy valiosa para Él. Sin embargo, había una desconexión en mi mente entre los hechos y lo que sentía. Pensaba que si Dios me amaba y que yo era importante para Él, entonces yo debía sentirme amada y valiosa.

Gracias al seminario sobre "Mentiras que las mujeres creen", Dios me reveló que su verdad permanece sin importar cómo me sienta. Nada puede cambiar a Dios ni la verdad de su Palabra y su carácter. Él es bueno conmigo. Él sí me ama. Puedo elegir aferrarme a la verdad, o creer las mentiras de Satanás. De cualquier forma, la verdad de Dios es inmutable e irrefutable.

En el último capítulo de Filipenses, el apóstol Pablo nos ofrece una receta para conservar la salud mental y la estabilidad emocional frente a los altibajos de las emociones:

Regocijaos en el Señor siempre... Por nada estéis afanosos,
sino sean conocidas vuestras peticiones delante de
Dios en toda oración y ruego, con acción de gracias...
todo lo que es verdadero... en esto pensad.

¿Y cuál es el resultado?

Y la paz de Dios, que sobrepasa todo
entendimiento, guardará vuestros corazones
y vuestros pensamientos en Cristo Jesús.

—Filipenses 4:4, 6-8

38. *"No puedo controlar mis emociones".*

El enemigo utiliza esta mentira para hacernos creer que estamos a merced de nuestras emociones. Aunque en cierta medida no podemos evitar lo que sentimos, la verdad es que no tenemos por qué dejar que nuestros sentimientos controlen nuestra vida.

Tal vez no puedas evitar tu temor respecto a tu próximo examen médico. Sin embargo, eso no significa que no puedas controlar tu preocupación y angustia frente a los resultados del mismo. Quizá no puedas evitar sentirte molesta o irritable durante unos días cada mes, pero sí puedes evitar palabras o actitudes hostiles contra todo el que se cruza por tu camino durante esos días. Tal vez no puedas evitar sentirte susceptible en un momento de soledad cuando un hombre casado se interesa en ti, pero eso no significa que sea inevitable "enamorarte" de él.

Otra mentira en esta categoría es que los cristianos nunca deberían sentirse tristes, desalentados, enojados, o solos; que si somos realmente espirituales vamos a sentirnos felices todo el tiempo. ¡Eso no es verdad!

Al igual que las luces del tablero de control de un auto, ciertas emociones pueden ser, de hecho, indicadores de un problema, y bajo ciertas circunstancias pueden conducir al pecado. Pero el simple hecho de sentir una emoción negativa no es un acto pecaminoso en sí mismo. Lo que importa es lo que hacemos con la emoción.

"Si se enojan, no pequen" (Ef. 4:26, NVI), las Escrituras lo dicen. Cuando surge el enojo en nuestro corazón podemos usarlo para justificar una respuesta pecaminosa o podemos permitir que nos acerque más a Cristo.

Vivimos en una cultura que nos anima a evitar el sufrimiento a toda costa. Como respuesta, es posible que tratemos de bloquear emociones negativas en lugar de rendirlas a la autoridad de Dios o poner en sus manos las circunstancias que nos hacen sentir fuera de control.

Nuestra adicción colectiva a las redes sociales y a la tecnología es nada más una vía de escape de la realidad de vivir en un mundo descompuesto. Puede que nos veamos tentadas a evitar enfrentar sentimientos o circunstancias dolorosas pasando horas y horas delante de una pantalla. Sin embargo, ¿podrá eso satisfacer realmente? ¿Puede calmar la ansiedad, el enojo, el aburrimiento o la amargura de algún modo duradero? Después de pasar horas mirando fotografías en tu teléfono o en las publicaciones de las redes sociales en tu computadora, ¿se siente tu corazón realmente en paz?

¿Todos esos clics te llevan a tranquilas aguas? ¿Restauran tu alma?

La tecnología es una pésima alternativa que en nada puede reemplazar la lectura de la Palabra de Dios, la meditación en su bondad, y dejar que Dios nos transforme con su verdad. Ningún reemplazo de esto puede satisfacer. Ningún vaso de vino, ni comida a media noche, ni Netflix pueden mantener o cumplir esta promesa:

> Tú guardarás en completa paz
> a aquel cuyo pensamiento en ti persevera;
> porque en ti ha confiado.
>
> —Isaías 26:3

En lugar de simplemente escapar de las emociones negativas, Dios nos da la opción de intercambiarlas por "completa paz". Pero hay una condición. Cuando estamos sufriendo bajo el peso de emociones negativas como el enojo, la ansiedad, la amargura, la desesperación, el odio, o la condenación, debemos aprender a buscar la verdad de Dios, a mantener nuestra mente fija en *Él*, en lugar de limitarnos a tratar de escapar o cambiar nuestras emociones negativas con un sustituto que solo da la sensación de bienestar. No debemos caminar, sino correr a la verdad de Dios en busca de refugio.

Las Escrituras abundan en promesas divinas y mandamientos que nos dan herramientas para regular nuestras emociones en medio de cualquier tormenta:

- La Palabra de Dios promete: *"yo estoy con vosotros todos los días, hasta el fin del mundo"* (Mt. 28:20). Por lo tanto, la soledad no puede vencernos.

- La Palabra de Dios promete: *"Mi Dios, pues, suplirá todo lo que os falta"* (Fil. 4:19). Por lo tanto, no hace falta que velemos preocupadas por cómo pagar la hipoteca.

- La Palabra de Dios promete: *"Porque los montes se moverán, y los collados temblarán, pero no se apartará de ti mi misericordia"* (Is. 54:10). Por lo tanto, no debemos vivir temerosas de un futuro incierto.

- La Palabra de Dios dice: *"No se turbe vuestro corazón, ni tenga miedo"* (Jn. 14:27). Esto significa que no debemos ceder al temor sin importar cuáles sean las circunstancias.

- La Palabra de Dios dice: *"Por nada estéis afanosos"* (Fil. 4:16). Eso significa que aun en medio de circunstancias estresantes no debemos afanarnos.

- La Palabra de Dios dice: *"Dad gracias en todo"* (1 Ts. 5:18). Eso significa que podemos elegir ser agradecidas aun cuando todo a nuestro alrededor se desploma.

- La Palabra de Dios dice: *"Amad a vuestros enemigos"* (Mt. 5:44). Eso significa que gracias al poder del Espíritu podemos elegir amar a cualquier persona sin importar cuánto nos haya agraviado.

- La Palabra de Dios dice: *"perdonad, si tenéis algo contra alguno"* (Mr. 11:25). Eso significa que no existe alguien a quien no podamos elegir perdonar, pese a lo mucho que nos haya herido o haya pecado contra nosotras.

Por la gracia de Dios, podemos elegir poner nuestra mente en el Señor, "confiar y obedecer", sin importar qué emociones se agolpen en nuestro interior. Las Escrituras nos invitan a esto precisamente:

> Si, pues, habéis resucitado con Cristo,
> buscad las cosas de arriba, donde está Cristo sentado a la
> diestra de Dios. Poned la mira en las cosas de arriba,
> no en las de la tierra...
>
> Y la paz de Dios gobierne en vuestros corazones...
>
> —Colosenses 3:1-2, 15
>
> llevando cautivo todo pensamiento a
> la obediencia a Cristo.
>
> —2 Corintios 10:5b

Cuando fijamos nuestra mente en Cristo y llevamos todo pensamiento cautivo a la obediencia a la verdad, el Espíritu santifica nuestras emociones y las somete bajo su control. Él nos da su paz sobrenatural y la gracia para ser fieles, a pesar de que nuestras circunstancias no cambien en el aquí y ahora.

39. *"No puedo evitar mis reacciones cuando mis hormonas están fuera de control".*

"Hay tres síntomas principales que muchas mujeres experimentan cuando pasan por la menopausia". Yo acababa de cumplir cincuenta, y estaba sentada en el consultorio médico, ansiosa por obtener algunas respuestas a lo que experimentaba en mi cuerpo en ese momento.

—¿Tiene sofocos? —preguntó el médico.

—Sí.

—¿Problemas para dormir en la noche?

—También.

—¿Cambios de humor? En ese momento mis ojos se llenaron de lágrimas, y lo único que pude hacer fue asentir temblorosa con la cabeza.

Digamos que me alegra que esos dos años hayan quedado atrás. A veces me sentía como si tuviera doce años otra vez. Si ya has pasado por ahí, sobra explicarte cuán difícil es mantener tus emociones y respuestas bajo control durante esa etapa.

A propósito de tener doce años... lo que recuerdo de esa edad es que lloré el año entero, sin razón aparente. Al ver esto en retrospectiva, entiendo mejor ahora que en aquel entonces algunos cambios que ocurrían en mi cuerpo en aquella transición para convertirme en mujer. Sin embargo, ahora entiendo mejor que aquello que le sucedía a mi cuerpo no era excusa para mi mal humor y mis palabras poco amables que fueron la norma ese año.

Si buscamos una excusa para portarnos mal, siempre es fácil encontrar una, especialmente si creemos las mentiras del enemigo. Si creemos que no podemos controlar nuestras emociones, también creeremos que no podemos controlar nuestra forma de actuar como respuesta a ellas, especialmente cuando nos sentimos susceptibles o fuera de control emocionalmente. No solo creeremos fácilmente en lo que sentimos, sino que no tardaremos en actuar conforme a ello. Y lo que ocurre después no es agradable:

- Sentimos un antojo irresistible de comer helado de chocolate a las diez de la noche... así que abrimos el congelador y empezamos a comer.

- Sentimos deseos de quedarnos hasta tarde viendo una película... y pasamos por alto las señales de cansancio de nuestro cuerpo.

- No nos dan ganas de levantarnos de la cama el día siguiente... así que nos tapamos con las mantas hasta la cabeza y llamamos a la oficina para decir que estamos enfermas.

- No sentimos deseos de limpiar la casa... así que dejamos todo desordenado y sucio hasta que *de veras* nos deprimimos.

- Sentimos la necesidad de desahogarnos y ventilar todo lo que sentimos... así que vociferamos y despotricamos, y nos disculpamos después.

Si damos rienda suelta a nuestras emociones y les permitimos controlar nuestras acciones en esta clase de rutinas diarias, será mucho más fácil que seamos controladas por nuestras emociones en las grandes transiciones y etapas difíciles de la vida.

Hace unas décadas se realizaron múltiples investigaciones, escritos y foros acerca de las diversas etapas de la vida de la mujer. Algunos arrojaron luz sobre la manera prodigiosa y maravillosa en la que hemos sido creadas (Sal. 139:14). Sin embargo, también han impulsado a muchas mujeres a justificar actitudes y conductas inaceptables.

¿Quién no se ha sentido tentada a veces a achacar su malhumor y sus reacciones desagradables a su ciclo mensual? Esta manera de pensar casi le cuesta a "María" su propio matrimonio:

Tengo cincuenta y dos años, y esta mentira me tenía engañada por completo. Mi esposo trataba de confrontarme y hacerme ver la verdad, pero yo estaba tan engañada y convencida del síndrome premenstrual por quienes lo defendían, que rehusaba escuchar. Mi esposo casi me deja antes de que yo abriera mis ojos.

Para algunas mujeres, un embarazo de alto riesgo "explica" una conducta caprichosa y un estado de ánimo irritable. He conocido a otras mujeres que parecieran planificar de antemano un colapso cuando llegan a la menopausia.

Es indiscutible que el funcionamiento de nuestro cuerpo afecta nuestras emociones, nuestra mente, e incluso nuestro espíritu. No podemos aislar los diferentes componentes de nuestro ser, pues están entrelazados y son indivisibles. Sin embargo, caemos en la trampa del diablo si justificamos toda actitud carnal y pecaminosa por nuestra condición física o por cambios hormonales.

Recuerdo una ocasión, hace algunos años, en la que me sentía agotada física y emocionalmente debido a una agenda muy cargada de conferencias. Mi actitud y mi conversación eran imprevisibles, negativas, y me volví insoportable. Sin darme cuenta, me justificaba por lo que sentía. Siendo testigo cercano de mi hosco genio, una amiga me miró y me dijo: "Nancy, no permitas que el cansancio se vuelva la excusa para la carnalidad".

Debo admitir que en ese momento no me agradó la represión y, aun así, era justo lo que necesitaba: un recordatorio doloroso pero necesario de la verdad.

Como sucede con otras facetas de nuestra naturaleza, Dios diseñó nuestro cuerpo para funcionar por ciclos y etapas. Es indiscutible que algunas de ellas son todo un reto. Una de las consecuencias de la caída es que la maternidad vendría con dolor y sufrimiento. Esto no solo se experimenta en el momento de dar a luz un hijo. Por ejemplo, las dificultades que algunas mujeres experimentan debido a su ciclo menstrual constituyen un recordatorio práctico de nuestra condición caída.

No obstante, el ciclo menstrual también nos recuerda que Dios nos hizo *mujeres*, y que parte de nuestra condición de mujer es la capacidad de ser portadoras y sustentadoras de vida. Desde joven, esta ha sido una motivación constante para saber que Dios me hizo y que mi llamado era a glorificarle en cada etapa de la vida.

Ahora, muchas mujeres de mi ministerio, mis amigas y yo estamos experimentando nuevos desafíos que vienen con el envejecimiento. Algunos días esos cambios pueden ser abrumadores, desalentadores y confusos.

Sin embargo, ¡Dios hizo nuestros cuerpos! Él entiende (mejor que nosotras) cómo funcionan. ¿Pensamos que asuntos como el ciclo menstrual, las hormonas, el embarazo y la menopausia lo toman por sorpresa?

El salmista alaba a Dios por su cuidado esmerado y su plan soberano en la formación de nuestro cuerpo:

Porque tú formaste mis entrañas;
Tú me hiciste en el vientre de mi madre.
Te alabaré; porque formidables,
maravillosas son tus obras...
No fue encubierto de ti mi cuerpo,
Bien que en oculto fui formado,
Y entretejido en lo más profundo de la tierra.
Mi embrión vieron tus ojos,
Y en tu libro estaban escritas todas aquellas cosas
Que fueron luego formadas,
Sin faltar una de ellas.

—Salmo 139:13-16

¡Qué meditación tan admirable! Mucho antes de que nacieras, cada molécula de tu cuerpo y cada día de tu vida, desde la concepción hasta la tumba, fue diseñado y planificado con esmero por Dios. Él determinó el día en el que comenzaría la menstruación, cómo y cuántas veces podrías concebir, y el momento exacto cuando la ovulación se detendría. Él entiende perfectamente lo que sucede en tu cuerpo a lo largo de cada etapa y de cada transformación.

¿Tendrá sentido entonces que un Creador sabio y amoroso desconozca nuestros niveles hormonales en las diferentes etapas de madurez, o nos desampare en alguna de ellas? Aunque Él no nos promete una vida sin dolor, sí ha prometido suplir todas nuestras necesidades y darnos la gracia para enfrentar los retos y las dificultades de cada etapa de la vida.

Puede ser que Él elija suplir tus necesidades mediante recursos como una buena nutrición, suplementos vitamínicos y ejercicio. Puede servirse de la sabiduría y los recursos de la medicina para ayudarte. Puede rodearte de amigas comprensivas que te animen y te acompañen a lo largo de una etapa difícil. O todas las anteriores. Sea cual sea el recurso, Él te guiará de forma segura por cada etapa conforme tú buscas que Él sea tu fuente, tu sustentador y tu Pastor.

Mucho antes de que alguien escribiera un libro sobre la menopausia o los estrógenos, Francis de Sales (1567–1622) escribió consejos sabios que sirven a las mujeres de todos los tiempos. Son palabras que tienen aun más sentido ahora para mí como mujer mayor, que cuando las incluí en la primera edición de este libro años atrás:

> No anticipes con temor los cambios ni las circunstancias de esta vida. Antes bien, aguárdalas con la plena esperanza de que Dios te preservará de todas ellas en su momento. Él te ha guardado hasta ahora. Solo tienes que permanecer asida de su preciosa mano, y Él te llevará segura a través de cualquier suceso. Y cuando seas incapaz de seguir, Él te llevará en sus brazos... el mismo Padre eterno que cuida de ti hoy, cuidará de ti mañana, y todos los días. Quizá te proteja del sufrimiento, o te dé la fortaleza infalible para soportarlo. Vive pues en paz, y desecha toda inquietud y zozobra.[1]

La oración de Pablo al final de su primera carta a los tesalonicenses no es solo para los creyentes del primer siglo. Tampoco es solo para hombres. Creo que toda mujer puede apropiarse de ella para cada etapa de su vida. Podemos estar seguras de que Dios contestará una oración semejante, si la elevamos con fe y le permitimos a Él obrar:

> Y el mismo Dios de paz os santifique por completo;
> y todo vuestro ser, espíritu, alma y cuerpo,
> sea guardado irreprensible para la venida de nuestro
> Señor Jesucristo. Fiel es el que os llama, el cual también lo hará.
> —1 Tesalonicenses 5:23-24

40. *"No soporto estar deprimida".*

*L*a depresión es un problema real y doloroso para muchas mujeres que he conocido personalmente, y para otras que me han contactado a través de nuestro ministerio en busca de ayuda urgente y esperanza. De hecho, de la población que padece depresión, las mujeres doblan a los hombres.[2]

La depresión se presenta en diferentes tamaños, formas y colores. En cualquiera de sus formas, ya sea leve o aguda, es una realidad que trastorna la vida. Cuando se trata de un caso serio, es potencialmente fatal. Sin embargo, tan peligrosa como la depresión misma son las mentiras (y, en algunos casos, las verdades a medias) que el enemigo sigue usando con respecto a este padecimiento.

"No soporto seguir deprimida" es una de esas mentiras. Y hay muchas otras, como por ejemplo:

- "Solo las personas que no son espirituales se deprimen".
- "La depresión siempre tiene su origen en el pecado".
- "La depresión nunca tiene su origen en el pecado".
- "La depresión es nada más un problema fisiológico (o cerebral, u hormonal)".
- "La depresión es únicamente un problema espiritual".
- "La respuesta a la depresión debe primero/siempre buscarse en la medicación y/o la terapia".
- "Los cristianos nunca deben tratar la depresión con medicamentos o terapia".
- "Los efectos físicos/emocionales de la depresión pueden tratarse con eficacia cuando se desligan completamente de cualquier problema espiritual o del corazón que esté presente".
- "No hay esperanza real para quienes sufren depresión".
- "Cualquier cristiano que realmente lo desee, puede ser sanado de su depresión".

Como ocurre con otros temas que hemos examinado, las mentiras acerca de la depresión, y la verdad correspondiente que nos hace libres, podría ocupar un libro entero. Pero me gustaría arrojar por lo menos un rayo de luz a la oscuridad que tantas veces acompaña a la depresión.

Para empezar, la depresión no hace diferencia entre personas, y su presencia no es necesariamente un indicador de la condición espiritual de alguien. Nada menos que el sin igual gigante espiritual británico del siglo XIX, el pastor Charles Spurgeon, experimentó graves episodios de depresión a lo largo de su vida adulta. Él recuerda una ocasión en la que "mis espíritus se hundieron tan bajo que lloraba horas y horas como un niño, sin saber por qué lloraba".[3]

Spurgeon decía: "Como pelear con neblina, era luchar contra esa desesperanza amorfa e indefinible que todo lo empaña".[4] Tal vez tú estés familiarizada con esta "desesperanza que todo lo empaña".

La depresión y la ansiedad son problemas complejos, y todavía tenemos mucho por aprender acerca de sus causas, así como de los efectos de varios tipos de tratamiento a largo plazo. Se han realizado muchas investigaciones para tratar de entender la relación entre la experiencia personal, la predisposición genética, y otros factores fisiológicos y psicológicos. (Se han identificado múltiples factores que posiblemente contribuyeron a la lucha de Spurgeon con la depresión que duró toda su vida).

Algunas personas parecen más propensas a la depresión debido a factores genéticos o una fragilidad general del individuo.

Además, en este mundo caído las personas padecen sucesos deprimentes, cosas que no escogieron y sobre las cuales no tienen control, que no son su "culpa". Desastres naturales, la pérdida de un trabajo, dolor o enfermedad crónicas, hambre e inanición, guerra, la muerte de los seres queridos, entre muchas otras experiencias pueden desencadenar ataques depresivos. También están los ataques que infligen los pecados ajenos, como rechazo, abandono, maltrato físico y verbal, abuso sexual, racismo, opresión, injusticia y más.

En cierta medida, la enfermedad (ya sea física, emocional o mental), el dolor y la depresión son consecuencias inevitables de vivir en un mundo caído. Como nos recuerda el apóstol Pablo en Romanos 8, la creación entera "gime" bajo el peso de su condición pecaminosa, anhelando nuestra redención final.

La depresión también puede ser causada o exacerbada por nuestros propios pecados o por reacciones pecaminosas a circunstancias dolorosas o afrentas, como ingratitud, amargura, falta de perdón, incredulidad, insatisfacción por la exigencia de los derechos personales, enojo y egocentrismo. Si no se tratan estos problemas, las consecuencias se verán inevitablemente en nuestro cuerpo y alma, y producirán toda clase de problemas físicos y emocionales.

En muchos casos, la medicación puede aliviar los síntomas de la depresión. Sin embargo, si su origen o lo que la nutre no es algún problema orgánico o físico, es improbable que la medicación ofrezca una solución eficaz a largo plazo.

Si se administra de manera adecuada, la medicación puede ayudar a la persona deprimida a gozar de suficiente estabilidad para pensar con claridad, y proveer una ventana de oportunidad para empezar a tratar los aspectos no fisiológicos que han contribuido al problema. Con todo, ningún medicamento puede "curar" los problemas profundos del espíritu. Si una mujer padece depresión y no trata esos problemas internos del corazón, es improbable que experimente algo más que un alivio pasajero.

LA DEPRESIÓN EN LA BIBLIA

Tal vez te sorprenda saber que un buen número de personajes bíblicos sufrieron de tendencias depresivas. Sus historias revelan algunas causas (no todas) que contribuyen a la depresión. En algunos casos, su lucha no fue sino la consecuencia de su propio orgullo, egoísmo y enojo.

Por ejemplo, *el rey Acab* se deprimió cuando no pudo satisfacer sus deseos. Cuando su vecino no quiso venderle parte de su propiedad que Acab tanto quería, vino "a su casa triste y enojado... se acostó en su cama, y volvió su rostro, y no comió" (1 R. 21:4). Su esposa Jezabel trató de aliviar su depresión prometiéndole que lo ayudaría a cumplir su deseo. Le dijo: "Levántate, y come y alégrate; yo te daré la viña de Nabot de Jezreel" (1 R. 21:7).

Debo admitir que a veces yo veo el espíritu de Acab cuando me miro en el espejo. Puedo sufrir bajones emocionales cuando las cosas no se hacen "a mi manera". En el fondo estoy enojada, pero en vez de demostrarlo me hundo en un abismo emocional con la esperanza de que alguien lo note y trate de contentarme, como Jezabel hizo con Acab.

El relato de *Jonás* ilustra cómo resistir y ofenderse por las decisiones de Dios puede producir depresión y pensamientos suicidas. Jonás "se apesadumbró en extremo, y se enojó" (Jon. 4:1) porque Dios decidió no destruir a los ninivitas, como él pensaba que ellos merecían. Además dijo: "oh Jehová, te ruego que me quites la vida; porque mejor me es la muerte que la vida" (4:3). La respuesta de Dios obligó a Jonás a encarar su enojo: "Y Jehová le dijo: ¿Haces tú bien en enojarte tanto?" (4:4). La misma escena se repitió cuando Jonás se deprimió todavía más porque la calabacera que lo protegía del calor se secó y murió. Dios quería que el profeta comprendiera que sus circunstancias no eran la causa de su depresión, sino su reacción airada frente a los designios soberanos de Dios.

Ana era una mujer piadosa que se deprimió como resultado de una relación tensa, además de la insatisfacción de sus anhelos, lo cual se prolongó durante años. Su esposo la amaba con todo su corazón, pero estaba fuera de su alcance solucionar los problemas que la atormentaban. Por motivos que solo el Señor conoce, Él había cerrado la matriz de Ana, y ella era estéril. Este conflicto que vivía Ana empeoró por causa de Penina, la otra mujer de su esposo que no tenía problemas para concebir y tener hijos, y que no dudaba en recordárselo:

> Y su rival la irritaba, enojándola y entristeciéndola,
> porque Jehová no le había concedido tener hijos.
> Así hacía cada año; cuando subía a la casa de Jehová,
> la irritaba así; por lo cual Ana lloraba, y no comía.

—1 Samuel 1:6-7

Cuando somos incapaces de ver la mano de Dios en medio de las circunstancias, o cuestionamos sus decisiones acerca de nuestra vida seremos candidatas, al igual que Ana, de la depresión espiritual y emocional.

El Salmo 32 describe la angustia física y emocional que experimentó *el rey David* por no confesar su pecado con Betsabé y Urías:

> Mientras callé, se envejecieron mis huesos
> en mi gemir todo el día. Porque de día y de noche se agravó
> sobre mí tu mano; se volvió mi verdor en sequedades de verano.
>
> —Salmo 32:3-4

A diferencia de la depresión que fue causada por su pecado, David vivió muchos momentos de profunda tristeza que no tenían relación alguna con su pecado personal. Algunos de los salmos más sinceros revelan su honda desesperación:

> Clamo en mi oración, y me conmuevo...
> Mi corazón está dolorido dentro de mí,
> Y terrores de muerte sobre mí han caído.
> Temor y temblor vinieron sobre mí,
> Y terror me ha cubierto...
> Fueron mis lágrimas mi pan de día y de noche...
>
> —Salmos 55:2, 4-5; 42:3

En esos momentos de intenso dolor, David aprendió la importancia de buscar consuelo para su corazón en la verdad del carácter de Dios.

> ¿Por qué te abates, oh alma mía,
> y te turbas dentro de mí?
> Espera en Dios; porque aún he de alabarle,
> salvación mía y Dios mío.
> Dios mío, mi alma está abatida en mí;
> me acordaré, por tanto, de ti...
>
> —Salmo 42:5-6

En su clásico libro titulado *Depresión espiritual*, el médico y pastor Martyn Lloyd-Jones usa este salmo para dirigirse a quienes sufren de depresión:

Debes decirle a tu alma: "¿Por qué te abates?", es decir, ¿qué te puede preocupar? Debes... exhortarte y declarar para ti mismo: "Espera en Dios", en vez de murmurar con ese ánimo deprimido y desdichado. Y luego debes recordar a Dios, su carácter, sus obras y sus promesas.[5]

En el último capítulo del libro de Santiago encontramos un pasaje que es una gran fuente de aliento y consejo práctico para quienes batallan con la depresión y se sienten desvalidos:

¿Está alguno entre vosotros afligido? Haga oración. ¿Está alguno alegre? Cante alabanzas. ¿Está alguno enfermo entre vosotros? Llame a los ancianos de la iglesia, y oren por él, ungiéndole con aceite en el nombre del Señor. Y la oración de fe salvará al enfermo, y el Señor lo levantará; y si hubiere cometido pecados, le serán perdonados. Confesaos vuestras ofensas unos a otros, y orad unos por otros, para que seáis sanados. La oración eficaz del justo puede mucho.

—Santiago 5:13-16

Cuando Santiago habla aquí de aquellos que están enfermos, él no solo se refiere a un molesto dolor de cabeza o a las alergias de temporada. Hay dos palabras griegas que se traducen "enfermo" en estos versículos. La primera (v. 14) es un término que significa "estar débil, decaído, sin fuerzas, desvalido".[6] La segunda (v. 15) significa "estar cansado, enfermizo, o desfallecido".[7]

En otras palabras, se trata de algo más que una dolencia física (si bien la enfermedad física puede ser emocional y mentalmente debilitante). Todo el ser, espíritu, alma y cuerpo se ve afectado. Puedes imaginar a una persona que ha quedado debilitada y está postrada, ya sea por causa de las circunstancias de la vida, su propio pecado, o ambas cosas. Está agotada, rendida, y se siente abrumada e incapaz de hacer algo respecto a su situación. Puede experimentar un desánimo crónico, o puede tener lo que se conoce hoy como depresión clínica.

Entonces, ¿qué podemos aprender de este pasaje acerca de quienes padecen depresión?

MIRA HACIA LO ALTO

La primera verdad que sobresale de este pasaje es que *sin importar cómo nos sintamos o la situación que enfrentemos, nuestra respuesta inmediata debe ser volvernos al Señor*. Ya sea que estemos en prosperidad o en sufrimiento, felices o tristes, en salud o en enfermedad, y antes de hacer cualquier otra cosa, debemos reconocer la presencia de Dios y pedirle que nos acompañe en ese momento, que nos guíe a reaccionar frente a las circunstancias, y que provea todo lo necesario para enfrentarlas.

Sin embargo, nuestra reacción más común es volvernos a otras personas o cosas *aparte* del Señor. Cuando estamos heridas y buscamos consuelo, alivio o huir de algo, nuestra tendencia es echar mano de las soluciones más inmediatas y tangibles que podemos encontrar. Queremos algo que nos ofrezca resultados (cuanto más rápido, mejor), que calme el dolor, y preferiblemente algo que no requiera mucho esfuerzo.

Después de todo, es más fácil llamar a un amigo que nos comprenda en vez de arrodillarnos, abrir la Biblia y escuchar lo que Dios quiere decirnos en "el momento sombrío de nuestra alma". Es mucho más fácil enmascarar el sufrimiento con comida, bebida, ejercicio o sueño, en lugar de aplicarse al arduo trabajo de identificar actitudes o conductas que puedan estar contribuyendo a nuestra condición. Es más fácil anestesiar nuestros sentimientos con redes sociales, Netflix, unas vacaciones de ensueño, o consagrarnos a un pasatiempo que humillarnos y reconocer nuestra ingratitud, nuestra falta de perdón, o nuestro enojo. Es más fácil ampararse en un médico, un terapeuta, o en antidepresivos que preguntarle a Dios cómo quiere usar nuestro dolor para santificarnos y glorificarse.

Estos medios pueden ofrecer cierto alivio, pero, aparte de la obra de la gracia de Dios en nuestra vida, es probable que resulten insuficientes y efímeros. Solo el "Dios de toda consolación" puede suplir nuestras necesidades más profundas en esos momentos.

Eso no significa que todo lo demás esté mal o sea inútil. Una buena noche de sueño puede cambiar todo el panorama emocional de una madre atribulada con dos niños pequeños y un bebé recién nacido. Algunas veces, un ajuste en nuestra dieta puede mejorar nuestro bienestar físico, que a su vez mejora nuestro bienestar emocional y mental. El ejercicio puede traer grandes beneficios frente a los síntomas físicos asociados con la depresión. Un médico puede diagnosticar y tratar un problema fisiológico que afecta nuestra condición emocional. Las amistades pueden ser una fuente de aliento, especialmente si intentan guiarte a la verdad. Y, en ocasiones, necesitamos que alguien de carne y hueso nos lleve de la mano y nos ayude a caminar hasta el trono de gracia del Señor.

No obstante, mirar *hacia afuera* sin volver nuestros corazones *hacia lo alto* en busca de soluciones a los problemas de la vida, sea cual sea su origen o causa, puede dejarnos sintiéndonos hundidas en la desesperanza.

MIRA HACIA AFUERA

La segunda verdad que subraya Santiago 5 es *el importante papel del Cuerpo de Cristo en la función de asistir y sanar los corazones heridos.*

Algunos piensan que solo los "profesionales" tienen la capacidad de ayudar a las personas que padecen diversos problemas emocionales o mentales. No quiero decir que no haya lugar para las personas que han recibido entrenamiento en los campos relacionados con la salud mental. Tengo amigos muy queridos que aman al Señor y que han recibido la ayuda extraordinaria de profesionales sabios, especialmente los que tienen una cosmovisión cristiana, para manejar la depresión y tratar los efectos del maltrato y el trauma.

Sin embargo, no olvidemos que Dios ha dado al cuerpo de Cristo recursos abundantes para cuidar de las personas necesitadas y desesperadas. Él nos ha dado su Palabra y su Espíritu. Tenemos que aprender a tomar el ungüento sanador de la Palabra de Dios y aplicarlo a las necesidades de las personas heridas.

Santiago afirma entonces que si sufres, si tu alma está enferma, debes buscar a los hermanos en Cristo para que ministren gracia en el nombre de Jesús. Después de haber orado en privado, pídele a Dios la gracia para comunicar tu necesidad a los líderes espirituales de tu iglesia, por difícil que sea. Confiesa cualquier pecado que Dios te haya revelado mediante tu sufrimiento. Permite luego que Él te fortalezca, te consuele y te anime por medio de las oraciones y el cuidado[8] de estos pastores espirituales.

Santiago sostiene la promesa, según la necesidad, tanto de perdón como de sanidad para quienes sufren aflicción. Esa restauración puede no ser instantánea ni completa en el corto plazo. Así como Dios no sana toda dolencia física en este lado de la eternidad, puede ser que tu aflicción emocional o mental te acompañe a lo largo de tu peregrinaje terrenal. Aun así, puedes tener la seguridad de que, sin importar cuánto dure tu sufrimiento, Él caminará contigo, su gracia te sostendrá y te santificará, y un día la sanidad será plena y completa.

Tenemos un Salvador que se interesa profundamente por aquellos que sufren. Él es tierno y compasivo con aquellos que son débiles o tienen luchas. "No quebrará la caña cascada, ni apagará el pábilo que humeare; por medio de la verdad traerá justicia" (Is. 42:3).

Además, las Escrituras nos instan a mostrar la misma compasión hacia las personas que sufren: "que alentéis a los de poco ánimo, que sostengáis a los débiles, que seáis pacientes para con todos" (1 Ts. 5:14). Esta es una palabra provechosa para todos los que pertenecemos al cuerpo de Cristo que procuramos demostrar su corazón a quienes padecen necesidad.

Aunque no puedes "arreglar" la depresión de otra persona, puedes ofrecer consuelo, ayuda y paciencia. Puedes escuchar sin juzgar. Puedes estar pendiente de la persona deprimida que tiende a aislarse, o brindar tu ayuda práctica cuando se siente abrumada. Aun los pequeños gestos de amabilidad pueden ser de inmensa utilidad. Y sí, ayudar a una persona deprimida exige que seas paciente. Es posible que esa persona no tenga la energía emocional para responder de manera apropiada a tus iniciativas e incluso arremeta contra ti, de modo que tendrás que aprender a expresar amor y hablar la verdad, y todo ello sazonado con delicadeza y gracia. Y no olvides que la oración es una forma poderosa de manifestar interés, quizá la más poderosa.

EL SALVADOR TE SOSTIENE

El escritor Stephen Altrogge habló de su experiencia personal de muchos años con la depresión, describiéndola de la siguiente manera:

> Por dondequiera que miras, todo se ve oscuro. Desolador. Negro. Imposible. Sin remedio. La sala de espera de la depresión dice: "Abandonad la esperanza, todos los que entráis aquí".[9]

Sin embargo, Stephen se niega a sucumbir a la desesperanza. Él se da cuenta de que no existe una fórmula para despejar las nubes de pesadumbre y desesperación. Con todo, él anima a quienes están deprimidos a pelear por la fe. Él aconseja separar tus sentimientos de la verdad y buscar a un amigo leal que te ayude a permanecer anclado a lo que es verdadero. Además, da pasos prácticos que renueven y nutran tu cuerpo, aun cuando sea lo último que desees hacer. Así podrás "pensar y ver las cosas con mayor claridad" y "asimilar y abrazar más fácilmente las promesas de Dios".

Después de todo, Altrogge recuerda a sus hermanos peregrinos que la verdadera esperanza solo se encuentra en Cristo:

> En última instancia, tu esperanza para la depresión depende de Jesús. Él te sostiene aun cuando sientes que estás cayendo. Puede que estés en la oscuridad, pero tu Pastor camina a tu lado. Él conoce lo que es sentirse abrumado por la pena y abatido por la desolación. Aunque pierdas el control sobre esta vida, Él no te soltará.[10]

Esa es la verdad. La verdad no hace desaparecer todo el sufrimiento y la tristeza, al menos no en esta vida. Sin embargo, te dará la capacidad de caminar por la fe, de perseverar en escalar lo que Juan Bunyan, el escritor del siglo XVII, denominó "el collado Dificultad", en su obra clásica *El progreso del peregrino*, consciente de que tenemos por delante la "Ciudad Celestial".[11] Allí y entonces, todo sufrimiento, la depresión y las lágrimas desaparecerán, serán eclipsadas por la presencia del Salvador, quien llevó nuestros dolores y pecados como si fueran suyos, a fin de que pudiéramos entrar en su descanso y gozo eternos.

En lo que respecta al manejo de nuestras emociones, aun las más oscuras, debemos recordar que "sentirse bien" no es el objetivo supremo de la vida cristiana. Dios no promete a quienes caminan con Él que estarán exentos de situaciones emocionales difíciles. De hecho, mientras vivamos en este cuerpo, estaremos sometidas a diversos grados de sufrimiento y aflicción.

Como veremos en el capítulo siguiente, el verdadero enfoque de nuestra vida no debe ser cambiar o "arreglar" las cosas para sentirnos mejor, sino buscar la gloria de Dios y su propósito redentor en el mundo. Todo lo demás es accesorio. El gozo verdadero viene como resultado de entregarnos sin reservas a ese fin.

LA MENTIRA | **37. Si siento algo, debe ser cierto.**

LA VERDAD

- No siempre puedo fiarme de mis sentimientos. Por lo general, no concuerdan con la realidad y pueden inducirme con facilidad a creer mentiras.
Salmo 119:29-30; Jeremías 17:9-10

- Debo tomar la decisión de rechazar cualquier sentimiento que no se conforme a la verdad.
Salmos 33:4; 51:6; 56:3-4; Efesios 4:14-15; Filipenses 4:8-9

LA MENTIRA | **38. No puedo controlar mis emociones.**

LA VERDAD

- No tengo que dejarme controlar por mis emociones.
Salmo 6:1-10; Isaías 54:10; Mateo 5:44; 28:20; Efesios 4:26; Filipenses 4:4-7; 1 Tesalonicenses 5:18

- Puedo elegir fijar mis pensamientos en la verdad, llevar todo pensamiento cautivo a la obediencia a la verdad, y dejar que Dios controle mis emociones.
Salmo 42:11; Isaías 26:3; 50:10; Juan 10:10; 17:17; 2 Corintios 10:5; Filipenses 4:8-9; Colosenses 3:1-2

LA MENTIRA | **39. No puedo evitar mis reacciones cuando mis hormonas están fuera de control.**

LA VERDAD

- Por la gracia de Dios puedo elegir obedecerlo sin importar cómo me sienta.
Filipenses 2:12-13; Santiago 4:7

- No hay excusa para consentir actitudes, reacciones o conductas impropias.
1 Tesalonicenses 5:23-24

- Mis ciclos emocionales y físicos están sometidos al control de mi Creador que me cuida y me asiste en cada etapa de mi vida.
  Salmo 139:1-18

LA MENTIRA	**40. No soporto estar deprimida.**
LA VERDAD	• Los síntomas físicos y emocionales de la depresión son a veces el resultado de problemas del espíritu que necesitan ser tratados. 1 Samuel 1:6-7; 1 Reyes 21:4, 7; Salmos 32:3-4; 42:3-8; 55:4-5; Lamentaciones 3:1-33; Jonás 4:1-4 • Sin importar cómo me sienta, puedo elegir dar gracias, obedecer a Dios y ayudar a otros. Filipenses 4:4-7 • Dios nos ha dado poderosos recursos, como su gracia, su Espíritu, su Palabra, sus promesas, el cuerpo de Cristo, para ministrar nuestras necesidades emocionales. Salmo 25:4-5; Romanos 8:26; 2 Corintios 12:9

CAPÍTULO DIEZ

MENTIRAS QUE LAS MUJERES CREEN... ACERCA DE LAS
circunstancias

¡Qué año hemos tenido! Supimos que uno de los nietos de Caín sufrió una caída mientras trabajaba en un proyecto de construcción para su padre. Parece que sufrió heridas graves. Ha sido difícil conocer los detalles, pues tenemos una escasa comunicación con Caín y su familia. Nuestra relación con él todavía es muy tensa, y los recuerdos son a veces demasiado dolorosos.

La cosecha de este año ha sido la peor desde que recuerdo. Adán ha tenido que trabajar muchas horas adicionales para traer el alimento y poder subsistir como familia. Cuando llega a casa al final del día está agotado, y no tiene deseos de hablar ni hacer nada más.

Quisiera decir que lo he animado en medio de todas esas dificultades, pero yo he tenido mis propias luchas. Ya no tengo las fuerzas de antes y, con frecuencia, me siento abrumada tratando de cuidar la casa, en especial con cuatro hijos que aún viven con nosotros. La vida de todos es muy agitada. Es difícil atender a un esposo, a los hijos, a los nietos y todas las labores del hogar, y además apartar un poco de tiempo para mí.

Algunas veces la presión es tal que me molesta todo lo que me rodea, y me enojo con todo el mundo. Me siento mal por la manera en que trato a los niños y a Adán. En realidad estoy muy cansada.

Hace ya mucho tiempo que Adán y yo no pasamos tiempo juntos, a solas. Desearía encontrar la manera de escapar a todo esto por un momento. Tal vez así podría funcionar mejor. Definitivamente algo tiene que cambiar.

*E*ra "uno de esos días". Los has tenido, ya sabes, esos días en los que nada sale bien. Tal vez has leído acerca de ese día peculiar en *Alexander y el día terrible, horrible, espantoso, horroroso,* un libro escrito por Judith Viorst. Parece como si todo le saliera mal al pobre Alexander. De principio a fin, su día consistió en una serie continua de experiencias desagradables.

Alexander se quedó dormido con goma de mascar en su boca y se despertó con ella pegada en su cabello, tuvo un día horrible en la escuela, una cita odontológica desagradable, y una desafortunada visita a la tienda de zapatos. Y eso no fue todo. Entre las horribles judías para la cena, jabón en los ojos cuando tomó un baño y tener que ponerse el pijama de trenes que más detestaba, ¿quién podría culpar al pobre niño por suspirar y decir al final del día: "¡Quiero irme a vivir a Australia!"?[1]

Alexander no es el único que se ha sentido así. ¡Quizá todas hemos deseado en algún momento que Dios nos lleve al lugar más recóndito de la tierra!

De hecho, eso es justo lo que el salmista pidió en oración por lo menos una vez. Todo parecía sofocarlo y sentía que ya no podía más:

> Y dije: ¡Quién me diese alas como de paloma!
> Volaría yo, y descansaría… moraría en el desierto.
> Me apresuraría a escapar del viento borrascoso,
> de la tempestad.
>
> —Salmo 55:6, 8

Después de crear el mundo, Dios vio todo lo que había hecho y dijo "es bueno". Desde la más diminuta molécula hasta la más gigantesca galaxia en el universo, todo estaba en perfecto orden. Todo existía en perfecta armonía. Ni la confusión, ni el dolor, ni el conflicto, ni la frustración existían.

Como vimos, Adán y Eva gozaron de un ambiente perfecto. Todo funcionaba. Nada estaba dañado ni precisaba reparación. Nadie llegaba tarde, ni se sentía cansado o irritable. Nadie tenía deudas, ni sufría dolores de cabeza, ni se enfermaba o moría. Nadie podía ser herido en sus sentimientos, nadie pronunciaba palabras ofensivas ni perjudicaba a otros.

Sin embargo, todo eso cambió en el instante mismo en el que Eva escuchó la mentira de Satanás y actuó conforme a ella. La tierra que producía alimento sin esfuerzo para el hombre y la mujer, ahora estaba llena de espinos y abrojos contra los cuales el hombre debía luchar para proveer a su familia lo necesario. La experiencia de dar a luz había sido planificada como un suceso natural y gozoso para la mujer, y ahora debía soportar el dolor de un parto.

Aparte de los espinos y los dolores de parto, la caída significó muchas otras cosas para el hombre, entre otras...

miedo, vergüenza y culpa	*huracanes, inundaciones y terremotos*
decepción	*crimen y violencia*
disputas y litigios	*pobreza, hambre, racismo y guerra*
lágrimas y berrinches	*artritis, tumores y cáncer*

El engaño trajo consigo consecuencias de largo alcance. Al igual que una sola gota de tintura tiñe un vaso lleno de agua, el pecado manchó toda la realidad y el ambiente en el que viven los seres humanos.

Eso es lo que vivimos hoy. Esas son nuestras circunstancias. Dios todavía está con nosotros, pero nuestra realidad diaria y cotidiana es un mundo caído. Satanás todavía trata de engañarnos respecto a estas circunstancias, lo cual resulta en desilusión, enojo y desesperación que son innecesarios. ¡Con cuánta urgencia necesitamos la verdad de Dios a fin de mantener nuestras vidas en perspectiva y aferrarnos a la esperanza!

41. *"Si mis circunstancias fueran diferentes, yo sería diferente".*

Recuerdo una ocasión en la que hablé con una joven madre que tenía un niño de dos años y gemelos de un año. Ella dijo, con un suspiro: "Nunca fui una persona impaciente, ¡hasta que tuve estos gemelos!". Esta mujer creía lo que casi todas hemos creído en algún momento: que somos lo que somos como resultado de nuestras circunstancias.

Tal vez hayas dicho alguna vez, al igual que yo: "¡Me hizo enfurecer *tanto*!". En esencia, lo que decimos es: "En realidad soy una mujer amable, bondadosa, amorosa, con dominio propio y llena del Espíritu. *Pero...* ¡no creerás lo que me hizo. Es *su* culpa que me haya puesto furiosa!".

¿Te suena conocido? Es posible que insistamos en decir cosas como:

- "Yo habría permanecido tranquila... ¡si mi hijo no hubiera llenado el fregadero de agua y pintado los muebles del salón con mantequilla!".

- "No tendría problemas en mi matrimonio si mis padres no me hubieran hecho sentir despreciable".

- "No sería tan amargada si mi esposo no se hubiera ido con otra mujer".

Lo que realmente estamos diciendo es: "Alguien o algo me forzó a ser así". Pensamos que si nuestras circunstancias fueran diferentes —nuestra crianza, el ambiente y las personas que nos rodean—, nosotras seríamos diferentes. Creemos que seríamos más pacientes, amorosas, felices y amables.

Si nuestras circunstancias determinan lo que somos, todas somos víctimas. Eso es precisamente lo que Satanás desea que creamos. Y, si somos víctimas, no somos responsables y no podemos evitar ser lo que somos. No obstante, lo que Dios dice es que *sí* somos responsables, *no* de las faltas de otros, sino de nuestra propia actitud y de nuestra vida.

La verdad es que nuestras circunstancias no determinan lo que somos, solo revelan lo que somos. Aquella madre desesperada que se consideraba una persona paciente hasta que tuvo gemelos, no comprendió que en realidad siempre había sido una persona impaciente, hasta que Dios dispuso las circunstancias en su vida que revelaron lo que era, a fin de poder cambiarla.

El enemigo nos convence de que el único camino para ser diferentes es que nuestras circunstancias cambien. De ese modo, podemos jugar al juego de "Si tan solo...":

- "Si tan solo no hubiéramos tenido que mudarnos...".

- "Si tan solo viviéramos más cerca de mis padres...".

- "Si tan solo tuviéramos una casa más grande (más armarios, más depósitos)...".

- "Si tan solo tuviéramos más dinero...".
- "Si tan solo mi esposo no tuviera que trabajar tanto...".
- "Si tan solo estuviera casada...".
- "Si tan solo fuera soltera...".
- "Si tan solo me hubiera casado con otra persona...".
- "Si tan solo tuviera hijos...".
- "Si tan solo no tuviera tantos hijos...".
- "Si tan solo no hubiera perdido aquel hijo...".
- "Si tan solo mi esposo se comunicara...".
- "Si tan solo mi esposo fuera un líder espiritual...".

Hemos sido engañadas para creer que seríamos más felices si nuestras circunstancias fueran diferentes. Sin embargo, la verdad es que, si no estamos satisfechas con nuestras circunstancias actuales, lo más probable es que tampoco lo estemos con otras.

Cuando estaba en sus cincuenta, Elizabeth Prentiss, una escritora del siglo XIX, supo que su esposo aceptaría un nuevo empleo que lo obligaba a salir de su casa en Nueva York para instalarse en Chicago. Dicho cambio significaría dejar a todos los amigos de la familia y poner en riesgo su delicada salud. En una carta a una amiga ella escribió:

> En cuanto a esto, solo queremos conocer la voluntad de Dios...
> la experiencia del invierno pasado me convenció de que el lugar
> y la posición nada tienen que ver con la felicidad, que podemos
> ser desdichados en un palacio, felices en una mazmorra... quizás
> es justo eso lo que necesitamos recordar... que somos peregri-
> nos y extranjeros en esta tierra.[2]

La esposa de George Washington, que se llamaba Martha, manifestó la misma convicción en una carta que escribió a su amiga Mercy Warren:

> Sigo firme en mi determinación de estar alegre y feliz en cual-
> quier situación en la que me encuentre, pues he aprendido que

la mayor parte de nuestra felicidad o desdicha depende de nuestra actitud, y no de nuestras circunstancias. Llevamos por doquier en nuestra mente las semillas de la una, o de la otra.[3]

Siglos antes, el apóstol Pablo aprendió que podía regocijarse, estar satisfecho y dar fruto en su vida en cualquier situación, dado que su gozo y su bienestar no dependían de las circunstancias, sino del amor constante y de la fidelidad de Dios, así como de la calidad de su relación con Él. Por eso podía decir:

> No lo digo porque tenga escasez,
> pues he aprendido a contentarme,
> cualquiera que sea mi situación. Sé vivir humildemente,
> y sé tener abundancia; en todo y por todo estoy enseñado,
> así para estar saciado como para tener hambre,
> así para tener abundancia como para padecer necesidad.
>
> —Filipenses 4:11-12

Elizabeth Prentiss, Martha Washington y el apóstol Pablo comprendieron que tal vez no podamos controlar nuestras circunstancias, pero sí podemos impedir que nos controlen.

Podemos confiar en un Dios sabio, amoroso y soberano que controla cada circunstancia de nuestra vida. El gozo, la paz y la estabilidad resultan de creer que cada suceso en nuestra vida ha pasado primero por sus manos amorosas, y que forma parte de un plan grandioso y eterno que Él realiza en nosotras y en este mundo.

42. *"Es injusto que yo sufra".*

Muchos escritores y maestros que gozan hoy de gran popularidad prometen a los pecadores una paz duradera, gozo y un hogar en el cielo, así como una vida próspera en la tierra, nada más con entregar su vida a Jesús. Ese tipo de predicación, que desatiende el precio de seguir a Cristo y de tomar la cruz, ha dado origen a una generación de "discípulos" flojos y débiles que son incapaces de enfrentar las batallas de la vida cristiana. Cuando sus esperanzas se frustran debido a las pruebas y tribulaciones que son inevitables, gimotean y echan a correr en busca de una salida fácil.

¡Eso es precisamente lo que el enemigo quiere! Él logra su objetivo de hacernos rechazar y rebelarnos contra la voluntad y los propósitos de Dios al convencernos de la mentira de que nuestro sufrimiento es injusto o innecesario.

El mensaje que el mismo Señor Jesús y sus apóstoles predicaron fue un llamado a tomar la cruz, a enrolarse en la batalla, a sufrir. Y el apóstol Pablo enseñó que el sufrimiento es un adiestramiento esencial en la carrera de Dios para todos los creyentes: "Es necesario que a través de muchas tribulaciones entremos en el reino de Dios" (Hch. 14:22). Eso es exactamente lo contrario a lo que Satanás quiere hacernos creer del sufrimiento.

Arthur Mathews sirvió como misionero en la China desde 1938 hasta 1949, el período en el que los comunistas tomaron el poder. Fue uno de los últimos misioneros del interior de la China que salieron de ese país en 1953, después de ser sometido a un arresto domiciliario durante cuatro años con su esposa y su hija. Sus escritos irradian el compromiso de la negación a sí mismo y la disposición a cumplir con el plan y el propósito de Dios a través del sufrimiento:

> Tenemos la tendencia a mirar las circunstancias de la vida en términos de su efecto sobre nuestras queridas esperanzas y nuestro provecho, y conforme a eso acomodamos nuestras decisiones y reacciones. Frente a una situación amenazante corremos a Dios, no para buscar su propósito, sino para pedirle que nos saque de apuros. Nuestros intereses personales están por encima de lo que Dios se propone a través de la dificultad...
>
> Una generación escapista interpreta la seguridad, la prosperidad y el bienestar físico como pruebas de la bendición de Dios. Entonces, cuando Él nos enfrenta al sufrimiento y la aflicción, malinterpretamos su mensaje y sus intenciones.[4]

Si desconfiamos de las intenciones y del corazón de Dios, es natural que nos resistamos al sufrimiento. Sin embargo, debemos aprender a recibir con beneplácito el sufrimiento como una vía para alcanzar la santidad y como una puerta hacia una mayor intimidad con Dios. Así lo expresó William Law, el escritor puritano del siglo XVII:

> Recibe cada prueba en tu interior o fuera de ti, cada decepción, sufrimiento, inquietud, tentación, oscuridad y desolación con tus manos abiertas, como una ocasión genuina y una oportunidad bendita para morir a ti mismo y para entrar en una comunión plena con tu Salvador, quien sufrió y rindió todo su ser.[5]

La verdad es que a Dios le interesa mucho más nuestra santidad que nuestra felicidad inmediata y pasajera. Él sabe que sin santidad jamás gozaremos de felicidad genuina.

Lo cierto es que es imposible ser santos sin experimentar sufrimiento. Aunque es un misterio, sabemos que Jesús mismo durante sus años en la tierra fue perfeccionado "por aflicciones" (He. 5:8), y "aunque era Hijo, por lo que padeció aprendió la obediencia" (He. 5:8). Decimos que queremos ser como Jesús, y luego nos oponemos a los mismos instrumentos que Dios utiliza para cumplir ese deseo.

Todos los escritores del Nuevo Testamento reconocieron que hay un fruto de santidad y redención que solo puede resultar del sufrimiento. De hecho, Pedro se atreve a declarar que el sufrimiento es nuestro llamado, no solo para un grupo selecto de líderes cristianos o mártires, sino para todo hijo de Dios: "Pues para esto fuisteis llamados; porque también Cristo padeció por nosotros, dejándonos ejemplo, para que sigáis sus pisadas" (1 P. 2:21).

El gozo verdadero no es la ausencia de sufrimiento, sino la presencia santificadora del Señor que nos sostiene en medio del dolor. Cuando atravesamos cualquier prueba, sin importar cuán prolongada sea en días, semanas, meses o años, podemos confiar en esta promesa:

> Mas el Dios de toda gracia, que nos llamó a
> su gloria eterna en Jesucristo, después que hayáis padecido
> un poco de tiempo, él mismo os perfeccione,
> afirme, fortalezca y establezca.
>
> —1 Pedro 5:10

43. *"Mis circunstancias nunca cambiarán; esto durará para siempre".*

Esta mentira mantiene sometidas a un sinnúmero de mujeres al yugo de la desesperanza y la desesperación.

La verdad es que tu sufrimiento, ya sea una dolencia física, recuerdos de maltrato, un matrimonio conflictivo o un corazón roto por causa de un hijo rebelde, puede prolongarse mucho tiempo. Con todo, no durará para siempre. Quizá perdure toda tu vida aquí en la tierra. Con todo, ni siquiera la vida entera dura para siempre.

La verdad es que en un abrir y cerrar de ojos (a la luz de la eternidad) estaremos en la presencia del Señor, y todo lo que haya sucedido en esta vida no será más que un suspiro, un punto insignificante.

Una mujer me llamó para pedirme consejo acerca de una situación muy delicada y dolorosa en su matrimonio. El problema existía desde que tenía memoria, y no había indicios de una mejoría futura. Durante nuestra conversación me conmovieron las palabras de esta sufrida esposa: "No hay problema si esto perdura toda la vida. Sé que el tiempo es corto y la eternidad larga. Un día, esto no será más que un punto en el firmamento".

Ella no habló como alguien que se había resignado a su "destino". Ella anhelaba ver un cambio en el presente. Sin embargo, poseía una perspectiva del tiempo y de la eternidad que le permitía ser fiel en medio de las pruebas.

Otra mujer se acercó después de una conferencia para decirme: "Quiero agradecerte por haber hablado acerca de la fidelidad al esposo en medio de cualquier circunstancia". Luego prosiguió para relatarme su experiencia de cuarenta años de matrimonio con un hombre inicuo. Ella dijo: "Durante todos esos años muchas personas, incluso cristianos bienintencionados, me aconsejaron abandonar ese matrimonio. Sin embargo, de alguna forma Dios revivía mi pacto matrimonial y nunca creí que debía claudicar".

Después de una pausa, prosiguió: "Estoy tan feliz de haber esperado. Verás, hace un año mi esposo por fin fue salvo y Dios hace grandes cambios en su vida después de tantos años. Y no solo eso —dijo con lágrimas en sus ojos—, no creerás la impresionante transformación que Dios ha obrado en mi vida gracias a esta experiencia".

¿Por qué nos resulta esa perspectiva tan difícil de encontrar? El problema es que la mayoría de nosotras estamos tan limitadas por la realidad de este mundo, ¡que cuarenta años nos parecen una eternidad! No podemos imaginar siquiera soportar algo por tanto tiempo. Si tan solo pudiéramos comprender que cuarenta años, o más, ¡son insignificantes comparados con la eternidad!

Sin importar cuánto dure nuestro sufrimiento, la Palabra de Dios nos asegura que no durará para siempre.

> Por tanto, no desmayamos; antes aunque este nuestro hombre exterior se va desgastando, el interior no obstante se renueva de día en día. Porque esta leve tribulación momentánea produce en nosotros un cada vez más excelente y eterno peso de gloria; no mirando nosotros las cosas que se ven, sino las que no se ven; pues las cosas que se ven son temporales, pero las que no se ven son eternas.
>
> —2 Corintios 4:16-18

> Pues tengo por cierto que las aflicciones del tiempo presente no son comparables con la gloria venidera que en nosotros ha de manifestarse.
>
> —Romanos 8:18

> Por la noche durará el lloro, y a la mañana vendrá la alegría.
>
> —Salmo 30:5

Tu noche de lloro puede durar meses e incluso años. Con todo, si eres hija de Dios, no durará para siempre. Dios ha establecido la duración exacta de tu sufrimiento, de modo que este no excederá lo necesario para cumplir su propósito santo y eterno en y a través de tu vida.

Si en algunos casos no hay alivio del sufrimiento en esta vida, tenemos cientos de promesas en la Palabra de Dios que declaran que un día todo el dolor cesará, que la fe brillará, que las tinieblas se convertirán en luz, y que nuestra fidelidad recibirá su recompensa con un gozo que no tiene fin. Él promete que un día...

> Se alegrarán el desierto y la soledad;
> el yermo se gozará y florecerá como la rosa...
> Y los redimidos de Jehová volverán,
> y vendrán a Sion con alegría;
> y gozo perpetuo será sobre sus cabezas;
> y tendrán gozo y alegría,
> y huirán la tristeza y el gemido.
>
> —Isaías 35:1, 10

Sin importar cuán poderosas parezcan las fuerzas de las tinieblas en el presente, el capítulo final ya está escrito, ¡y Dios vence! Creer la verdad que contradice las mentiras que presento a continuación, nos llenará de esperanza y nos dará la perseverancia entre el ahora y ese futuro glorioso.

44. *"Ya no aguanto más".*

Esta es otra mentira que Satanás se esfuerza por hacernos creer, pues sabe que, si lo logra, viviremos en derrota y desesperanza. Una mujer escribió lo siguiente:

Mis dos gemelos de un año de edad padecieron enfermedades crónicas por causa de infecciones en los oídos y resfriados durante dos meses. A raíz de esto vivían muy irritables y llorones. Todo el tiempo me decía a mí misma, a mi esposo y a todo el que se cruzaba en mi camino: "Ya no puedo más". La mentira se convirtió en una profecía que se cumplió al pie de la letra, y llegué a desesperarme. Por fin dije un día: "Sí, por la gracia de Dios puedo soportarlo, y Él me facultará para cumplir mi deber de madre con mis hijos". Así desapareció gran parte de la tensión y el estrés que sentía.

Todas hemos enfrentado momentos en los cuales sentimos que ya no podemos más, que ya soportamos demasiado. Como cualquier otra

273

área de engaño, la clave para derrotar esta mentira es contrarrestarla con la verdad. Sin importar lo que nuestras emociones o circunstancias dicten, la Palabra de Dios dice: "Bástate mi gracia" (2 Co. 12:9). Casi todas conocemos bien ese versículo. Sin embargo, cuando se trata de las circunstancias y pruebas personales, pocas en realidad la creemos. Lo que sí creemos es:

- "Ya no puedo soportar más noches sin dormir por causa de mi hijo enfermo".
- "Ya no puedo seguir más con este matrimonio".
- "Ya no puedo aguantar un agravio más por parte de mi suegra".
- "Ya no puedo seguir más con tres adolescentes y una madre con demencia en casa".
- "Ya no puedo más".

Sin embargo, lo creamos o no, si somos hijas de Dios la verdad es que su gracia *realmente* nos basta. Por supuesto, esto se aplica cuando no hemos asumido responsabilidades que están fuera de su voluntad. Si fue Dios el que nos dio esa carga, también nos dará su gracia para seguir adelante. Su gracia es suficiente para cada momento, cada circunstancia, cada detalle, cada necesidad y cada fracaso de nuestra vida.

Esa es la verdad que debe guiar nuestros corazones a cada momento:

- Cuando estoy exhausta y pienso que no podré terminar todas las tareas pendientes que tengo por delante, *su gracia es suficiente para mí. [Dilo en voz alta. Dilo de nuevo. Repítelo hasta que lo creas].*
- Cuando ha sido muy difícil hablar con aquel miembro de la familia o persona que me exaspera, *su gracia es suficiente para mí.*
- Cuando siento la tentación de expresar mi frustración con palabras hirientes, *su gracia es suficiente para mí.*
- Cuando he cedido a mi apetito excesivo por la comida por milésima vez en el día, *su gracia es suficiente para mí.*

- Cuando me irrito con mi familia y me pongo tensa y malhumorada, *su gracia es suficiente para mí.*

- Cuando no sé hacia qué dirección avanzar o qué decisión tomar, *su gracia es suficiente para mí.*

- Cuando mi corazón sufre por una pena insoportable junto a la tumba de un ser amado, *su gracia es suficiente para mí.*

¿En qué asunto necesitas la gracia de Dios? ¿Quizá tus hijos rebeldes? ¿Un cuerpo dolorido? ¿Un esposo que no te ama? ¿Falta de dinero? ¿Problemas para criar a tres niños sin un padre? ¿La falta de dinero para pagar el alquiler del mes próximo? ¿La pérdida de tu trabajo? ¿La mudanza a una nueva ciudad y la soledad que enfrentas? ¿Manejar durante horas cada semana para ver a uno de tus padres en un hogar de ancianos? ¿Problemas en la iglesia? ¿Una soledad insoportable? ¿Opresión por la culpa? ¿Adicciones a sustancias químicas? ¿Hormonas fuera de control?

Sea cual sea tu caso particular o situación en este momento, *su gracia es suficiente para ti.* Sus recursos divinos están a tu disposición para suplir cada necesidad, sin importar cuán grande sea.

Querida hija de Dios, tu Padre celestial nunca te llevará a un lugar donde su gracia no pueda sostenerte. Si el camino delante de ti parece interminable y desalentador, cobra ánimo. Levanta tus ojos. Vislumbra aquel día en el que todo sufrimiento terminará. Y recuerda que en su presencia todas las lágrimas y las penas de toda la vida no serán más que sombras al lado de la belleza y la gloria de su rostro. Sin duda dirás: "Su gracia sublime me trajo a salvo a casa".

45. *"Lo único que importa soy yo".*

Lo único que importa eres *tú.*

Con toda seguridad has visto este mensaje en varios lugares, desde avisos y vallas publicitarios hasta pegatinas para autos y publicaciones en las redes sociales.

La filosofía que se esconde detrás de este mensaje publicitario es tan antigua como la raza humana. En efecto, eso es justo lo que la serpiente le dijo a Eva: "Lo único que importa eres *tú*". Es una campaña publicitaria que siempre ha funcionado con éxito.

Un escritor anotó: "Para la gran mayoría, el ser más grandioso en todo el universo son ellos mismos. La vida de cada uno de ellos se teje alrededor de la palabra 'yo', y todas sus interminables variaciones".

Es cierto. Nuestra reacción natural frente a la vida se centra en nosotros mismos. ¿De qué manera me afecta eso a *mí*? ¿*Me* hará feliz? ¿Por qué tuvo que sucederme a *mí*? ¿Qué piensan de *mí*? Es *mi* turno. A nadie le importan *mis* ideas. Han herido *mis* sentimientos. Tengo que sacar tiempo para *mí*. Necesito *mi* espacio. A él no le importan *mis* necesidades.

No obstante, no nos contentamos con ser el centro de nuestro propio universo. Queremos serlo también del resto del mundo, incluso de Dios. Cada vez que alguien no se inclina ante nosotros ni se afana por buscar nuestra felicidad y suplir nuestras necesidades, nos sentimos agraviados y buscamos otras maneras de cumplir con nuestra agenda egocéntrica.

Tal vez pienses que la iglesia sea el lugar en el que Dios, y no las personas, es el centro de todo. Sin embargo, esto no es siempre cierto. En su libro titulado *Encontrando a Dios*, el doctor Larry Crabb analiza con detenimiento el extremo al cual ha llegado la iglesia evangélica al caer en este engaño:

> Ayudar a que las personas se sientan amadas y dignas se ha convertido en la misión central de la iglesia. En vez de ejercitarnos en la adoración a Dios mediante la negación a nosotros mismos y el servicio sacrificado, aprendemos a consentir nuestro niño interior, sanar nuestros recuerdos, vencer las adicciones, salir de la depresión, mejorar nuestra autoestima, establecer límites de protección personal, sustituir el odio por el amor propio, y la vergüenza por la aceptación categórica de lo que somos.
>
> Superar el sufrimiento se ha convertido en una actividad que concentra cada vez más la energía de la iglesia. Y eso es preocupante...
>
> Nos hemos dedicado a aliviar el dolor que resulta de nues-

tras dificultades, en vez de emplear ese sufrimiento para luchar con mayor ahínco por alcanzar el carácter y el propósito de Dios. Sentirse mejor se ha vuelto más importante que encontrar a Dios...

Como resultado, insistimos en ideas bíblicas que nos ayudan a sentirnos amados y aceptados, y obviamos pasajes de las Escrituras cuyo propósito es lanzarnos un llamado más elevado. Tergiversamos las maravillosas verdades de la aceptación de Dios, su amor redentor y nuestra nueva identidad en Cristo para honrarnos a nosotros mismos en vez de buscar lo que son en realidad: la grandiosa revelación de un Dios lleno de gracia que está dispuesto a amar a quienes lo odian, un Dios digno de ser honrado por encima de todo y de todos.

Hemos acomodado las cosas de tal forma que ahora Dios es digno de honra porque nos ha honrado. Clamamos "digno es el Cordero" no como respuesta a su gracia sublime, sino porque ha restituido lo que más valoramos: la capacidad de agradarnos a nosotros mismos. *Ahora somos más importantes que Dios.*[6]

El apóstol Pablo entendió esto muy bien. Comprendió que Dios no existe por nosotros, sino más bien que nosotros existimos por Él:

Todo fue creado por medio de él y para él.
Y él es antes de todas las cosas, y todas las cosas en él subsisten;
y él es la cabeza del cuerpo que es la iglesia,
él que es el principio, el primogénito de entre los muertos,
para que en todo tenga la preeminencia.

—Colosenses 1:16-18

¿Por qué podía Pablo cantar himnos a Dios en medio de la noche, con su cuerpo retorciéndose del dolor en los bajos fondos de una prisión romana? ¿Cómo podía permanecer fiel y "regocijarse siempre" a pesar de ser apedreado, naufragar, ser calumniado y rechazado por amigos y enemigos por igual? ¿Cómo podía regocijarse siempre a pesar del hambre y el cansancio?

Su secreto consistía en conocer muy bien su razón de vivir. Él no vivía para darse placer ni para satisfacer sus propias necesidades. Desde su conversión en el camino a Damasco un solo deseo ardía en él: vivir para la gloria de Dios y agradarle. Su único interés era conocer a Cristo y darlo a conocer a otros.

> Pero de ninguna cosa hago caso,
> ni estimo preciosa mi vida para mí mismo,
> con tal que acabe mi carrera con gozo,
> y el ministerio que recibí del Señor Jesús,
> para dar testimonio del evangelio de la gracia de Dios.
> —Hechos 20:24

El lema para Pablo era: "Vivir es Cristo". Puesto ese fundamento, todo lo demás carecía de importancia.

CORAM DEO

Coram Deo es una expresión en latín que significa "en la presencia de Dios". Hace muchos años, una mujer me envió un cuadro con un texto caligrafiado que declaraba en pocas palabras lo que significa vivir como nuestro Creador lo estableció desde el principio:

Coram Deo

Vivir la vida entera
en la presencia de Dios
bajo la autoridad de Dios
y para la gloria de Dios.

Quisiera terminar este capítulo con tres testimonios de mujeres que constituyen un ejemplo de lo que significa vivir *coram Deo*.

"Carolina" me contó su historia en una larga carta. Se casó a los dieciocho años y tenía tres hijos a los veintiuno. Aunque de niña fue bautizada, no sabía qué era tener una relación personal con Jesucristo. Al llegar a su treintena tuvo que enfrentar el cáncer de su madre, que yacía en estado de coma en un hospital. Cuando estaba en el hospital con ella, tomó una Biblia de los Gedeones y clamó al Señor para pedirle auxilio. "Desde ese momento —escribió—, mi deseo fue conocer a Dios".

Durante los años siguientes, su matrimonio y su vida familiar fueron cada vez más inestables. Su hija de catorce años huyó de casa, y sus dos hijos tenían constantes problemas en la escuela y con la policía. En algún momento, Carolina se separó de su esposo por dos semanas con la expectativa de divorciarse. A través de una serie de circunstancias, Dios renovó su compasión por él, y ella regresó a casa.

En vista del caos reinante en su hogar, Carolina fue a una reunión en una iglesia cercana, donde escuchó las buenas nuevas del amor de Dios y cómo Cristo había muerto para salvar a los pecadores. Le entregó su corazón a Cristo y se convirtió en una nueva criatura.

La situación empeoró en su hogar. Sus hijos adolescentes estaban completamente fuera de control. Su hija terminó en las calles durante un año, después que su padre le negara la entrada a casa un día. Más adelante, esta hija se casó y tuvo cinco hijos. Cuando Carolina me escribió, su hija estaba en medio de un divorcio.

Uno de sus hijos fue expulsado de la marina por un escándalo y pasó cuatro años en prisión. Él y su padre se alejaron por completo y no habían hablado en años.

El otro hijo se volvió adicto a las drogas. Estuvo implicado en un homicidio que ocurrió en una taberna y pasó veintidós años en la cárcel. Aunque estando allí hizo una oración de fe, ya no se interesaba en absoluto por las cosas espirituales.

Carolina termina su carta con una reflexión acerca de las necesidades de su familia y el lugar que ella ocupa en toda esa situación tan desoladora:

En mi hogar no hay navidades ni días de acción de gracias. Me pregunto si algún día mi familia sanará sus heridas espirituales y emocionales. Solo el Señor lo sabe. Sin embargo, Dios es el Señor de mi vida, y creo que quiere usarme para dar testimonio de luz a mi familia. Si yo no les muestro la verdad de su asombrosa gracia, ¿quién lo hará? Sería muy fácil huir a alguna isla en la que encuentre paz y gozo. Pero Dios me ha designado para que yo esté en este lugar y dé testimonio ante mi esposo incré-dulo y mis hijos.

¿Cómo puedo hacerle entender a mi esposo que un día deberá renunciar a su orgullo para estar cara a cara frente a Cristo? ¿Cómo puedo hacer que mi hija vea la verdad del amor incondicional de Dios? ¿Cómo puedo ayudar a mi hijo mayor que abandonó a Dios después de salir de prisión? ¿Cómo puedo hacer que mi esposo se reconcilie con su hijo y su hija? Solo con el poder, la sabiduría y el amor de Dios. Así que con todo mi corazón, mi mente y mi alma digo: "Sí, Señor, haré lo que sea que tú me mandes".

Coram Deo. Aun a pesar de que su familia estaba alejada de Dios y que ella no podía ver ni el más leve atisbo de esperanza.

Jennie Thompson es una mujer cuyo esposo partió con el Señor, después de una intensa lucha contra la leucemia que duró dos años. En una carta escrita tres meses después que Robert partiera, esta viuda con cuatro hijos varones menores de siete años revela una comprensión excepcional del corazón y los propósitos de Dios:

El Señor ha sido fiel en sostenernos todo este tiempo. Jamás hubiera escogido este camino para mi vida o para mis hijos, pero gracias a todas esas pruebas aprendimos lo que de otra manera hubiera sido imposible. Dios ha sido honrado y glorificado como nunca antes debido a esas pruebas, así que lo alabo por ellas.

Dios quiere recibir la gloria que merece como nuestro Crea-dor y Dios Todopoderoso. Nuestra felicidad es el resultado de hacer su voluntad. Esa es la única razón por la que puedo llorar frente a la tumba de mi mejor amigo, mi esposo y el padre de mis hijos, y a pesar de todo tener paz y gozo.

Jennie también vivió *coram Deo.* Aun cuando el camino la llevó a la tumba de su esposo.

Por último, recuerdo cuando mi querida amiga y compañera de oración Janiece Grissom comenzó a sentir entumecimiento y hormigueo en sus manos, y luego en sus brazos. Después de muchos exámenes y citas médicas, un neurólogo confirmó que padecía la enfermedad de Lou Gehrig. Janiece tenía cuarenta y un años, y era madre de cuatro hijos entre los cuatro y los doce años.

En los siguientes diez meses, la enfermedad invadió un lado de su cuerpo ya debilitado y luego el otro. A lo largo de esos meses, cada vez que podíamos hablar por teléfono, ella se negaba a hablar de sí misma o del pronóstico de su enfermedad. Siempre, al escuchar mi voz, decía: "Nancy, ¡he pensado tanto en ti! ¿Cómo puedo orar por ti?".

En octubre del mismo año la visité a ella y a su esposo Tim en su casa en Arkansas. En ese momento yacía en un sillón, no podía mover sus brazos ni piernas y podía hablar con mucha dificultad, pues había perdido el cincuenta por ciento de su capacidad respiratoria. Una vez más me impresionó cuán centrados en Dios y sensibles a Él eran ella y su esposo, a pesar de enfrentar los estragos de la enfermedad.

Recuerdo que Janiece dijo aquella noche, una y otra vez: "¡Dios ha sido tan bueno con nosotros!". Al final de la noche, varias personas la rodeamos en su sillón, oramos juntos y cantamos uno de sus himnos preferidos:

Como un río glorioso es la perfecta paz de Dios...
Firmes en Jehová, con corazones rebosantes,
Encontrar como Él prometió, descanso y perfecta paz.[7]

A la semana siguiente su condición física comenzó a deteriorarse con mayor rapidez. Puesto que no podía ingerir alimentos, fue necesario ingresarla en el hospital para alimentarla por medio de un tubo. Nunca regresó a casa. El 13 de diciembre en la noche llamé a su esposo para saber cómo estaba. Casi había perdido ya toda su fuerza, y no podía hablar ni siquiera un susurro. "Sin embargo —me dijo Tim—, lo extraordinario es que pasa la mayor parte de su tiempo despierta orando por otras personas". Pocas horas después, Janiece respiró por última vez y partió a la presencia del Señor.

Janiece Grissom murió del mismo modo que vivió: amando sin reservas a Dios y a los demás. En su mente ella nunca fue el centro, ni su salud, ni su comodidad, ni su futuro. Dios era el único que importaba. Lo único que le importaba era glorificarlo rindiéndose a sus propósitos para su vida. Su único anhelo, como lo expresó el apóstol Pablo, fue que "como siempre, ahora también será magnificado Cristo en mi cuerpo, o por vida o por muerte" (Fil. 1:20).

En la vida y en la muerte, *coram Deo.*

Tres vidas vividas en la presencia de Dios. Tres mujeres que rehusaron creer "lo único que importa soy yo". Mi amiga y escritora Susan Hunt condensa bellamente la verdad que contrarresta esta mentira:

La historia entera es el relato de la redención. Esta historia es infinitamente más grande que yo. Yo no soy el personaje principal de la obra de la redención. Yo no soy el centro. Por la pura gracia de Dios formo parte de ella. La trama de mi pequeña historia hace parte del todo. Es mucho más grandioso tener una pequeña parte en esta historia que ser la estrella de mi propia e insignificante producción. Esta es una historia de proporciones cósmicas que salta a la eternidad. ¿Haré mi papel con gracia y gozo, o preferiré mi cuento fugaz, nimio e intrascendente?[8]

La verdad es que lo importante no eres tú, ni yo. El único que importa es Él. Puede ser que la verdad no cambie nuestras circunstancias, al menos en el presente, pero sí te cambiará *a ti*. La verdad te hará libre.

LA MENTIRA	41. Si mis circunstancias fueran diferentes, yo sería diferente.

LA VERDAD

- Mis circunstancias no determinan lo que soy; solo revelan quién soy en realidad.
  Mateo 6:21; 15:19; Lucas 6:45

- Si no estoy satisfecha con mis circunstancias presentes tampoco lo estaré con otras.
  Filipenses 4:11-12

- Tal vez no pueda controlar mis circunstancias, pero puedo evitar que ellas me controlen.
  Hebreos 13:5; Santiago 1:2-5

- Cada circunstancia que viene a mi vida ha pasado primero por las manos amorosas de Dios.
  Génesis 45:8; 50:20; Job 1:8-12; 14:5; Salmo 139:16; Mateo 10:29-31; Romanos 8:28

LA MENTIRA	42. Es injusto que yo sufra.

LA VERDAD

- Es imposible que logremos ser como Jesús sin sufrimiento. Hay un fruto redentor en nuestra vida que es imposible lograr sin él.
  Hebreos 5:8; 1 Pedro 4:1

- El sufrimiento puede convertirse en la puerta hacia una mayor intimidad con Dios.
  Hechos 14:22; 1 Pedro 2:21; 3:9

- El gozo verdadero no consiste en la ausencia de sufrimiento, sino en la presencia del Señor Jesús en medio de él.
  Salmo 23:4; Hebreos 2:10, 17-18; 1 Pedro 5:10

LA MENTIRA	43. Mis circunstancias nunca cambiarán; esto durará para siempre.
LA VERDAD	• Es posible que mi sufrimiento dure toda la vida. Con todo, no durará para siempre. Salmo 30:5, 11-12; Romanos 8:18; 2 Corintios 4:8-18 • Mis circunstancias dolorosas no prevalecerán más allá de lo que Dios ha designado para llevar a cabo su propósito eterno en mi vida. Génesis 21:5-7; 40:23–41:1; Juan 11:17 • Un día se acabarán para siempre el sufrimiento, el dolor y las lágrimas. Isaías 35:1, 10; Apocalipsis 21:1-7

LA MENTIRA	44. Ya no aguanto más.
LA VERDAD	• Sean cuales sean mis circunstancias o mi situación en la vida, la gracia de Dios es suficiente para mí. Salmo 130:5; 2 Corintios 12:7-10 • Dios nunca pondrá sobre mí una carga para la cual Él me niegue su gracia para sobrellevarla. 2 Corintios 11:22-30

LA MENTIRA	45. Lo único que importa soy yo.
LA VERDAD	• Dios es el principio, el fin y el centro de todas las cosas. Todas las cosas fueron creadas por Él y para Él. ¡Él es el único que importa! Hechos 20:24; Colosenses 1:16-18

CAMINAR EN LA *verdad*

CAPÍTULO ONCE

ENFRENTANDO LAS MENTIRAS CON LA *verdad*

*H*emos estudiado varias mentiras que han creído muchas mujeres cristianas en la actualidad. Sin embargo, de ningún modo hemos agotado el arsenal de mentiras del enemigo. El engaño tiene innumerables disfraces que Satanás ha adaptado a todas nuestras tendencias naturales. Como un pescador experimentado, elige con cuidado el anzuelo que más atraerá a su presa, y el que nos parece más inofensivo. A él no le preocupa lo que creamos, siempre y cuando no creamos la verdad. La verdad hace tambalear su reino y poderío.

Antes de echar un último vistazo a la verdad que contrarresta las mentiras de Satanás (capítulo doce), revisemos por un momento los dos principios fundamentales de este libro:

Creer mentiras nos esclaviza.
La verdad tiene el poder para hacernos libres.

Hemos visto que el camino a la esclavitud comienza con *escuchar* las mentiras de Satanás. Exponernos a ideologías impías a través de las películas que vemos, la música que escuchamos, los libros y las revistas que leemos, los sitios web que visitamos, y los amigos con que nos rodeamos, podría parecernos algo inocuo. Pero, no nos damos cuenta de cuán sutiles son las filosofías engañosas para influir en nuestra manera de pensar. Por esa razón, Dios promete una bendición especial a aquel que no "estuvo en camino de pecadores, ni en silla de escarnecedores se ha sentado" (Sal. 1:1).

Una vez que hemos dado lugar a las mentiras de Satanás en nuestra mente, la esclavitud progresa cuando *meditamos* en esas mentiras. Si no rechazamos de inmediato las ideas engañosas, sino que las abrigamos en la mente, tarde o temprano comenzaremos a *creerlas*. Y es inevitable que nuestras creencias se conviertan en *acciones*.

Si *actuamos* según las mentiras que hemos creído, establecemos hábitos en nuestra vida que al final nos conducirán a la esclavitud.

El testimonio de "Sandra" pone en evidencia cómo creer mentiras conduce a la esclavitud en nuestra relación con Dios y con los demás.

Creer que Dios en realidad no me amaba ni me aceptaba, y que yo no valía, me condujo a la esclavitud del perfeccionismo y a las ansias de aprobación. En mi relación con Dios sentía como si solo pudiera agradarle si era una cristiana perfecta. Creía que, si pecaba, Él me rechazaría. Andaba en derrota en mi vida de fe porque sabía que era pecadora, y mi razonamiento equivocado me condenaba y esclavizaba.

Mi orgullo se evidenció de dos formas: (1) Negaba mi pecado, y no soportaba admitir que era imperfecta porque no quería que Dios me rechazara. (2) Dependía de mis propios esfuerzos para ser santa, a pesar de que todos mis intentos humanos fracasaban. Eso agravó mi sentimiento de rechazo de Dios hacia mí. Ese círculo vicioso de esfuerzo, fracaso, pecado y culpa me impidió experimentar el verdadero perdón, la libertad y el gozo en mi relación con Dios.

En mi relación con los demás, buscaba su aprobación haciendo todo lo posible por complacerlos. A todo accedía para agradar a los demás. Mantener a todo el mundo contento era indispensable para sentirme valiosa. Mis relaciones se caracterizaban por la insinceridad, porque yo evitaba a toda costa confrontar o decepcionar a alguien. Enmascaraba mis verdaderos sentimientos para evitar molestar a los demás con mis problemas.

Me sentía muy sola porque en realidad nadie me conocía, y me volví amargada y resentida con las personas que me "usaban" (aunque en realidad yo había dispuesto todo para que así fuera).

Era incapaz de aceptar mis limitaciones personales. Consideraba cualquier error o defecto como prueba de mi falta de valía. Todo el tiempo me fijaba metas demasiado ambiciosas y por ende jamás las alcanzaba. Exigía la absoluta perfección de mi parte y me criticaba sin contemplación cada vez que no lo lograba. Era infeliz. La presión que yo misma me impuse se volvió insoportable, y me llevó a la depresión a mediados de mis treinta.

Hace poco descubrí que vivía en la esclavitud y que necesitaba ser libre de la tiranía de las mentiras que creía. Sin embargo, aún albergaba dudas en cuanto a clamar al Señor para pedirle ayuda, porque en lo profundo de mi ser sentía que me rechazaría si confesaba mi debilidad y mi pecado.

Más adelante, Sandra asistió a una conferencia para mujeres en una iglesia local en la que yo hablé acerca del poder de la verdad para hacernos libres. Fue como una luz que iluminó su corazón. Por primera vez, empezó a tener esperanza:

Durante la conferencia, el Espíritu Santo me mostró con claridad que había abandonado la Palabra de Dios. Su Palabra es verdad y, si quiero derrotar las fortalezas de mentiras de Satanás en mi vida, debo llenar mi vida con la Palabra de Dios. En realidad, creo que esa es mi única esperanza. Es imposible para mí lograrlo sin pasar tiempo a diario con la Palabra de Dios para que mi mente y mi corazón se llenen de la verdad de la Palabra de Dios. He resuelto hacerlo todos los días mediante la lectura y la meditación en la verdad de Dios. Entiendo que el proceso de renovar mi mente me llevará a confrontar las mentiras y a refutarlas con la Palabra de Dios. Sé que las Escrituras tienen un poder sobrenatural, y reclamo para mi vida esta promesa: ¡La verdad me hará libre!

Después de leer este libro, ¿has identificado algunas áreas en particular en las cuales has escuchado, creído y actuado según la mentira? ¿Hay áreas de esclavitud espiritual en tu vida, áreas en las que no caminas en libertad delante de Dios? Puede que se trate de asuntos graves y muy arraigados, o puede que parezcan relativamente insignificantes. Pueden ser áreas en las cuales has vivido en derrota y has clamado libertad durante años. O tal vez se trate de asuntos que acabas de notar por primera vez en tu vida.

En cualquier caso, el paso de la esclavitud a la libertad implica por lo menos tres etapas:

1. Identificar la(s) área(s) de esclavitud o de conducta pecaminosa.
2. Identificar la(s) mentira(s) que está(n) en la raíz de esa conducta o cautiverio.
3. Reemplazar la(s) mentira(s) con la verdad.

La verdad tiene el poder para vencer cualquier mentira. Esto es lo que el enemigo no quiere que tú sepas. En tanto que creas sus mentiras, él puede mantenerte cautiva. En cambio, tan pronto conozcas la verdad y comiences a creer y a actuar conforme a ella, las puertas de la prisión se abrirán y serás libre.

La verdad tiene el poder para hacernos libres (Jn. 8:32) y para proteger nuestra mente y nuestro corazón de pensamientos y sentimientos engañosos. Hay momentos en los que me siento asediada por emociones y pensamientos que no provienen de Dios, como la ira, las ideas absurdas, el temor, el afán de dominar o el resentimiento. En esos momentos necesito refugiarme en la verdad. La Palabra de Dios promete: "Con sus plumas te cubrirá, y debajo de sus alas estarás seguro; escudo y adarga es su verdad" (Sal. 91:4).

La verdad tiene el poder para santificarnos, es decir, para purificar nuestra mente, corazón y espíritu. Justo antes de ir a la cruz, Jesús les recordó a sus discípulos el poder limpiador de su Palabra (Jn. 15:3). Dos capítulos más adelante, Él oró: "Santifícalos en tu verdad; tu palabra es verdad" (Jn. 17:17). Cuando me acerco a las Escrituras, muchas veces oro: "Padre, te pido que me limpies con tu Palabra. Tu Palabra es la verdad. Usa la verdad para limpiar mi corazón y purificar mi mente. Lávame con tu Palabra".

ELIGE LA SENDA DE LA VERDAD

Cada vez que el enemigo nos bombardea con mentiras, debemos aprender a inclinar nuestro corazón a creer y a actuar conforme a la verdad, sin importar lo que nuestra razón humana o nuestros sentimientos nos dicten.

Cuando yo percibo que estoy cediendo a la preocupación, la frustración o la carnalidad, cuando mi mente y mis emociones se ocupan en cosas que no son verdad, trato de detenerme e identificar la verdad que las refuta.

Declaro la verdad para mí misma, algunas veces en voz alta y repetidas veces si es necesario, hasta que la verdad aparta y sustituye las mentiras que creía. Clamo al Señor por su gracia para actuar conforme a lo que sé que es verdad. Siempre me maravilla el poder de la verdad para apaciguar mis emociones agitadas, y para restaurar la quietud y el equilibrio en mi mente confusa.

Aunque sucedió hace ya varios años, todavía recuerdo bien estar sentada en una reunión en la que algunos asuntos pasados salieron a relucir. En el transcurso de la conversación, una persona dijo algo acerca de mí que, a mi parecer, carecía de fundamento y era en extremo destructivo. Me sentí deshecha.

Durante las horas que siguieron, el enemigo comenzó a causar estragos en mi mente y en mis emociones. Lo único que venía a mi mente era el error de esa persona y cuán profundo era el daño que me había causado. Comencé a dejar que los pensamientos de resentimiento echaran raíz en mi mente, y me obsesioné tratando de encontrar la manera de defenderme y demostrar mi inocencia. Perdí el control de mis emociones y caí sin remedio en un estado de ira y autocompasión.

En retrospectiva, ahora me doy cuenta de que escuché y creí muchas mentiras... mentiras como:

- Fulano tuvo malas intenciones y quiso herirme.
- Yo merezco un mejor trato. No debí pasar por esto.
- La otra persona se equivocó por completo. Yo soy completamente inocente en todo este asunto.
- El daño es irreparable.

- Fulano hizo que yo me enojara.

- Tengo derecho a estar enojada.

- Tengo derecho a defenderme y asegurarme de que los demás sepan la verdad.

- No puedo dejar pasar eso así, sin más. No puedo evitar sentirme así.

Creer esas mentiras me llevó a pasar horas de lucha y confusión interior. A la mañana siguiente abrí mi Biblia y comencé a leer el pasaje que había comenzado el día anterior. Leí los capítulos 5 y 6 del Evangelio de Mateo. Entonces colisioné de frente con la verdad:

Bienaventurados los mansos...
Bienaventurados los misericordiosos...
Bienaventurados los pacificadores...

Pero yo os digo: No resistáis al que es malo; antes,
a cualquiera que te hiera en la mejilla derecha,
vuélvele también la otra...
Amad a vuestros enemigos...
orad por los que os ultrajan y os persiguen...

Porque si perdonáis a los hombres sus ofensas,
os perdonará también a vosotros vuestro Padre celestial;
mas si no perdonáis a los hombres sus ofensas,
tampoco vuestro Padre os perdonará vuestras ofensas.

—Mateo 5:5, 7, 9, 39, 44; 6:14-15

La decisión estaba en mis manos. ¿Persistiría en creer las mentiras, o abrazaría la verdad? Mis emociones querían insistir en la ofensa. Yo quería alimentar el rencor, permanecer enojada y vengarme de alguna manera. Sin embargo, en mi corazón sabía que esa elección no me llevaría a la libertad.

Me arrodillé delante del Señor con mi Biblia abierta, y supe que debía perdonar y renunciar a todo derecho a vengarme o a negarle el amor a esa persona.

Comencé a declarar la verdad a mi corazón. Recordé las consecuencias de la falta de perdón, de la misericordia que perdería por no ser misericordiosa con otros, y de las bendiciones que recibiría si estaba dispuesta a obedecer el mandato de Dios.

Yo sabía que era incapaz de despertar en mí el perdón o suscitar una respuesta a la persona que me había lastimado, pero pude quitar mis ojos de mi propio "sufrimiento" para dirigirlos a Aquel que "cargó con nuestros dolores" y fue "afligido" (Is. 53:4, LBLA). Pude rendir mis emociones a la voluntad del Padre, porque Jesús hizo lo mismo. Pude perdonar al que me ofendió, porque Cristo perdonó mis ofensas que cometí contra Él. Pude renunciar a mi deseo de ver al otro castigado, porque Cristo fue a la cruz para llevar mi castigo y ofrecerme su gracia.

Yo sabía que tan pronto *escogiera* obedecer a Dios y perdonar, mis emociones quedarían en el lugar que les corresponde. Allí, de rodillas, al fin agité la bandera blanca de mi rendición. Entregué mi ser y todo ese asunto al Señor y acepté, como un acto de mi voluntad, perdonar a la persona que me había lastimado.

El alivio emocional no fue inmediato. Durante un tiempo me sentí tentada a volver a mi berrinche sentimental o a tomar represalias. Pero, por la gracia de Dios, persistí en declararle la verdad a mi corazón y en mi decisión de actuar conforme a la verdad. Comencé a buscar la manera de restaurar aquella relación y de hacer el bien a la persona que me agravió.

En las semanas siguientes, poco a poco mis emociones se ajustaron a la decisión de mi voluntad. Y, a la larga, Dios me permitió comprender mejor aquella situación, me mostró la causa de mi reacción, y algunos cambios que necesitaba en lo profundo de mi corazón. Estoy agradecida porque Él me ama lo suficiente para disponer las circunstancias y experiencias para hacerme crecer a la semejanza de Cristo.

EL PODER TRANSFORMADOR DE LA VERDAD

La libertad de la esclavitud es el dulce fruto que resulta de conocer, creer y actuar conforme a la verdad. ¿Cómo podemos conocerla? Debemos recordar que la verdad no es una simple filosofía o idea. La verdad es una persona: el Señor Jesucristo. Él declaró de sí mismo: *"Yo soy... la verdad"* (Jn. 14:6). Jesús no guió a los hombres a un sistema religioso. Él nos guió a su propia persona. A los que profesaban seguirle, dijo:

> Si vosotros permaneciereis en mi palabra,
> seréis verdaderamente mis discípulos; y conoceréis la verdad,
> y la verdad os hará libres... Así que, si el Hijo os libertare,
> seréis verdaderamente libres.
>
> —Juan 8:31-32, 36

Abandonar las mentiras y caminar en la verdad no es un proceso de autoayuda mecánico ni una fórmula. No podemos simplemente cambiar de opinión, cantar unas frases y descubrir que somos libres. Dada la naturaleza penetrante y destructiva de las mentiras del enemigo, todas estamos profundamente dañadas por el pecado, y dependemos del Espíritu Santo y de la Palabra de Dios que transformen nuestra manera de pensar.

La cruz se erige como el monumento de libertad para los pecadores de todos los tiempos. Allí cargó Jesús la culpa sobre Él y soportó el sufrimiento para que pudiéramos ser verdaderametne libres.

> Estad, pues, firmes en la libertad
> con que Cristo nos hizo libres,
> y no estéis otra vez sujetos al yugo de esclavitud.
>
> —Gálatas 5:1

Aunque en un principio puede sonar elemental, es una verdad revolucionaria y liberadora: gracias a que Cristo nos hace libres, podemos *vivir* libres. Él hizo todo el trabajo pesado de quitar el yugo de pecado de nuestros hombros. ¡Por causa de la cruz la libertad es realmente posible!

Esto no quiere decir que caminar en libertad no requiera un esfuerzo de nuestra parte. Debemos renovar nuestra mente diariamente (Ro. 12:2) y pelear "la buena batalla de la fe", echando mano "de la vida eterna, a la cual asimismo [fuimos] llamados" (1 Ti. 6:12). Sin embargo, aun nuestro esfuerzo es motivado por Dios, depende de su gracia y su poder, es activado por su Espíritu, y se lleva a cabo por el poder de la cruz. Caminar en libertad no es un asunto de modificación de la conducta, sino de dejar que Cristo sea nuestra vida, dependiendo de Él a cada instante y siendo receptivos a la obra de su Espíritu en nosotras.

La libertad verdadera solo se encuentra en una relación con el Señor Jesucristo que esté llena de vida y en continuo crecimiento con Aquel que se ha revelado en las Escrituras. Si queremos conocerlo, si queremos conocer la verdad, debemos consagrarnos a la lectura, el estudio y la meditación de su Palabra. Nada puede reemplazar esa realidad, y tampoco hay atajos para lograrlo. El enemigo nos confronta todo el tiempo con sus mentiras. Para ser capaces de resistir su engaño, nuestra mente y corazón deben estar llenos de Cristo y saturados de su Palabra.

Con todo, no basta con conocer la verdad. También debemos *someternos* a ella. Esto significa que debemos estar dispuestas a cambiar nuestra manera de pensar y nuestro estilo de vida en cualquier área que no se conforme a la Palabra de Dios.

No podemos creer algo solo porque todo el mundo lo piensa, porque es lo que siempre hemos creído, porque un escritor cristiano reconocido lo respalda, o porque un consejero o amigo bienintencionado dice que es verdad. Todo lo que creemos y todo lo que hacemos debe ser examinado a la luz de la Palabra de Dios. Esa es nuestra única y absoluta autoridad.

Vivir conforme a la verdad exige que decidamos a conciencia rechazar el engaño y abrazar la verdad. Por esta razón, el salmista oró: "Aparta de mí el camino de la mentira... Escogí el camino de la verdad" (Sal. 119:29-30).

Cada vez que abrimos las Escrituras o escuchamos la predicación de la Palabra deberíamos orar para que Dios abra nuestros ojos a fin de que veamos cualquier área en la que hemos sido engañadas, y con sinceridad decirle: "Señor, tu Palabra es la verdad. Yo me someto a todo lo que tú digas. Ya sea que me guste o no, que lo sienta o no, que esté de acuerdo o no, que tenga o no sentido para mí, yo decido someter mi vida a la autoridad de tu Palabra, y obedecer".

Después de conocer la verdad y de caminar conforme a ella, Dios quiere que seamos sus instrumentos para traer a otros a la verdad.

... siguiendo la verdad en amor,
crezcamos en todo en aquel que es la cabeza,
esto es, Cristo...
Por lo cual, desechando la mentira,
hablad verdad cada uno con su prójimo;
porque somos miembros los unos de los otros.

—Efesios 4:15, 25

Como mencioné en la introducción, la carga que sentí y que dio origen a este libro fue mi anhelo de ver mujeres liberadas por medio de la verdad. Ese propósito se encuentra en los últimos versículos del libro de Santiago:

Hermanos, si alguno de entre vosotros se
ha extraviado de la verdad,
y alguno le hace volver, sepa que el que haga volver al pecador
del error de su camino, salvará de muerte un alma,
y cubrirá multitud de pecados.

—Santiago 5:19-20

La idea de hacer "volver al pecador del error de su camino" es poco conocida en la actualidad. En vista de que el engaño ha invadido nuestra cultura, muchos creyentes temen ser criticados como personas intransigentes o fanáticas. Muchos cristianos no quieren complicar las cosas o ser considerados como jueces del prójimo. Resulta más fácil dejar las cosas como están.

Sin embargo, en Cristo y en su Palabra tenemos la verdad que hace libres a las personas. ¡Esas son buenas noticias! No existe otro camino que conduzca a las personas que conocemos y amamos a la libertad de las tinieblas, del engaño y de la muerte. Si en verdad nos interesa lo que sucede con ellas, haremos todo lo posible y oraremos para que vuelvan al camino designado por Dios.

Debemos aprender la verdad, creerla, someternos a ella y vivir conforme a ella, aunque esto contradiga nuestra cultura. Entonces debemos proclamar la verdad con valentía, convicción y compasión, a fin de guiar a los hermanos y hermanas que se han apartado de vuelta a su comunión con Cristo.

CAPÍTULO DOCE

LA VERDAD QUE NOS HACE
libres

Mientras escribía este libro, hubo momentos en los que descubrí que yo misma creía algunas mentiras que he expuesto: "No tengo tiempo para cumplir con todas mis obligaciones"; "Puedo pasar por alto mi tiempo con el Señor esta mañana"; "No puedo controlar mis emociones"; "Me porto así porque estoy muy cansada... porque me han interrumpido tantas veces... porque tengo demasiadas cosas por hacer"; y "¡Ya no puedo más!".

Una y otra vez, en momentos turbulentos, confusos y dolorosos, Dios ha guiado mi corazón de nuevo a la verdad. A medida que escucho la verdad, medito en ella, la creo y someto mi vida a ella, el Espíritu de Dios me hace libre. Mi mente y mis emociones recobran el equilibrio, y puedo ver las circunstancias de mi vida desde la perspectiva de Dios. Cuanto más camino con Dios, ¡más me asombra el poder de la verdad!

Ya hemos visto muchas de las mentiras de Satanás y la verdad que las contrarresta. En este capítulo final quiero subrayar veintiuna verdades esenciales que son una continua fuente de bendición para mí. Estas verdades constituyen una base firme y un muro de protección para mi mente, mis emociones y mi voluntad. Esta es la verdad que me hace libre. Es la verdad que te hará libre a ti también.

No te conformes con hojear este capítulo. Te animo a detenerte y saborear estas verdades liberadoras y transformadoras. Medita en ellas y decláralas en voz alta, una y otra vez, hasta que tu manera de pensar esté en armonía con el pensamiento de Dios. Tal vez quieras memorizar esta lista junto con los versículos clave que corresponden a cada verdad.

En los próximos días, cada vez que te descubras creyendo alguna mentira, consulta de nuevo y revisa esta lista. Renueva tu mente, e instruye tu corazón en la verdad.

1. *Dios es bueno* (Sal. 119:68; 136:1).

Cuando el sol brilla, tienes dinero en el banco, gozas de buena salud y todo el mundo piensa que eres maravillosa, no resulta difícil creer que Dios es bueno. Pero cuando pierdes tu empleo, a un ser querido le diagnostican una enfermedad terminal, tu iglesia atraviesa una penosa división, o tu esposo dice que quiere separarse de ti, puede aparecer el enemigo para instigarte a poner en duda la bondad de Dios.

La verdad es que, sin importar las circunstancias, sin importar lo que sintamos o pensemos, Dios *es* bueno, y todo lo que Él hace es bueno.

2. *Dios me ama y quiere lo mejor para mí* (Ro. 8:32, 38-39).

Dios no nos ama porque seamos adorables o dignas, sino porque Él es amor. Nada podemos hacer para merecer o ganarnos su amor. No podemos comprender semejante amor incondicional. Con todo, si lo creemos y lo recibimos, su amor transformará nuestra vida.

Puesto que Dios es bueno, y nos ama con un amor perfecto, podemos confiar que su deseo es que experimentemos en la vida todo el gozo que Él ha planeado darnos. Dios sabe bien que la plenitud y el gozo genuino y duradero solo lo encontraremos en Él. Nos ama tanto que insiste en hacernos volver a Él, la única fuente de satisfacción plena.

3. **Yo estoy completa y aceptada en Cristo** (Ef. 1:4-6).

Tal vez hayas sido rechazada por uno de tus padres, por tu pareja, por un amigo o por un hijo. Pero si estás en Cristo, estás aceptada en Él. No necesitas logros para que Él te acepte. No tenemos que pasar todo tipo de pruebas espirituales. De hecho, nada podemos hacer para ser aceptadas por un Dios santo. A pesar de nuestra condición caída, en condenación e indignidad por el pecado, podemos presentarnos delante de Dios limpias y sin vergüenza, aceptadas por Él. ¿Por qué? Porque Jesús, el Hijo de Dios sin pecado y puro, es aceptable ante Él, y en Él podemos permanecer delante del Padre.

4. **Dios es suficiente** (Sal. 23:1).

"Jehová es mi pastor; nada me faltará". Tal vez conozcas este versículo desde que eras muy pequeña. Sin embargo, cabe preguntarse: ¿En realidad lo crees? ¿En realidad crees que Él es *tu* Pastor? La verdad es que si lo tenemos a Él, tenemos todo lo necesario para gozar de paz y felicidad, ahora y siempre.

5. **Dios es digno de confianza** (Is. 26:3-4).

Dios cumple sus promesas. Él prometió que nunca nos dejará ni abandonará (He. 13:5). Él prometió que todos los que confían en Él nunca serán defraudados. Cuando te ves tentada a dudarlo, tal vez te ayude recordarte a ti misma: "Dios nunca me ha decepcionado, ¡y no va a empezar a decepcionarme ahora!".

6. **Dios no comete errores** (Is. 46:10).

Otras personas pueden cometer graves errores que afectan nuestra vida. En cambio, Dios siempre cumple sus propósitos eternos, los cuales no pueden ser estorbados por las faltas humanas. Si estamos en Cristo, nuestra vida está en sus manos, y nada puede tocarnos sin antes haber pasado "por sus manos amorosas". Dios no comete errores en la vida de sus hijos. Alguien dijo: "La voluntad de Dios es justo lo que escogeríamos si supiéramos todo lo que Dios sabe". Cuando desde la eternidad rememoremos esta existencia terrenal, sabremos por vista lo que ahora solo podemos ver por la fe: que Dios todo lo hizo bien.

7. *La gracia de Dios es suficiente para mí* (2 Co. 12:9).

Como hijas de Dios, nunca enfrentaremos situaciones que excedan su gracia. Donde el pecado abunda, la gracia sobreabunda. En lo que soy débil, Él es fuerte. Lo que a mí me falta, Él lo tiene en abundancia. Cuando nuestros recursos se agotan por completo, los suyos apenas empiezan.

La verdad es que, sin importar lo que vivas ahora, su gracia te basta. Sin importar lo que enfrentes mañana o en los próximos cincuenta años, su gracia siempre será suficiente para ti.

Su gracia es suficiente para enfrentar los recuerdos, las heridas y los fracasos del pasado más aterrador o sórdido. Su gracia es suficiente para sobrellevar una vida entera de soltería o medio siglo de matrimonio con un hombre difícil. Su gracia es suficiente para una madre soltera que cría cuatro hijos. Su gracia es suficiente para la madre de tres niños pequeños o de tres adolescentes, o para la mujer que anhela ser madre. Su gracia es suficiente para la mujer que cuida a sus padres ancianos, para aquella cuyos hijos ya han dejado el hogar, para la que atraviesa la menopausia, para la viuda que depende de la seguridad social, y para la mujer incapacitada que vive en un hogar para ancianos.

Necesitamos declarar la verdad para nosotras mismas, y confesarla delante de otros. En toda circunstancia o etapa de la vida, su gracia *es* suficiente. Es suficiente para mí. Es suficiente para ti.

8. ***La sangre de Cristo es suficiente para limpiar todo mi pecado*** (1 Jn. 1:7).

El sacrificio de la sangre de Jesús es suficiente para perdonar y limpiar todos los pecados que he cometido o que podría cometer. Esto no significa que debamos tomar a la ligera el pecado. Antes bien, debería conmovernos y humillarnos en nuestro espíritu comprender que nuestro pecado causó el derramamiento de la sangre del Señor Jesús. Asimismo, debería motivarnos a tomar la determinación de elegir el camino de la obediencia por el poder de su Espíritu Santo que mora en nosotros. Como reconocía el salmista: "JAH, si mirares a los pecados, ¿quién, oh Señor, podrá mantenerse? Pero en ti hay perdón, para que seas reverenciado" (Sal. 130:3-4).

9. ***La cruz de Cristo es suficiente para vencer mi naturaleza pecaminosa*** (Ro. 6:6-7).

Gracias a la muerte de Cristo y en virtud de mi unión con Él, he sido liberada del dominio y del poder del pecado. Ya no soy esclava del pecado. Si peco no es porque sea incapaz de evitarlo, sino porque cedo a las exigencias de mi antiguo amo. La verdad es que no estoy condenada a pecar (Ro. 6:14).

10. ***No hay razón alguna para vivir atormentada por mi pasado*** (1 Co. 6:9-11).

Pablo enseñó esta verdad a un grupo de creyentes de la iglesia de Corinto, algunos de los cuales tenían un pasado bastante accidentado. Les recuerda que el pecado nos separa de Dios, y luego los anima diciéndoles que, por medio de Cristo, el peor de los pecadores puede ser limpio y renovado.

Tal vez fuiste adúltera, asesina, alcohólica, o lesbiana, o tal vez abortaste o fuiste promiscua. Tal vez fuiste esclava de la lujuria, la comida, la ira o el orgullo. Pero si estás en Cristo, esa ya no es tu identidad. Ya no eres lo que fuiste antes. Ya no eres la misma persona. Has sido limpiada por la sangre de Jesús, has sido apartada para sus propósitos santos y has sido declarada justa a los ojos de Dios.

La verdad es que los sucesos de nuestro pasado, la crianza que recibimos, los agravios que hemos sufrido y que hemos cometido contra otros, no tienen por qué convertirse en obstáculos. De hecho, por la gracia de Dios, en realidad pueden convertirse en los peldaños que nos lleven a una mayor victoria y fructificación.

11. *La Palabra de Dios es suficiente para guiarme, enseñarme y sanarme* (Sal. 19:7; 107:20; 119:105).

Al parecer, pocas personas en nuestros días confían realmente en el poder de la Palabra de Dios para cambiar vidas de manera radical y duradera, liberar a las personas de yugos de esclavitud, y revelar la voluntad de Dios para nuestras vidas. Con demasiada frecuencia, se consideran las Escrituras como un recurso más entre muchos otros, o como el último recurso después de haber probado todo lo demás.

La verdad es que la Palabra de Dios es viva y eficaz, es medicina para el corazón afligido y paz para las mentes atormentadas. Es lámpara a nuestros pies y luz en nuestro camino. Cualquiera sea nuestra necesidad y nuestras circunstancias, la Palabra de Dios es suficiente para suplir lo que hace falta y para suplir las necesidades de nuestros seres queridos.

Las personas a nuestro alrededor que están heridas y desvalidas no necesitan escuchar nuestra opinión ni nuestras sugerencias. Necesitan saber lo que Dios dice. Necesitan conocer sus mandatos, sus promesas y sus caminos. Si en realidad las amamos, debemos señalarles dónde encontrar la verdad, y en oración y con amor mostrarles cómo aplicar su Palabra a su situación particular.

12. *Dios me da el poder para hacer todo lo que Él me ordena por medio de su Espíritu Santo* (1 Ts. 5:24; Fil. 2:13).

Dios no nos ordena hacer algo para lo cual no nos provea su gracia para obedecerlo en dependencia de Él. Por ejemplo, eso significa que:

- Es posible perdonarlo todo (Mr. 11:25).
- Es posible amar a todas las personas (Mt. 5:44).
- Es posible dar gracias en todo (1 Ts. 5:18).
- Es posible estar contento en cualquier circunstancia (He. 13:5).

El problema no es que *no podamos* obedecer a Dios, o que *no podamos* perdonar a uno de nuestros padres por herirnos tanto, amar a un colega en el trabajo, dar gracias en medio de la tormenta o contentarnos con nuestro apartamento de una sola habitación. El problema es que *decidimos no* perdonar, *no* estamos *dispuestas* a amar, *rehusamos* dar gracias y estar contentas con lo que Dios nos ha dado.

Gracias al poder sobrenatural del Espíritu Santo, podemos *decidir* perdonar, *permitir* que su amor fluya hacia otros por medio de nosotras, *elegir* dar gracias en toda circunstancia y *optar* por una vida de contentamiento.

13. *Yo soy responsable delante Dios por mi conducta, mis actitudes y mis elecciones* (Ez. 18:19-22).

Tal vez seamos incapaces de controlar las circunstancias que nos sobrevienen. No pudimos elegir el hogar en el que nacimos, ni nuestra apariencia física general, ni la crianza que recibimos, ni muchos otros factores que afectaron y moldearon nuestra vida. Sin embargo, por la gracia de Dios no tenemos que ser víctimas. Podemos controlar nuestra reacción ante las circunstancias que Él ha permitido en nuestra vida.

Cuando empecemos a asumir la responsabilidad personal de nuestras propias decisiones, cuando dejemos de culpar a otros y las circunstancias por las conductas pecaminosas o los hábitos incorrectos en nuestra vida, seremos liberadas del sentimiento de víctimas indefensas. Seremos libres para obedecer a Dios en medio de cualquier circunstancia.

14. *Cosecharé lo que siembre* (Gá. 6:7-8).

Las decisiones que tomemos hoy tendrán consecuencias más adelante. Cada elección egoísta, pecaminosa o permisiva que hacemos hoy siembra una semilla que rendirá una cosecha de pecado y sufrimiento no solo en nuestras propias vidas sino en las vidas de otras personas, e incluso en las generaciones futuras. Cada acto de obediencia es una semilla que rendirá una cosecha multiplicada de bendición. Pocas veces la cosecha se produce de inmediato, pero tarde o temprano vendrá.

15. *El camino al gozo verdadero consiste en rendir nuestra vida* (Mt. 16:25; Lc. 1:38; 1 P. 5:7).

La única forma de experimentar libertad y paz verdaderas es entregar las riendas de nuestra vida, entregarle a Dios el control de todas las cosas, creyendo que podemos confiar en Él para manejar todo lo que concierne a nuestra vida.

Una vez luché con el resentimiento hacia un colega que me había decepcionado. Como es natural, pensé repetidamente en el asunto. Al final, llamé a una querida amiga para pedirle que orara por mí. Justo antes de colgar el teléfono, ella dijo: "Nancy, no sé cómo decírtelo, pero recuerda... *Tú no eres Dios*". ¡Ay!

¿Por qué resulta tan difícil dejar que Dios sea Dios? ¿Por qué es tan complicado dejar en sus manos el control del universo? La verdad es que Él *es* quien controla. Él nos ama, nunca se va a quedar dormido mientras trabaja, y nada pasa por alto ni se le escapa. El camino a la libertad es entregar todo el control de nuestra vida, de las circunstancias y de nuestra familia. Solo entonces veremos a Dios hacer lo que Él, y nadie más, puede hacer.

16. *La sumisión a la autoridad ordenada por Dios honra a Dios y trae bendición* (Ro. 13:1; 1 P. 3:1-6).

Todo esto sucede cuando nos sometemos a la autoridad ordenada por Dios: demostramos delante del mundo la bondad del orden que Él ha establecido, expresamos que nuestra esperanza está en Él, le damos la libertad de actuar en la vida de quienes están en autoridad sobre nosotras, proclamamos el justo gobierno de Dios sobre el universo, resistimos a Satanás en su intento por usurpar el trono divino, y colaboramos con Dios en el establecimiento de su reino.

17. *La santidad personal es más importante que la felicidad pasajera* (Ef. 5:26-27).

A diferencia de la mentalidad del mundo, la felicidad presente no constituye el bien supremo.

Dios no nos salvó para hacernos felices de manera temporal nada más. Él nos salvó "para redimirnos de toda iniquidad y purificar para sí un pueblo propio, celoso de buenas obras" (Tit. 2:14). El Señor Jesús no abandonó su hogar celestial, vino a esta tierra y entregó su vida a fin de que vivamos para nosotras mismas y nos demos placer, sino con el propósito de liberar nuestra vida para Dios, para cuya gloria fuimos creadas.

Algunas veces, elegir el camino de la santidad exige sacrificar nuestra propia comodidad y provecho. Sin embargo, cualquier sacrificio que hagamos es pasajero y no puede compararse con el gozo y la plenitud que disfrutaremos en la eternidad.

18. *A Dios le interesa más cambiarme y glorificarse que solucionar mis problemas del momento* (Ro. 8:29).

Lo que más le interesa a Dios es que cada ser creado refleje su gloria. Su plan consiste en hacer todo lo necesario para que seamos conformes a su imagen. Algunos de los problemas que más nos fastidian son en realidad los instrumentos que Él emplea para cumplir su propósito definitivo en nuestra vida. Pedir una solución o escape de un jefe insoportable, de una crisis financiera, de un problema de salud o de un matrimonio desastroso puede llevarnos a perder el supremo bien que Él busca traer a nuestra vida. Es una insensatez y una falta de perspicacia rechazar o rebelarse contra esos instrumentos que forman parte de su plan para moldearnos conforme a la imagen de su Hijo.

19. *El sufrimiento produce un fruto agradable en mi vida cuando reacciono de manera apropiada* (1 P. 5:10).

El sufrimiento adquiere un nuevo significado si comprendemos que es una herramienta esencial en las manos de Dios para hacernos santas y semejantes a Jesús.

En el libro de Jeremías encontramos una imagen muy gráfica de lo que ocurre cuando no le permitimos al sufrimiento obrar la purificación en nuestra vida:

> Quieto estuvo Moab desde su juventud,
> y sobre su sedimento ha estado reposado, y
> no fue vaciado de vasija en vasija, ni nunca
> estuvo en cautiverio; por tanto, quedó su sabor
> en él, y su olor no se ha cambiado.
>
> —Jeremías 48:11

En la época de Jeremías, el proceso de producción del vino consistía en vaciar el jugo de uvas en un odre que luego se dejaba reposar durante varias semanas hasta que los sedimentos amargos quedaban en el fondo. Entonces se vaciaba en otro odre para separar más sedimentos. El proceso se repetía una y otra vez hasta que todos los sedimentos habían sido extraídos y el vino era puro y dulce.

Jeremías usó este proceso como una metáfora de la nación de Moab cuya historia se había caracterizado por una relativa calma y comodidad. Moab no había sido sometida al proceso purificador de ser "vaciada" de un sufrimiento a otro. Como resultado, la nación conservaba los sedimentos amargos y turbios de su pecado. Por eso, la Palabra dice que "no se ha cambiado".

El sufrimiento es el medio que Dios utiliza para vaciarnos de vasija en vasija, de agitarnos a fin de que los sedimentos del egoísmo y del pecado salgan de nosotras hasta que el vino puro y dulce de su Espíritu Santo sea lo único que permanece.

20. *Mi sufrimiento no es eterno* (2 Co. 4:17-18).

Cuando parece que somos probadas constantemente en el fuego y que somos "vaciadas" repetidamente de vasija en vasija, nuestras emociones nos hacen pensar que el proceso durará para siempre. En ese momento necesitamos traer a nuestra memoria que Dios traza un objetivo específico para nuestro sufrimiento. Él sabe con exactitud la intensidad y la duración necesarias para llevar a cabo su propósito en nosotras. Él no permitirá que el sufrimiento dure más o sea más intenso de lo necesario para cumplir su voluntad.

Dios promete que algún día "ya no habrá muerte, ni habrá más llanto, ni clamor, ni dolor..." (Ap. 21:4). Así pues, amada hermana, aunque tus ojos se llenen de lágrimas y parezca que no hay esperanza, anímate, da gracias, persevera, y ten la seguridad de que pronto tu fe recibirá la recompensa de ver a Aquel que ha prometido acompañarte hasta el final.

21. *¡Yo no soy el centro de todo, Él lo es!* (Col. 1:16-18; Ap. 4:11).

Todas necesitamos recordar con frecuencia que este mundo no gira alrededor de nosotras. El universo entero, incluso tú y yo, fue creado para girar alrededor de Aquel que está en lo alto, soberano, sentado en su trono.

A fin de poder mantener una actitud apropiada frente a las circunstancias de la vida, primero debemos tener muy clara esta cuestión: ¿Cuál es mi propósito en la vida? Si nuestra meta en la vida es ser felices, aceptadas, amadas, o exitosas a los ojos de los demás, entonces cualquier cosa que amenace nuestro bienestar será considerada como un enemigo, un obstáculo para cumplir nuestro objetivo.

Por otro lado, si concordamos con Dios y reconocemos que la razón de nuestra existencia es glorificarlo y complacerlo a Él, podemos aceptar cualquier circunstancia en nuestra vida como parte de su voluntad y propósito soberanos. No desecharemos ni nos rebelaremos contra las dificultades, sino que las aceptaremos como aliadas, como enviadas de Dios para hacernos más como Jesús y glorificarlo en mayor medida. Entonces podremos ver su rostro y decir: "No soy yo quien importa. Solo tú. Si esto te agrada, me agrada a mí. Lo único que importa es que tú seas glorificado".

Uno de nuestros bisnietos, Kenan, nos visitó junto con su esposa y dos de sus hijas para traernos algunas frutas y verduras frescas de su huerto. Nuestra familia ha sido tan considerada con nosotros, en especial ahora que somos más ancianos y sufrimos mayores impedimentos físicos.

Mi visión sigue deteriorándose. A pesar de eso, creo que de muchas otras formas apenas comienzo a ver en realidad. El hecho es que hace algunos años mis ojos eran jóvenes y fuertes, pero yo era muy ciega. No vi lo necia que fui al creer a la serpiente. No vi el desastre inminente que esa decisión equivocada produciría en todas nuestras vidas. No vi el dolor que traería a nuestros hijos. Aunque sé que Dios considera a Adán como el principal responsable de nuestro primer pecado y de la maldición que acarreó, todavía pesa sobre mí el haber cedido a las mentiras de la serpiente.

Lo único que pude ver en ese momento fue mi ardiente deseo por algo que creía necesitar. Obtuve lo que quería, pero nunca hubiera podido imaginar todo lo que vendría. Ese momento de debilidad trajo un inmenso dolor y lamento.

Solo ahora, después de años de huir, esconderme y vivir herida, puedo ver cuánto nos ama Dios y todo el bien que siempre anhela para nosotros. Ahora veo con claridad cuán justos son sus caminos y por qué es tan importante escucharlo a Él y hacer las cosas a su manera. Solo desearía no haber desperdiciado tantos años creyendo mentiras.

Al mirar hacia atrás, me asombra ver cuán misericordioso ha sido Dios con nosotros. Después de ese día espantoso, pudo habernos hecho desaparecer para siempre. Sin embargo, nunca ha descansado en su búsqueda por mantener una relación con nosotros. Después de perder a nuestros dos hijos, Dios nos dio a Set, y luego a cuatro hijos e hijas más. En especial, Set simboliza la restauración y el gozo que Dios trajo a nuestras vidas.

Dios también prometió que un día vendrá otro Hijo. La serpiente lo atacará y herirá, como a nosotros. Luego el Hijo también lo herirá y asestará un golpe definitivo y mortal a la serpiente.

Fui yo, como mujer, junto con mi esposo, quien trajo esta condición de perdición hace ya tantos años. Nunca podré reparar el daño que he causado. No obstante, ¡qué maravillosa gracia! Dios ha dicho que se servirá de una mujer para traer a ese Hijo al mundo. Por medio de Él, todos los efectos de mi pecado serán anulados. Aunque yo rechacé la voluntad de Dios, Él no me rechazó a mí. Él trajo la provisión necesaria para mi pecado y aún tiene planes con mi vida para hacerme útil y fructífera. Él es en verdad un Dios redentor.

No sé en qué momento ni cómo se cumplirán todas esas promesas, pero sé que creo su Palabra. Sin importar cuántos días me resten sobre esta tierra, quiero vivirlos caminando en la verdad, obedeciéndolo a Él, y animando a todos los que me rodean a hacer lo mismo.

Creer una mentira trajo la ruina a mi vida y a mi familia.

Ahora, por el poder de su verdad, ¡soy libre!

AGRADECIMIENTOS

Muchos amigos queridos y colegas (¡que son también amigos!) han trabajado juntamente conmigo para hacer realidad este libro en su nueva versión revisada y ampliada. Estoy especialmente en deuda con:

Mis amigos de Moody Publishers. Ustedes fueron los primeros que tuvieron la visión para publicar este mensaje hace casi dos décadas. Sin su aliento, este libro probablemente nunca se hubiera escrito, y ustedes han seguido apoyando este mensaje. Con más de un millón de copias impresas, solo la eternidad revelará cuántas mujeres han sido libres como resultado y gracias a la verdad. Mi agradecimiento especial para Judy Dunagan, Connor Sterchi, Erik Pedroson, Randall Payleitner, y Ashley Torres por toda su dedicación a esta nueva edición.

Erin Davis. Tú te sumergiste sin pensarlo en este proyecto. Reuniste un equipo de revisión, compilaste sus observaciones, desarmaste el libro en billones de piezas, y con valentía emprendiste la tarea de volverlo a armar. ¡Gracias! Admiro el amor que invertiste en este mensaje.

El equipo de revisión. Erin Davis, Judy Dunagan, Dannah Gresh, Andrea Hogue, Mary Kassian y Carolyn McCulley. Su crítica sincera, considerada y vigorosa complicó mi vida durante varios meses, pero hizo de este libro algo muchísimo mejor. Sepan que estoy muy agradecida.

Anne Buchanan. Eres una editora por excelencia. Haber contado con tus ojos perspicaces y tu aguda mente para la realización de este manuscrito en sus últimas etapas fue una ayuda extraordinaria.

El equipo de Revive Our Hearts. ¡Ustedes son los mejores! En una infinidad de maneras, día tras día, principalmente en el anonimato, ustedes se entregaron a la tarea de invitar a las mujeres a experimentar la libertad, la plenitud y la fructificación en Cristo. Mi gratitud especial para Martin Jones, Mike Neises, Sandy Bixel y Hannah Kurtz por su magnífico apoyo administrativo, el cual me permite dedicarme a estas temporadas de escritura, y a Dawn Wilson por su colaboración investigativa.

Erik Wolgemuth y el equipo de Wolgemuth & Associates. Su amable colaboración con un sinnúmero de aspectos diversos de este proyecto ha sido un gran regalo.

Mis queridos amigos (ustedes saben quiénes son) que estuvieron pendientes de mí cada día mientras estaba encerrada trabajando y me preguntaban cómo estaba, traían provisiones y comidas preparadas en casa, enviaban textos y correos electrónicos, y con paciencia entendieron que Robert y yo tuvimos que dar una negativa a muchas de sus invitaciones. ¡Esperamos volver a verlos pronto!

Mis queridos amigos de oración. ¡Ustedes son una gran bendición! Gracias por rodearnos y apoyarnos a Robert y a mí durante esta temporada dedicada a escribir, y por hacerlo convencidos de la necesidad de este mensaje. Sus oraciones han sido viento para nuestras velas.

Mi precioso esposo. ¿Qué puedo decir? No vamos a olvidar pronto el verano de 2017... un clima espectacular, el jardín secreto, el canto de las aves, el coro de las cigarras, los atardeceres sobre el río, trabajar juntos sobre el tablado (que construiste con tus propias manos), tú escribiendo *Mentiras que los hombres creen* mientras yo revisaba *Mentiras que las mujeres creen*. Has estado a mi lado a cada paso de este viaje, orando en la mañana, al mediodía y en la noche, ayudándome a encontrar los mejores verbos, soportando amablemente las largas noches y sesiones de escritura, sacándome para que hiciera unas "minivacaciones" cuando mi cerebro necesitaba oxigenarse, animándome, alentándome a lo largo de todo el recorrido hasta llegar a la meta... nunca antes fui amada de esa manera.

Por último, la eternidad no bastará para expresarte mi gratitud, Señor Jesús. Tú eres la verdad que me ha hecho libre, ¡y te amo con todo mi corazón!

Prefacio

1. Nancy DeMoss Wolgemuth, *Adornadas: Viviendo juntas la belleza del evangelio* (Grand Rapids: Editorial Portavoz, 2017).

2. Nancy DeMoss Wolgemuth, *Guía de estudio de Mentiras que las mujeres creen* (Grand Rapids: Editorial Portavoz, 2018).

3. Nancy DeMoss Wolgemuth y Dannah Gresh, *Mentiras que las jóvenes creen y la verdad que las hace libres* (Grand Rapids: Editorial Portavoz, 2009); Dannah Gresh, *Lies Girls Believe* y *A Mom's Guide for Lies Girls Believe* (Chicago: Moody, 2018); Robert Wolgemuth, *Mentiras que los hombres creen y la verdad que los hace libres* (Grand Rapids: Editorial Portavoz, 2019).

Capítulo 1: La verdad... o las consecuencias

1. *Smooth Stones Taken from Ancient Brooks*, comp. Charles H. Spurgeon (Morgan, Pa.: Soli Deo Gloria, 1996, pub. orig. 1860), p. 93.

Capítulo 2: Mentiras que las mujeres creen... acerca de Dios

1. A. W. Tozer, *The Knowledge of the Holy* (Nueva York: HarperCollins, 1961), p. 1. Publicado en español por Editorial Vida con el título *El conocimiento del Dios Santo*.

2. Pat Barrett y Anthony Brown, "Good Good Father", © 2014 Common Hymnal Digital (BMI) Housefires Sounds (ASCAP), Tony Brown Publishing Designee (BMI), worshiptogether.com Songs, sixsteps Music (ASCAP), Vamos Publishing (ASCAP), Capitol CMG Paragon (BMI) (administrado en CapitolCMGPublishing.com). Todos los derechos reservados. Usado con permiso. Derechos de autor internacionales asegurados.

3. Matt Maher, "Your Grace Is Enough", © Thankyou Music (PRS) (administrado en todo el mundo por CapitolCMGPublishing.com a excepción de Europa donde es administrado por Integrity Music, parte de la familia David C. Cook, Songs@integritymusic.com) / Spiritandsong.Com Pub (BMI). Todos los derechos reservados. Usado con permiso. Derechos de autor internacionales asegurados. Todos los derechos reservados. Usado con permiso. (50% control) CapitolCMG. © 2003, [2008] Thankyou Music (PRS) (administrado en todo el mundo por CapitolCMG Publishing.com a excepción de Europa, donde es administrado por Kingswaysongs) y Matt

Maher. Publicado por Spirit & Song®, una división de OCP. Todos los derechos reservados. Usado con permiso (50% control) OCP.

4. Stuart Townend y Keith Getty, "In Christ Alone", © 2002 Thankyou Music (PRS) (administrado en todo el mundo por CapitolCMGPublishing.com a excepción de Europa, donde es administrado por Integrity Music, parte de la familia David C. Cook. Songs@integritymusic.com). Todos los derechos reservados. Usado con permiso. Derechos de autor asegurados en todo el mundo.

5. G. Campbell Morgan, *Exposition of the Whole Bible: Chapter by Chapter in One Volume*, G. Campbell Morgan Reprint Series (Eugene, OR: Wipf & Stock, 2010, pub. orig. 1959), p. 36.

6. Helen H. Lemmel, "Turn Your Eyes Upon Jesús" (1922). [Pon tus ojos en Cristo]. Traducción al castellano de dominio público.

Capítulo 3: Mentiras que las mujeres creen... acerca de sí mismas

1. "Meg Ryan: What She Really Thinks of Herself", *Ladies' Home Journal*, julio 1999, p. 98.

2. W. E. Vine, *The Expanded Vine's Expository Dictionary of New Testament Words,* ed. John R. Kohlenberger III y James A. Swanson (Minneapolis: Bethany, 1984, pub. orig. 1940), p. 751. Publicado en español por Editorial Caribe con el título *Diccionario expositivo de palabras del Antiguo y del Nuevo Testamento*.

3. Elisabeth Elliot, *A Lamp unto My Feet: The Bible's Light for Daily Living* (Ada, MI: Revell, 2004), día 28, pp. 83-84.

Capítulo 4: Mentiras que las mujeres creen... acerca del pecado

1. Amy Bloom, *Self,* abril 1999, p. 40.

2. Arthur Bennett, ed., *The Valley of Vision: A Collection of Puritan Prayers & Devotions* (Carlisle, PA.: Banner of Truth, 1975, edición de 2002), pp. 124, 143.

3. Robert Lowry, "Nothing but the Blood" [Solo de Jesús la sangre]. Traducción al castellano de H. W. Cragin. En: *Himnario Bautista*. El Paso: Casa Bautista de Publicaciones, 1989.

4. John Alexander, "And That's That: Sin, Salvation, and Woody Allen", *The Other-Side,* enero-febrero 1993, p. 55.

5. Bennett, ed., *Valley of Vision,* p. 137.

Capítulo 5: Mentiras que las mujeres creen... acerca de las prioridades

1. Citado en *Seasons of the Heart: A Year of Devotions from One Generation of Women to Another,* recopilados por Donna Kelderman (Grand Rapids: Reformación Heritage Books, 2013), 24 de junio, adaptado.

2. Nancy Leigh DeMoss, *El lugar apacible* (Grand Rapids: Editorial Portavoz, 2015).

3. Parte del material de esta sección ha sido adaptado del capítulo 10 de Nancy DeMoss Wolgemuth, *Adornadas: Viviendo juntas la belleza del evangelio* (Grand Rapids: Editorial Portavoz, 2017), pp. 207-212.

Capítulo 6: Mentiras que las mujeres creen... acerca de la sexualidad

1. Mary Kassian, *Girls Gone Wise in a World Gone Wild* (Chicago: Moody, 2010), pp. 135-136. Publicado en español por Editorial Portavoz con el título *Chicas sabias en un mundo salvaje*.

2. Nicole Braddock Bromley, *Hush: Moving from Silence to Healing after Childhood Sexual Abuse* (Chicago: Moody, 2008).

3. "Nicole Braddock Bromley", OneVOICE (sitio web), http://iamonevoice.org/nicole.

4. Bobbi Dempsey, *The Everything Tantric Sex Book: Learn Meditative, Spontaneous, and Intimate Lovemaking* (Avon, MA: F+W Media, 2007), p. 157.

5. Sheena McKenzie, "Mona Lisa: The Theft That Created a Legend". CNN (sitio web), actualizado 19 de noviembre, 2013, http://www.cnn.com/2013/11/18/world/europe/mona-lisa-the-theft/index.html. Ver también Sidonie Sawyer, "The Mona Lisa Stolen by Museum Worker", *Huffpost,* 26 de mayo, 2015, https://www.huffingtonpost.com/sidonie-sawyer/the-mona-lisa-stolen-by-museum-worker_b_7432448.html.

6. "Rosaria Butterfield on Sexuality", video subido por The Gospel Coalition el 13 de agosto, 2015, transcrito por la autora, https://vimeo.com/136256875.

7. Ibíd.

8. Juli Slattery con Abby Ludvigson y Chelsey Nugteren, *Sex and the Single Girl* (Chicago: Moody, 2017), 40.

9. Estos "dos compromisos" citados en páginas 151-154 se han adaptado de Slattery, *Sex and the Single Girl*, p. 42

10. Esta lista es una adaptación de una citada en Juli Slattery y Dannah Gresh, *Pulling Back the Shades: Erotica, Intimacy, and the Longings of a Woman's Heart* (Chicago: Moody, 2014), pp. 61-63.

11. John R. Kohlenberger III y James A. Swanson, *The Hebrew English Concordance to the Old Testament* (Grand Rapids: Zondervan, 1998), palabra #3359.

12. Strong's Concordance y Thayer's Lexicon consultados mediante The Bible Hub, s.v. *enechó* (Strong's #1758), http://Biblehub.com/greek/1758.htm.

13. Carolyn McCulley, "Sex and the Single Woman", en John Piper y Justin Taylor, eds., *Sex and the Supremacy of Christ* (Wheaton, IL: Crossway, 2005), pp. 186-87. Publicado en español por CLC con el título *Sexo y la supremacía de Cristo*.

Capítulo 7: Mentiras que las mujeres creen... acerca del matrimonio

1. Amanda Marcotte, "Think Today's Couples Split Household Chores? Think Again", *Los Angeles Times,* 13 de diciembre, 2016, http://www.latimes.com /opinion/op-ed/la-oe-0512-marcotte-housework-men-20150512-story.html.

2. Kelly Wallace, "Sheryl Sandberg Teams Up with LeBron Santiago to Get Men to #LeanIn", CNN, 5 de marzo, 2015, http://www.cnn.com/2015/03/05/living /feat-sheryl-sandberg-lebron-Santiago-men-lean-in/.

3. Joan C. Williams, "Why Men Work So Many Hours", *Harvard Business Review,* 29 de mayo, 2013, https://hbr.org/2013/05/why-men-work-so-many-hours.

4. Gordon J. Wenham, *Genesis 1–15,* vol. 1 de *Word Biblical Commentary,* eds. gens. David A. Hubbard y Glenn W. Barker (Dallas, TX: Word, 1987), p. 68.

5. Brian C. Howell, *In the Eyes of God: A Metaphorical Approach to Biblical Anthropomorphic Language* (Eugene, OR: Pickwick Publications, 2013), p. 124.

6. Kenneth A. Mathews, *Genesis 1-11:26,* vol. 1A de *New American Commentary: An Exegetical and Theological Exposition of Holy Scripture,* ed. gen. E. Ray Clendenen (Nashville: B&H, 1996), p. 214.

7. Para un estudio más exhaustivo de Génesis y una explicación de los roles masculinos y femeninos, ver Mary A. Kassian y Nancy Leigh DeMoss, *Mujer Verdadera 101: Diseño Divino. Un estudio de ocho semanas sobre la feminidad bíblica* (Grand Rapids: Editorial Portavoz, 2014).

8. Convención Bautista del Sur, "Baptist Faith and Message", artículo 18 ("The Family"), rev. junio 2000, http://www.sbc.net/bfm2000/bfm2000.asp.

9. Nancy DeMoss Wolgemuth, *Adornadas: Viviendo juntas la belleza del evangelio* (Grand Rapids: Editorial Portavoz, 2017), p. 264.

10. Dave Dunham, "A Word About Polite Abusers", Pastor Dave Online, 30 de junio, 2016, https://pastordaveonline.org/2016/06/30/a-word-about-polite -abusers.

11. Susan Hunt, *The True Woman: The Beauty and Strength of a Godly Woman* (Wheaton, IL: Crossway, 1997), pp. 218, 223.

12. Para profundizar acerca de las consecuencias de la caída con respecto a los papeles del hombre y de la mujer, ver Raymond C. Ortlund Jr., "Male-Female Equality and Male Headship: Genesis 1–3", en *Recovering Biblical Manhood and Womanhood: A Response to Evangelical Feminism,* eds. John Piper y Wayne Grudem (Wheaton, IL: Crossway, 1991), pp. 95-112.

Capítulo 8: Mentiras que las mujeres creen... acerca de los hijos

1. Nancy Leigh DeMoss y Mary A. Kassian, *Mujer Verdadera 101: Diseño Divino. Un estudio de ocho semanas sobre la feminidad bíblica* (Grand Rapids: Editorial Portavoz, 2014); Mary A. Kassian y Nancy Leigh DeMoss, *Mujer Verdadera 201: Diseño*

Interior. Diez elementos de la feminidad bíblica (Grand Rapids: Editorial Portavoz, 2017).

2. Margaret Sanger, *Woman and the New Race* (s.l: Figgy Tree, 2016, pub. orig. 1920), p. 64.

3. Laura Enriquez, "10 Eye-Opening Quotes from Planned Parenthood Founder Margaret Sanger", Life News, 11 de marzo, 2013, http://www.lifenews.com/2013/03/11/10-eye-opening-quotes-from-planned-parenthood-founder-margaret-sanger.

4. Adaptación de Planned Parenthood Federation of America, "Margaret Sanger— 20th Century Hero", reporte publicado en agosto de 2009, https://www.planned parenthood.org/files/7513/9611/6635/Margaret_Sanger_Hero_1009.pdf.

5. "What Does the Bible Say about Family Planning?", GotQuestions.org, https://www.gotquestions.org/family-planning.html.

6. Holly Elliff y Bill Elliff, *Turning the Tide: Having More Children Who Follow Christ* (Niles, MI: Revive Our Hearts, 2008), pp. 4-5.

7. Albert Mohler, "Can Christians Use Birth Control", Albert Mohler (sitio web), 5 de junio, 2012, http://www.albertmohler.com/2012/06/05/can-christians-use-birth-control-4/.

8. Donna Christiano, "Fertility Treatment Options", *Parents,* 2011, http://www.parents.com/getting-pregnant/infertility/treatments/guide-to-fertility-methods, consultado el 19 de noviembre, 2017.

9. Laura Bell, "The Fate of Frozen Embryos", Parenting (sitio web), http://www.parenting.com/article/the-fate-of-frozen-embryos, consultado el 10 de noviembre, 2017.

10. Elliff, *Turning the Tide,* pp. 14-15.

11. Mark Lino, "How Much Will It Cost to Raise a Child?", Departamento de Agricultura de los Estados Unidos (sitio web). 18 de agosto, 2014, http://blogs.usda.gov/2014/08/18/how-much-will-it-cost-to-raise-a-child.

12. Lauren Sandler, "The Childfree Life: When Having It All Means Not Having Children", *Time,* 12 de agosto, 2013, http://content.time.com/time/subscriber/article/0,33009,2148636-1,00.html.

13. Sandler, "The Childfree Life", *Time,* http://content.time.com/time/subscriber/article/0,33009,2148636-3,00.html.

14. Amy Julia Becker, "How Many Kids Should We Have?", *Christianity Today,* julio 2010, http://www.christianitytoday.com/women/2010/july/how-many-kids-should-we- have.html.

15. Primera de Timoteo 2:15 tiene la misma construcción gramatical que la amonestación de Pablo a Timoteo en el capítulo 4, versículo 16: "Ten cuidado de ti mismo y de la doctrina; persiste en ello, pues haciendo esto, te salvarás a ti mismo y a los que te oyeren". Pablo dijo aquí que la predicación era

responsabilidad de Timoteo, y que la perseverancia en su llamado vendría acompañada de conversión genuina. La predicación no era un medio para la salvación de Timoteo, sino un fruto natural que se derivaba de ella.

16. Nancy Pearcey, *Finding Truth: Five Principles for Unmasking Atheism, Secularism, and Other God Substitutes* (Colorado Springs, CO: David C. Cook, 2015), p. 36.

17. John Piper, *Seeing and Savoring Jesus Christ* (Wheaton, IL: Crossway Books, 2004), p. 15.

18. Robert Mounce, *Romans,* vol. 27 de *New American Commentary: An Exegetical and Theological Exposition of Holy Scripture,* ed. gen. E. Ray Clendenen (Nashville: B&H, 1995), p. 256.

Capítulo 9: Mentiras que las mujeres creen... acerca de las emociones

1. Francis de Sales, citado en *Daily Strength for Daily Needs,* ed. Mary W. Tileston (Boston: Little, Brown, 1899), p. 29.

2. "Depression in Women: Understanding the Gender Gap", Mayo Clinic (sitio web), http://www.mayoclinic.org/diseases-conditions/depression/in-depth /depression/art-20047725, consultado el 11 de noviembre, 2017.

3. "Spurgeon on Depression", Plentiful Redemption (sitio web), 16 de mayo, 2013, https://plentifulredeemer.wordpress.com/2013/05/16/spurgeon-on-depression/.

4. Ibíd.

5. D. Martyn Lloyd-Jones, *Spiritual Depression: Its Causes and Cure* (Grand Rapids: Eerdmans, 1965), p. 21. Publicado en español por Libros Desafío con el título *Depresión espiritual: Sus causas y su cura.*

6. Blue Letter Bible, s.v. *asthene* ("sick"), https://www.blueletterbible.org/lang /lexicon/lexicon.cfm?t=ESV&strongs=g770.

7. Blue Letter Bible, s.v. *kamn* ("sick"), https://www.blueletterbible.org/lang /lexicon/lexicon.cfm?Strongs=G2577&t=ESV.

8. John MacArthur habla del significado de "ungiéndole con aceite" en Santiago 5:14: "Lit., 'frotándole con aceite': 1) una referencia posible al ungimiento ceremonial (ver las notas sobre Lv. 14:18; Mr. 6:13); 2) también es posible que Santiago tenía en mente un tratamiento médico que se daba a los creyentes que quedaban bastante heridos como resultado de la persecución. Quizá conviene interpretar el ungimiento en un sentido metafórico que representa el ministerio de ánimo, consuelo y fortalecimiento que los ancianos realizan a favor del creyente que sufre", *Biblia de estudio MacArthur* (Nashville: Grupo Nelson, 2012), p. 1788.

9. Stephen Altrogge, "How to Fight for Faith in the Dark: Three Lessons for Depression", Desiring God (sitio web), http://www.desiringgod.org/articles /how-to-fight-for-faith-in-the-dark.

10. Ibíd.

11. Juan Bunyan, *Pilgrim's Progress*, en *Juan Bunyan*, Legacy of Faith Library (Nashville: B&H, 2017), p. 191. Publicado en español con el título *El progreso del peregrino* por varias editoriales.

Capítulo 10: Mentiras que las mujeres creen... acerca de las circunstancias

1. Judith Viorst, *Alexander and the Terrible, Horrible, No Good, Very Bad Day* (Nueva York: Atheneum; Simon & Schuster, 1972). Publicado en español por Modern Curriculum Press con el título *Alexander y el día terrible, horrible, espantoso, horroroso*.

2. George Lewis Prentiss, ed., *More Love to Thee: The Life and Letters of Elizabeth Prentiss* (Amityville, NY: Calvary, 1994), p. 374.

3. Harry C. Green y Mary W. Green, "The Pioneer Mothers of America", 1912, citado en Verna M. Hall, comp., *The Christian History of the American Revolution: Consider and Ponder* (San Francisco: Foundation of American Christian Education, 1988), p. 76.

4. R. Arthur Mathews, *Ready for Battle: 31 Studies in Christian Discipleship* (Wheaton, IL: Harold Shaw, 1993), pp. 123, 71.

5. William Law, citado en *Daily Strength for Daily Needs*, ed. Mary W. Tileston (Boston: Little, Brown, 1899), p. 17.

6. Larry Crabb, *Finding God* (Grand Rapids: Zondervan, 1993), pp. 17-18. Publicado en español por Editorial Clie con el título *Encontrando a Dios en medio de nuestros problemas*.

7. Frances R. Havergal, "Like a River Glorious" (1874).

8. Susan Hunt, *The True Woman: The Beauty and Strength of a Godly Woman* (Wheaton, IL: Crossway, 1997), p. 75.

**EDITORIAL
PORTAVOZ**

NUESTRA VISIÓN

Maximizar el efecto de recursos cristianos de calidad que transforman vidas.

NUESTRA MISIÓN

Desarrollar y distribuir productos de calidad —con integridad y excelencia—, desde una perspectiva bíblica y confiable, que animen a las personas a conocer y servir a Jesucristo.

NUESTROS VALORES

Nuestros valores se encuentran fundamentados en la Biblia, fuente de toda verdad para hoy y para siempre. Nosotros ponemos en práctica estas verdades bíblicas como fundamento para las decisiones, normas y productos de nuestra compañía.

Valoramos la excelencia y la calidad
Valoramos la integridad y la confianza
Valoramos el mérito y la dignidad de los individuos
y las relaciones
Valoramos el servicio
Valoramos la administración de los recursos

Para más información acerca de nuestra editorial y los productos que publicamos visite nuestra página en la red: www.portavoz.com